W0243184

RENCONTRES AVEC LA VIE

Armonie Jones

« Tout homme est tiraillé entre deux besoins.
Le besoin de la pirogue et le besoin de l'arbre (…).
Jusqu'au jour où ils comprennent que c'est avec
l'arbre qu'on fabrique la Pirogue »

Mythe Mélanésien

Dépot Légal, Novembre 2020

GRATITUDES

Je dédie ce livre à la vie et à mon ange gardien.

AUSTRALIE

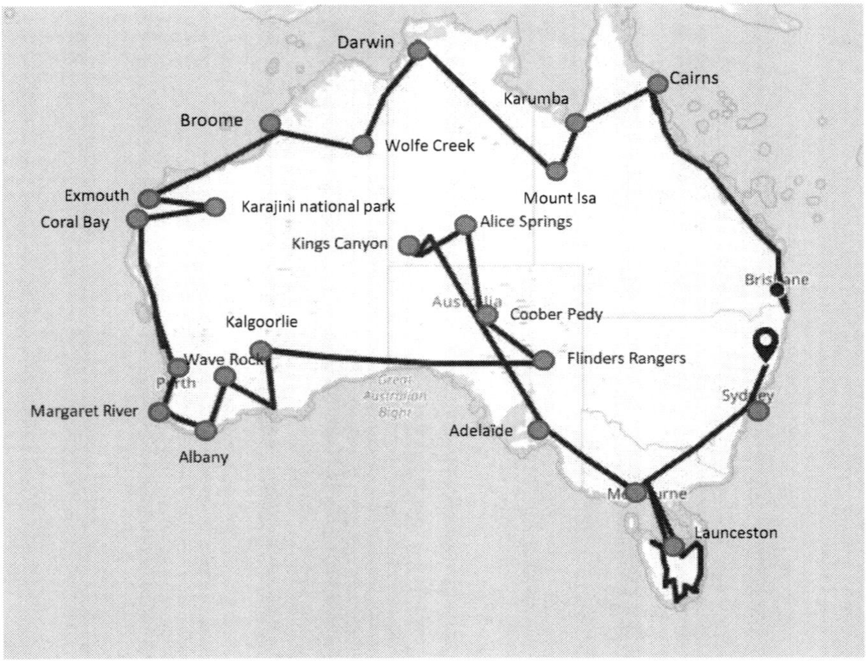

30 000 kilomètres sillonnés en stop !

SOMMAIRE

CHAPITRE 1 - LE DEPART

Notre existence est une suite de rêves que l'on réalise pour pouvoir en faire d'autres. Cela pourrait être une définition de la liberté. Certains dirons que cela ressemble à de l'égoïsme mais selon moi, pour être heureux en communauté, il faut avant toute chose être profondément épanoui seul. Je ne fais alors que reprendre la maxime du prophète Bouddha, qui nous apprend sereinement que "le bonheur n'est pas chose aisée et, s'il est très difficile de le trouver en soi, il est impossible de le trouver ailleurs". Paradoxalement, afin de le trouver en soi, nous avons parfois besoin de partir ailleurs.

Mon rêve de jeune adulte était de faire le tour du monde, de découvrir notre planète si vaste, ses cultures, ses paysages... Mon rêve était de prendre mon sac à dos et de partir, de partir loin, de partir seule... mais pourquoi ? Une quête de soi, c'est certain, traduit cette soif d'aventures, cette soif de vivre chaque instant, de remplir ses journées par peur de gâcher son temps, de perdre son temps. Ce dernier, une denrée si riche et si rare de nos jours. Comment le gérer ? Comment le rentabiliser, avec qui et où ?

Je suis née dans les quartiers de Seine-Saint-Denis dans la banlieue parisienne, département constellé d'immeubles, étouffé de pollution, de colère, de tristesse et de peur. La peur de l'autre, la peur de gâcher son temps dans cette région grisâtre tant par sa météo que par sa population, se retrouvant ici le plus souvent non par choix mais par obligation. Personne ne se dit bonjour, tout le monde s'habille en couleurs sombres comme pour signaler le deuil de sa vie. Vie mise entre parenthèses afin de répondre soi-disant à l'exigence sociétale : le travail.

A vingt ans, j'ai donc décidé de prendre le contre-pied de ce carcan, d'interrompre mes études, de dire adieu pour un an à mes parents, mes amis et à ma vie de banlieusarde. Une vie qui m'étouffait, une vie où je tournais en rond en mode automatique, comme le poisson rouge dans son bocal qui n'aspire à rien d'autre car il ne connaît que ça et ne s'est fixé aucun rêve.

Selon mon père "on voyage autour du monde à la recherche de quelque chose et on rentre chez soi pour le trouver". Mon père est magnétiseur, je baigne ainsi depuis toute petite dans l'ésotérisme ou, de manière plus prosaïque, dans tout ce que l'homme ne peut expliquer. Il est convaincu que tout le monde peut se soigner et que

chacun a toutes les capacités en lui-même pour devenir heureux et être en bonne santé. Il aime répéter que "la gaieté est la moitié de la santé" !
La science de l'intention inondait la vie de notre famille et dès que je lui parlais, l'impression d'être en analyse chez un thérapeute m'oppressait et me rendait malgré moi agressive et toujours en parfaite opposition avec lui. Pour autant, même si nous nous querellions sans cesse, j'étais fière de mon père qui avait voyagé toute sa jeunesse et avait plongé mon enfance dans ses histoires de l'autre bout du monde, histoires qu'il aimait me raconter et que j'adorais écouter avant de rejoindre le monde si paisible de Morphée, en m'imaginant à l'autre bout du monde.
Ainsi, du haut de mes un mètre soixante-neuf, enfin d'après mon passeport un mètre soixante-dix (je me suis autorisée à tricher), athlète de huit cents mètres et boxeuse issue de la savate, je décidai de fuir cette morosité du "Neuf Cube"! Fuir cette météo si triste semblant être le prétexte de rester chez soi, m'éloigner enfin de ces gens qui ne souriaient jamais et de cette population toujours pressée. En effet, quand vous les regardez, chacun semble s'impatienter du moment présent. Or, il semblerait que les impatients soient toujours les premiers à arriver trop tard ! Et paradoxalement, la mort, si angoissante pour beaucoup d'entre nous car non contrôlable, aurait la fâcheuse tendance à attraper d'abord tous ceux qui courent. Finalement, j'en vins à la conclusion ou plutôt au point de départ suivant : la vie est bien trop éphémère pour être pressée.

Nous étions en septembre, le mois de la reprise du travail quand tout le monde semble nostalgique de ses vacances toujours très courtes, se pavanant, pour juste quelques semaines, de son bronzage résultant d'un travail de longue haleine et qui pourtant disparaîtra en un clin d'œil. Quelle morosité ce mois de septembre lorsque chacun se dit qu'il faudra attendre un an avant de pouvoir savourer de nouveaux moments de plaisir, de douceur et de plénitude. Mais pourquoi attendons-nous les vacances pour nous accorder ces doux instants ?
Je venais de passer trois mois à Djerba en Tunisie comme animatrice sportive dans un grand hôtel de luxe du Club Méditerranée. Ce job d'été a été une véritable école de la vie. Et, si j'y étais arrivée

réservée, discrète et innocente, j'en suis ressortie avec un gain de confiance en moi énorme, sans plus aucune peur du regard des autres… et définitivement dévergondée !
Il était grand, musclé, blond, véritable Apollon à mes yeux. Quand je le vis descendre les marches de l'autocar et se diriger vers moi pour recevoir son cocktail de bienvenue, je sus immédiatement… Avec les filles nous avions pour coutume, lors d'une nouvelle arrivée des autocars, de nous lancer un défi, à savoir qui allait séduire qui. Pour faire court, nous faisions notre marché. Avec du recul, je dois avouer que cela ressemblait à un achat de bétail lors d'une foire.
Il s'appelait Jonathan, il était rugbyman professionnel, me disait-il. Ce fut une histoire fugace mais belle et intense. Se pose alors une question : la passion ne peut-elle être que passagère ?
Pourquoi, dans les dessins animés qui bercent notre enfance, nous n'apprenons pas aux enfants que les passions enflammées ne sont peut-être pas toutes éternelles ? Que "le rêve bleu" ne peut pas être complètement bleu ? Nos étreintes étaient belles, souvent loquaces et imprévisibles. En effet, mes journées étaient très longues. Elles commençaient peu de temps après le lever du soleil pour faire le footing matinal avec les vacanciers résolus à éliminer les somptueux plats de la veille et se terminaient après les répétitions du spectacle vers deux heures du matin. Cela nous laissait que très peu de temps pour les moments intimes. C'est pourquoi nous nous retrouvions fugitivement entre un cours d'aquagym et d'abdos-fessiers, dans sa chambre ou la mienne, même si cela nous coûta d'être surpris par son collègue rugbyman et ma colocataire. Après tout, cela nous était égal, on voulait profiter. Profiter de la vie et de chacun de ses instants.
Sa musculature semblait me protéger de toutes mes craintes et j'avais l'impression que le temps s'arrêtait. Après cette semaine de partage, de moments inoubliables et uniques, je ne le revis qu'une seule fois, un an plus tard, complètement nu dans le calendrier des rugbymen !

Le huit septembre, j'étais à l'aéroport Charles-de-Gaulle, munie d'un sac à dos et d'une valise rouge. Je pesais cinquante-cinq kilos et je prenais vingt-cinq kilos de bagages ! Malgré ma

brunette attitude et mon caractère de garçonne, je ressemblais malgré moi à la Barbie blonde voulant emporter le maximum d'affaires. Je m'apercevrais alors très vite que c'était beaucoup trop…
Quand on voyage, on doit partir léger, sans superflu, avec le minimum afin de ramener un maximum, non dans un sac mais dans son cœur et son esprit. Se décharger de ses habitudes, de ses préjugés, pour s'ouvrir à la nouveauté, à la différence, aux autres, c'est-à-dire au monde. J'échangeais les derniers regards avec mes parents, ma mère pleurant à chaudes larmes, je n'imaginais pas le mal que je lui faisais à voir son seul enfant partir à l'autre bout du monde.
"Tu comprendras quand tu seras mère", me disait-elle.
Ces paroles ne me touchaient guère, aucune larme ne m'était venue, aucune crainte, aucun doute n'arrivait, j'étais prête à découvrir le monde !
Alors que j'allais rentrer dans le hall de police pour le check de sécurité, j'entendis crier "Armonie, ma poulette !", intonation de voix que je connaissais très bien. Je me retournai, c'était Jessica, ma meilleure amie. Aucune parole, juste un regard intense. Notre relation était fusionnelle. Nous nous étions rencontrées au club de handball deux ans auparavant car, en tant que future professeur d'éducation physique, je voulais tester tous les sports. Depuis deux ans, nous passions ainsi tous nos week-ends sur les pistes de danses des boites de nuit ou bars parisiens. Notre amitié était si profonde qu'une nuit, alors que nous étions assises au bord de la Seine en train de décuver les mojitos que nous venions d'avaler, je lui avais avoué que si j'avais été un homme, je l'aurais demandée tout de suite en mariage. Elle m'avait répondu qu'elle aussi ! Ces adieux faits, je partis seule à l'autre bout du globe, en Australie. Je n'avais absolument aucun itinéraire de prévu, aucun programme, mises à part deux nuits réservées dans une auberge à Singapour où j'allais séjourner trois jours en escale, puis deux nuits à Brisbane, une grande ville de la côte est de l'Australie.

J'avais organisé ce début de parcours avec Sheau-Tying, une vietnamienne de vingt-cinq ans rencontrée en juin au café OZ à Châtelet-les-Halles. Ce café australien organisait des réunions trimestrielles avec tous ceux qui avaient déjà séjourné en Australie et ceux qui souhaitaient y partir prochainement. Je me souviens que nos regards et nos sourires s'étaient croisés, quelques paroles avaient été échangées et très vite, nous avions décidé d'effectuer le début de notre voyage ensembles. Petite, menue comme toute asiatique, elle avait déjà séjourné un an en Angleterre et parlait ainsi parfaitement la langue de Shakespeare, qualité dont je ne pouvais me vanter. En effet, malgré mon bac littéraire et les six heures hebdomadaire de cours d'anglais que j'avais reçues, mon anglais restait très basique. État de fait que je n'arrive toujours pas à comprendre : pourquoi nous, Français, sommes si médiocres en anglais à la sortie de notre scolarité ? Notre système éducatif serait-il à revoir ?

Arrivées à bord de l'avion, Sheau-Tying et moi fûmes déçues car nos places étaient tout à fait à l'opposé. L'hôtesse, même si très charmante, nous avait expliqué que l'avion était plein et qu'elle devait privilégier les familles. Pour autant, très vite, je remerciai intérieurement l'hôtesse en voyant le visage de mon voisin. Un jeune homme brun aux yeux bleus comme l'océan et dans lesquels la gentillesse transparaissait. Un look de surfeur, un brin négligé mais d'un charme étourdissant : une barbe de trois jours, des cheveux ébouriffés mi-longs : la beauté dans toute sa splendeur. Après avoir vérifié cinq fois mon rang et le numéro inscrit sur le ticket, je dus admettre que je serai la voisine d'un véritable mannequin pendant quatorze heures de vol avant d'atterrir à Singapour. Sheau-tying, quant à elle, avait hérité d'un vieux couple aigri n'arrêtant pas de fustiger tous ceux qu'ils pouvaient...

"Hi ! My name is Josh, nice to meet you !

- Salut Josh, je m'appelle Armonie et j'ai terriblement envie de t'embrasser et de te sauter dessus !

C'est ce que j'avais envie de lui dire mais mon niveau en anglais de l'époque ne me le permettait pas. Cependant, je crois que mon regard l'avait pensé si fort qu'après la troisième bière, nous nous embrassions et cela dix heures durant. Même si je ne me souvenais pas avoir déjà imaginé ce rêve, en tout cas, il n'était plus à faire !

De ce que j'avais compris, Josh était Australien, originaire du sud-ouest de l'Australie et il était venu participer à une grande compétition de surf à Biarritz: c'était un surfeur professionnel. Voilà comment je goûtai au premier parfum australien. A vrai dire, je ne me souviens plus vraiment de notre conversation mais en réalité elle fut très courte car son accent était incompréhensible et aussi parce que nous avions vite compris que notre échange serait verbal, certes, mais d'un autre registre ! Il voulait tester le french kiss, disait-il, même si j'étais persuadée qu'en trois semaines sur les côtes basques il y avait déjà goûté et même plusieurs fois. Enfin, je ne pouvais le laisser sans cet apport culturel ! Arrivés à Singapour, nous nous sommes dit adieu ; aucun téléphone échangé, aucun mail donné, nous voulions juste garder ce moment magique, ce souvenir si céleste, intact dans nos mémoires à jamais.

SINGAPOUR

Tu te sens dans un autre pays, dans une autre culture dès que tu rentres dans l'avion de Singapore Airlines ! Tout voyageur qui a l'habitude de prendre l'avion concédera que cette compagnie est vraiment très professionnelle. Les hôtesses sont magnifiques, très petites certes, mais d'un visage radieux et d'une gentillesse dévouée. Nous pouvions leur demander tout ce que nous désirions, que ce soit en grignotage, repas, alcool et serviettes chaudes. Et oui, c'est une de leurs particularités, la fameuse serviette chaude en début et fin de repas symbolisant la cerise sur le fondant au chocolat.

Une fois arrivé dans l'aéroport de Singapour, tu comprends réellement que tu as quitté ton pays. Je me souviendrais toujours de ma réflexion en me baladant dans l'aéroport: j'avais l'impression d'être plongée dans un véritable jardin botanique. Il y avait des plantes partout. Mais pas des petites, des énormes ! Des palmiers, des bananiers, des cactus, des bambous mais aussi des aquariums géants tout comme des affiches bariolées de taille étourdissante. En fait, tout était dans la démesure. On y trouvait aussi bien des voitures Audi A1 en plein milieu du hall A3, qu'une église dans le hall B7. Cette dernière était peut-être là pour les futurs passagers apeurés, souhaitant exprimer leurs dernières volontés ou confier leurs ultimes remords en espérant attirer la grâce de Dieu ou plutôt des Dieux. Bien sûr, n'oublions pas la salle de yoga, la piscine et bien évidemment les nombreux spa et instituts de massages. En réalité, l'aéroport était tout à fait à l'image de son pays, c'est-à-dire apaisant, sûr, agréable, doux et incontestablement propre. Il semblerait en conclusion, qu'à l'image du chien et de son maître, l'aéroport d'un pays peut tout de suite vous renseigner, vous dresser les traits principaux du pays que vous allez visiter. Avec l'expérience, j'en suis persuadée.

Par exemple, quand tu rentres dans un aéroport aux États-Unis, tu comprends tout de suite la psychose de ce pays face aux attentats dès lors que tu te confrontes au contrôle de police où tu te retrouves très vite démuni de tes vêtements. Le passage de la douane est tout aussi extravagant. Les douaniers, toujours très imbus de leur personne de par leur uniforme, semblent prendre plaisir à te questionner de manière hautaine sur la raison de ta venue sur leur sol. Toi, Français, tu ne comprends alors bien sûr pas grand-chose à leurs questions et bafouille quelques mots qui te reviennent de tes cours d'anglais. Tu saisis aussi très vite que ton repas principal, pendant tes quinze prochains jours, sera le hamburger, en voyant le nombre effrayant de fast-food au mètre carré. A contrario, les aéroports français mettent en avant la baguette et les excellentes pâtisseries françaises, confirmant alors aux touristes qu'ils reviendront avec quelques kilos en plus. En revanche, tous les vacanciers arrivant en France, s'apercevront rapidement et cela juste en se baladant dans l'aéroport, de la lenteur administrative, du manque de personnel et du niveau pitoyable des Français en anglais .

Singapour se visite rapidement, trois jours suffisent pour faire le tour de ce petit état et voir ses principaux sites d'intérêt. Pour autant, il vous faudra beaucoup plus de jours pour comprendre la pensée et les us et coutumes de ses habitants. Tout dépendra alors de vos objectifs.

La première chose qui nous surprit avec Sheau-Tying fut la propreté des rues, des métros et le sentiment de sécurité, de bien être qui y régnait. En effet, pas un seul papier ne traînait au sol, aucun crachat ou graffiti, des vélos par centaines inondaient les rues. Le visage des gens reflétait la douceur et la gentillesse. Les Singapouriens sont de grands travailleurs. Pour autant, quand ils marchent dans la rue, ils semblent avoir le temps pour sourire et, dès qu'ils vous voient, vous, touristes avec une carte à la main, ils vous demandent en quoi ils peuvent vous aider. Nous étions réellement surprises car tout cela aurait semblé bien irréaliste et peu probable à Paris.

Par ailleurs, quelle ne fut pas notre surprise quand nous avons traversé la route pour la première fois.

Tout le monde s'arrêtait au feu rouge et attendait sagement que le bonhomme passe au vert et qu'une mitraillette, semblant vous tirer dessus, vous donne l'autorisation de traverser. Surprise de ce son agressif, je demandais alors à une jeune collégienne qui traversait en même temps que nous à quoi pouvait servir ce son. Elle m'expliqua avec un sourire radieux et dans un anglais impeccable que cela servait à avertir les non-voyants qu'ils pouvaient traverser. Alors qu'elle me répondait, j'observais ses vêtements : l'uniforme de son collège. Elle portait une jupe bleu marine qui lui descendait jusqu'aux genoux, une chemise blanche très bien taillée et une veste élégante. De petites chaussettes blanches dépassaient légèrement de ses chaussures vernies et le tout était égayé par des papillons rouges qui nouaient ses deux nattes de chaque côté de son visage. J'avais l'impression qu'elle sortait tout droit d'un manga et réalisais que j'aurai beaucoup aimé porter ce genre d'uniforme au collège. Lorsque je la remerciai, je m'aperçus qu'autour d'elle une dizaine d'autres collégiennes étaient strictement vêtues de la sorte, à la seule différence que les élastiques de leurs tresses étaient tantôt roses tantôt rouges, en forme d'animal ou d'une quelconque autre figurine qu'elles aimaient. Ces élastiques semblaient ainsi refléter leur personnalité, détails qui auraient semblé si ridicules aux yeux de nos collégiennes française, cherchant dès l'âge de douze ans à se vêtir avec des marques célèbres de vêtements pour épater la galerie et surtout faire comme tout le monde et être soi-disant à la mode. Ici, tous les collégiens se ressemblaient : aucune notion de mode ou de marque, aucun élève mis de côté en raison de son look, aucune humiliation possible et surtout aucune notion de rang social et d'argent ne pouvaient transparaître à l'école. Je pense réellement que l'uniforme à l'école pourrait résoudre beaucoup de problèmes à nos élèves français dont les parents ne peuvent se permettre d'acheter, tous les week-ends, les nouveautés vestimentaires branchées à leur progéniture.

Par ailleurs, l'égalitarisme n'est-elle pas une grande valeur de notre pays ? "Liberté, Égalité, Fraternité", maxime de notre contrée ? Nos élèves seraient-ils moins libres si on leur imposait un uniforme ? Les pompiers, gendarmes, médecins ou tout métier qui impose un uniforme rend-il ses salariés amputés de leur liberté?
Ces détails nous témoignaient du rapport strict que les Singapouriens avaient pour les règles, l'autorité et les valeurs morales de la vie. Valeurs véhiculées par une éducation familiale ferme, le tout baigné dans la religion bouddhiste.

C'était la première fois que je mettais les pieds sur le continent asiatique et je dois avouer que la philosophie bouddhiste me toucha et me marqua véritablement.
A quelques centaines de mètres des temples, leur présence se devinait grâce au doux parfum embaumant de l'encens. Cette atmosphère me transportait, m'envoûtait. Quand je regardais les bouddhas sculptés enveloppés d'or massif et lumineux, j'avais l'impression qu'ils me comprenaient, qu'ils me donnaient une force. En les fixant alors longuement, le vide pouvait enfin se faire dans mon esprit et je ne pensais plus à rien. Nous ne réalisons pas comme il est difficile de faire ce vide. Nous devons nous concentrer sur notre respiration et user pleinement de tous nos sens afin de sonder l'énergie palpable des lieux. Ici, l'énergie était pénétrante et chaude, mon plexus solaire s'en nourrissait à foison et je découvrais alors, dans ce temple bouddhiste, ma petite voix intérieure, cette voix conseillère, guide et très souvent salvatrice, cette voix intuitive et divine : notre sixième sens, véritable don que chacun peut développer mais que très peu veulent bien écouter. Cette "petite voix" se matérialise par des phrases ou plutôt des affirmations fermes et courtes que ma conscience me donne lors de mes interrogations. Au début, elle m'était donnée juste pour choisir une direction ou un chemin puis ce fut face à des inconnus. Elle me décrit alors sa personnalité en une fraction de seconde, me renseignant sur sa bonté et ses difficultés. Parfois, cette voix se combine en flash photos et me dévoile le futur de cet individu.
Ainsi, si mon père avait hérité de son père, qui lui-même avait hérité de son oncle du don de soigner et soulager les gens de leurs maux physiques et surtout psychiques - ces derniers étant la cause

première des douleurs physiques - avais-je alors aussi hérité du sens de l'intuition ?
Ce don est véritablement de l'ordre de l'inné comme l'odorat ou le goût mais peut et doit s'aiguiser avec la pratique et l'envie.
C'est donc pourquoi, comme tout œnologue qui s'entraîne à reconnaître la pureté et la douceur d'un vin par son seul parfum et sa texture, je m'essayais très souvent à faire connaissance avec des inconnus et m'exerçais à deviner leur "moi" intérieur.
Je compris alors pourquoi cette envie de voyage et de bout du monde m'avait envahie.

Un des quartiers phares à visiter à Singapour après les temples bouddhistes et Chinatown, semblait être le Business Center, aux airs du quartier parisien de la Défense. Quand vous sortez de la rame de métro, vous êtes tout de suite abasourdis par les imposantes tours et immeubles vous encerclant à trois-cent-soixante degrés. Une sensation de vertige vous atteint alors. Des écrans à dimensions futuristes inondent le devant de ces bâtisses, laissant se mouvoir des corps souvent très dénudés d'Eurasiennes vantant toutes sortes de marchandises : des produits cosmétiques aux denrées alimentaires en passant par des voyages ou même des voitures ! On devra m'expliquer pourquoi les commerciaux ont besoin de pavaner une blonde nue pour vendre… Deux mondes alors se côtoient : la culture bouddhiste et la culture du business. La foi en l'amour contre la foi en l'argent. Le don de soi contre le culte du moi, l'humanisme contre l'égoïsme. Pour autant, si ces deux mondes s'opposent en occident en dichotomie manichéenne, j'avais l'impression qu'ici en Asie, ils s'harmonisaient et rendaient le business plus sain qu'ailleurs. En tous cas, les gens me semblaient plus doux, moins tendus en règle générale. A moins que ce fût moi qui l'étais ? Est-ce que notre état intérieur pourrait alors juger difféemment les gens, les paysages, les moments, selon notre état de béatitude ? Ainsi, si je vois la vie en rose, si je souris sans cesse, si ma maxime préférée est "vive la vie ! ", verrais-je alors réellement la vie plus douce ? J'en suis à mon humble avis, convaincue. Selon moi, le positivisme est une évidence dans la quête de l'harmonie, du bonheur et de la santé. Cela se vérifie en effet très souvent : notre bonne humeur crée alors des ondes positives influençant notre santé et la rapidité de guérison. Inversement, nos mauvaises pensées, notre stress récurrent peuvent aussi nous faire développer des maladies et rendre notre guérison plus longue voir vaine.

C'est en prenant une chambre chez l'habitant, dans un quartier éloigné du centre-ville de Singapour, que cette réflexion put commencer à mûrir dans mon inconscient. En effet, en discutant longuement avec nos hôtes, couple de médecins prescrivant des soins ayurvédiques, le mari à la tenue décontractée me relata une histoire signifiante quant aux vertus du positivisme dans notre vie, dans nos pensées et nos actes. Il m'expliqua qu'un de ses patients de quatre-vingt-cinq ans qu'il suivait depuis de nombreuses années et en parfaite santé pour son âge, était rentré à l'hôpital pour des côtes fêlées à la suite d'une méchante chute à vélo, mais en était ressorti avec un pronostic de cancer des poumons et de nombreuses métastases parsemées dans tout le corps. Une fois conscient de sa maladie, il s'était vu mourir du cancer en seulement dix jours de temps.

La pensée positive ou communément appelée la science de l'intention est une véritable source de guérison que les asiatiques aiment transmettre de génération en génération. Pourquoi alors cette médecine perdurant depuis des millénaires n'est que peu reconnue dans le monde occidental ? La médecine d'aujourd'hui, séparant le corps de l'esprit, ne s'occupant que de la mécanique du corps et non aux pourquoi ni aux causes, ne gagnerait-elle pas à se lier à ces médecines traditionnelles ? Cette fusion n'est-elle pas rendue difficile par souci économique ?

Notre troisième et dernière journée avec Sheau-Tying fut très riche. Nous commençâmes par le quartier arabe qui possédait une mosquée magnifique puis nous nous rendîmes à Marina Bay avec son opéra ressemblant à un hérisson de par ses piques impressionnants parsemant l'œuvre architecturale. A son sommet, la vue sur toute la baie était saisissante. Un champ de buildings nous faisait face. Moi qui à l'accoutumée, n'aimais guerre les grandes villes, je dus avouer que cette vue ne me laissait pas indifférente. Enfin, nous terminâmes notre escapade en terre asiatique par le symbole de Singapour : le Merlion monument. Ce néologisme a tête de lion sur un corps de sirène, domine le fleuve de Singapour.

La popularité de cette allégorie a donné naissance à de nombreuses répliques dans le pays, dont notamment une impressionnante que nous avions pu voir la veille, sur l'île de Sentosa. Cette île, au sud de Singapour rejointe en téléphérique, nous donna un splendide panorama sur la baie. C'était l'idée de Sheau Tying qui désirait savourer la plage artificielle de plus de trois kilomètres, parsemée de palmiers et de bars à jus savoureux. Un décor contrastant grandement avec la vie urbaine et bruyante du centre.

Après un dernier bol de riz à l'ananas et un savoureux massage d'une heure, nous rejoignîmes notre avion, direction l'Australie. Ces trois jours d'escale sur le continent asiatique m'avaient énormément séduite et l'envie de poursuivre l'exploration de cette culture m'envahissait.

CHAPITRE 2
L'ETAT DU QUEENSLAND

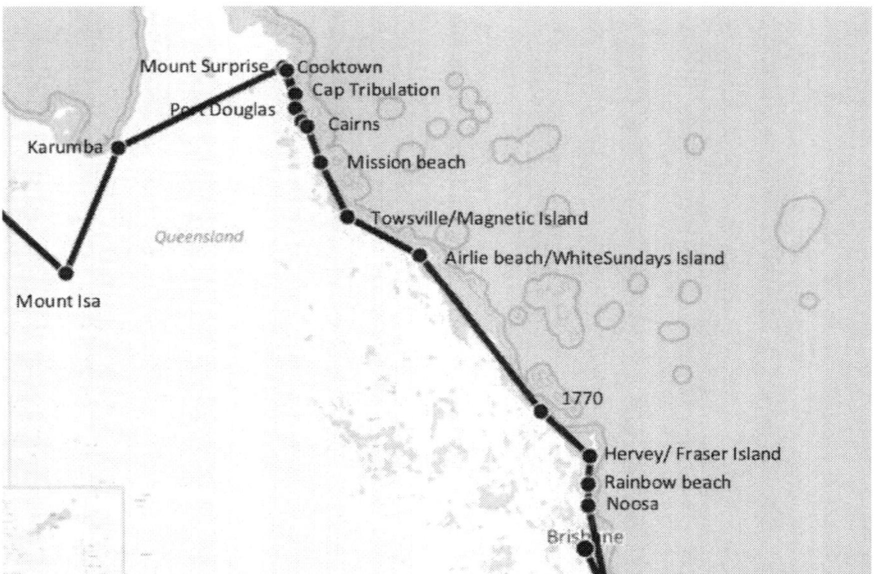

BRISBANE

Nos premiers moments en Australie furent plutôt décevants ; il faisait très froid comparé à la douceur singapourienne et à dix-sept heures, la nuit tombait déjà. Notre « Backpacker", auberge pour les personnes qui voyagent en sac à dos ou qui ont "l'esprit routard", était située au sommet d'un building et dotée d'une immense terrasse donnant sur un carrefour bruyant. Notre chambre de six lits superposés était minuscule, un petit dix mètres carrés tout au plus. Ma valise à elle seule occupait déjà une grande partie de la chambre ! Ce changement d'ambiance, qui contrastait fortement avec Singapour, fut assez difficile à vivre. Nous étions pourtant face à notre rêve tant attendu mais ce changement brutal, nous avait étrangement refroidies. Pour autant, face à cette nouvelle vie, résultante de notre souhait le plus profond, nous ne pouvions plus reculer. Il fallait aller de l'avant, vivre pleinement notre rêve et ne pas nous arrêter à ce premier sentiment déconcertant. Malgré moi, j'étais plongée dans une nostalgie familiale et mes parents, mes amis me manquaient déjà. " Armonie, réveille-toi, va conquérir ce pays, tu as pris une année "sympathique" afin de comprendre qui tu es vraiment et assouvir ta soif de rencontres. Alors, fonce, profite ! " Ces mots résonnaient en moi par l'intermédiaire de ma petite voix...

A Brisbane, grande ville aucunement attrayante à mes yeux, nous décidâmes de nous rendre à Surfers Paradise, une immense plage très célèbre pour ses surfeurs et les buildings la bordant sur des kilomètres. Cette Gold Coast à la vie nocturne vibrante était principalement constituée de gratte-ciel, de boutiques de créateurs mais aussi d'un flux ininterrompu de touristes.

Je ne savais pas pourquoi, mais à cet instant, je n'avais pas envie de cette atmosphère. Vivre comme des touristes et faire la fête ne m'intéressait pas. Vraiment étrange, cette sensation.

Je proposais alors à Sheau-Tying de rejoindre l'intérieur des terres communément appelé ici "l'Outback". J'avais déniché sur Internet la proposition d'une certaine Suzanne, propriétaire d'un ranch à quatre heures de Brisbane. Elle pouvait nous loger et nous nourrir si on travaillait pour elle : le "Woofing". Nous partîmes dès le lendemain, après avoir ouvert non sans mal un compte en banque et retiré une puce australienne pour nos téléphones respectifs. Ces tâches administratives, pourtant très simples habituellement, me semblaient terriblement pénibles en raison de mes difficultés à saisir correctement l'accent australien et à me faire entendre. Il m'arrivait parfois de répéter cinq fois la même phrase jusqu'à ce qu'ils me comprennent, car, sans m'en rendre compte, j'avais enfin accentué la bonne syllabe. Un véritable calvaire ! Je n'osais même plus m'exprimer. J'avais honte de mon accent et étais terriblement déçue d'avoir travaillé des années au collège et au lycée pour finalement ne pas pouvoir me faire comprendre et ne discerner moi-même que quelques mots. J'en voulais beaucoup à mon professeur d'anglais qui s'obstinait au lycée à nous enseigner l'œuvre de Shakespeare alors que nous ne connaissions même pas le vocabulaire usuel, indispensable aux voyages à l'étranger.

Le BUSH : le woofing

Après une heure trente de train, une heure de bus et trente minutes de 4X4, nous arrivâmes enfin au ranch de Suzanne ou plutôt de Sue, insista-t-elle. Femme d'une petite quarantaine d'années, sa silhouette était charpentée et masculine. Vêtue d'une chemise à carreaux, d'un jean trop grand et de chaussures de montagne, son accent était épouvantable ! Je ne comprenais qu'une phrase sur dix, et encore. Elle vivait seule, disons plutôt sans homme mais elle était vraiment loin d'être seule. Elle partageait sa vie avec une quarantaine de chevaux, des vaches, des veaux, des "biquettes", des poules, deux chiens et trois chats. Bref, ses journées étaient bien remplies, dans ce ranch de plus trois cents hectares.
Les présentations faites, elle nous montra nos quartiers. Une petite bâtisse de quarante mètres carrés maximum qui semblait ne pas avoir était nettoyée depuis des mois. En effet, des dizaines de toiles d'araignées jonchaient le sol et le plafond de la maisonnette. L'évier de la cuisine était envahi d'une montagne de vaisselle, les fenêtres étaient tellement recouvertes de graisses qu'elles semblaient opaques et, alors que je me trouvais dans l'unique pièce de vie, trois poules se baladaient à mes pieds. Le tout me faisait extrême-

ment rire mais les grimaces de Sheau-Tying exprimaient en revanche un profond dégout.

Notre première journée fut consacrée ainsi au nettoyage de ce cabanon. Toute personne allergique à la poussière aurait sans aucun doute dû s'abstenir. Lorsque mon regard s'est posé sur l'évier, j'hésitai entre mettre la vaisselle à la poubelle ou la laver. Pour ne pas risquer d'écourter notre séjour, je choisis la seconde option.

Notre chambre était constituée de deux lits superposés, un évier et un miroir. Le minimum se trouvait à l'intérieur de ces murs mais le plus beau se situait à l'extérieur. Nous étions véritablement plongées dans un film de western. Tout autour de nous se trouvait un paysage éclectique. Il y avait de vastes enclos pour les différentes bêtes et le tout baignait dans un mélange de montagne me rappelant le Jura, de forêts comme celle de Fontainebleau et de champs comme celui de ma grand-mère maternelle au cœur du Morbihan, en Bretagne.

Pourquoi cherchons-nous toujours à comparer les lieux que nous découvrons à ceux que nous connaissons déjà ? Est-ce pour nous rassurer ?

Les voyageurs chevronnés seraient alors ceux qui n'auraient aucune crainte à perdre leurs repères et qui ne passeraient pas leur temps à comparer toute nouvelle culture à leurs propres us et coutumes. Or, la caractéristique des Français est de tout comparer à leur contrée afin de mieux fustiger celle qu'ils ne connaissent pas. Pour autant, le Français critiquera ouvertement aussi bien le pays qu'il explore que le pays où il vit dès lors qu'il y remettra les pieds. Serions-nous les champions des sempiternels fustigeurs insatisfaits ? En tout cas, cela semble être la réputation que nous avons à travers le monde…

Après une longue journée de ménage, nous la clôturâmes en donnant à manger aux bêtes. Ce moment fût magique. Je nourris les petits veaux en leur donnant du lait au biberon. Leurs yeux noirs et globuleux me regardaient avec une tendresse si émouvante que des larmes s'étaient glissées discrètement sur mes joues. La création d'émotions est ainsi le plus souvent provoquée par les choses naturelles et simples. Le retour à une vie sans artifices technologiques,

en pleine nature, me faisait un bien fou. Soudain me vint l'envie d'aller courir dans cette brousse.
"Sheau-Tying, quelle heure est-il s'il te plaît ? "
Et oui, j'étais obligée à chaque fois de demander l'heure car depuis mon départ de France, j'avais pris la résolution de ne plus porter de montre afin de n'être plus préoccupée par l'image du temps et surtout pour vivre davantage par chronobiologie et envie sur l'instant. On ne mange plus alors à des horaires imposés ; on laisse juste parler les envies et les besoins de notre corps à un moment donné. Je trouve que vivre sans montre est une réelle source de plénitude et permet de nous rapprocher réellement de nous-même et de nos intuitions. On apprend ainsi à mieux se connaître.
"Il est 16h30, Armonie.
- Ok, bon alors je pars courir une petite heure avant qu'il ne fasse nuit.
- Ça marche, *take care* ma poule !"

Mes baskets enfilées, je partis à travers la forêt, n'écoutant que mon intuition quant au parcours à suivre. Après une vingtaine de minutes, les couleurs flamboyantes du soleil couchant traversaient les branches des grands épineux.
La luminosité se faisant dès lors plus rare, je devais me concentrer sur l'endroit où je posais les pieds. Plongeais seule au cœur de la forêt, les bruits sourds des animaux devenaient de plus en plus nets quand soudain, je sentis sur mon côté droit une présence qui me fit m'arrêter net. En face de moi, sensiblement à hauteur de mon visage, des yeux me fixaient avec un mélange de tendresse et de peur. J'étais en train de faire connaissance avec mon premier kangourou ! Il était fascinant. Musclé tel un athlète, il défiait mon regard sans bouger. Le son des battements de mon cœur devaient sans doute résonner dans toute la forêt. La peur et l'excitation se combinaient et me paralysaient. Je me souviens qu'alors, un sourire se dessina sur mon visage et j'eus l'impression, mon imagination sans doute, qu'il ressentait la même chose. Sa tête bascula légèrement sur le côté, comme lorsque le chien de mes parents faisait mine ne pas comprendre leurs injonctions. Je crois que la mienne suivit le même mouvement. Notre tête-à-tête sembla durer une éternité quand soudain, un bruit aigu se fit entendre derrière moi. Le kan-

gourou fit un grand bond et je me mis à crier en voyant trois cochons sauvages courir dans ma direction. Je fis volte-face et courus le plus vite possible. Coureuse de huit cents mètres, je me dis qu'ils n'allaient jamais pouvoir me rattraper. Malheureusement, il ne faut jamais sous-estimer les animaux. Ces derniers étaient très tenaces et afin d'accroitre la difficulté, la nuit s'épaississant, je n'y voyais plus grand-chose. Mon cerveau se mit donc en mode automatique et c'est ainsi que je me retrouvai en haut d'un arbre. Ils étaient tout noir sauf sur leurs pattes et autour de leurs yeux où se dessinaient des poils blancs. Avec l'obscurité, je commençais difficilement à les percevoir mais le son qui sortait de leur museau tout rose me rappelait qu'ils étaient bien présents.

Si, avec du recul, la situation aurait pu sembler inquiétante, j'étais en réalité plutôt amusée en les admirant, perchée, sur ma branche. Je me souviens même avoir eu un sourire pour ma mère et mes amies parisiennes en les imaginant dans cette situation... Il me fallut attendre une petite dizaine de minutes pour que ces créatures acceptent de me laisser tranquille. Il faisait quasiment nuit, les bruits sourds des animaux étaient très prégnants, un peu de stress m'envahit mais je gardai mon calme et rentrai en footing accéléré rejoindre Sheau-Tying pour lui expliquer mes fabuleuses rencontres !

Sue m'expliqua qu'au coucher et au lever du soleil, tous les animaux sortaient et qu'il fallait donc faire très attention, surtout aux cochons sauvages qui pouvaient être très dangereux.

Quoi qu'il en soit, la conclusion était que j'avais vu mon premier kangourou. Une rencontre inoubliable ! L'un de mes rêves venait de se réaliser : rencontrer un kangourou sauvage dans le bush australien. Allez, hop, en avant pour un autre rêve !

Pendant près de quinze jours, nous aidâmes Sue au ranch dans diverses tâches. Ramasser les pierres qui gênaient sur la route, nourrir les bêtes dès six heures du matin, récupérer les chevaux égarés et les ramener au camp. Mais, l'une des tâches les plus amusantes à mes yeux était de ramasser les excréments des vaches afin d'en faire du fumier pour le potager. Si pour moi, cette tâche originale était distrayante, elle l'était étrangement moins pour Sheau-Tying qui se prêtait quand même au jeu. La journée était divisée en

deux. Le matin était consacré à aider Sue, l'après-midi, nous étions souvent libres de nous balader et de nous occuper comme bon nous semblait. Je passais ainsi beaucoup de temps à réfléchir sur ma vie mais aussi sur celle de Sue. Est-ce que la comparaison avec autrui nous permet de mieux analyser notre vie ? Aucunement préoccupée par son apparence physique, elle consacrait son temps à s'occuper de ses bêtes. Elle leur donnait beaucoup d'amour et sa tendresse était réelle et profonde. Pour autant, qui s'occupait d'elle ? Certes, elle avait choisi de venir travailler ici seule. La quarantaine passée, sans enfant, ni mari, elle aimait dire que sa véritable famille était ses animaux, mais l'être humain est-il vraiment fait pour vivre seul ? Existe-t-il une réponse universelle à cette question ?
Certains ont besoin sans doute de se retrouver seul face à la nature tandis que pour d'autres cela est impossible. L'essentiel est d'être heureux, de réaliser ses souhaits, ses rêves même les plus fous pour n'avoir aucun regret. Ainsi, bien qu'au début je jugeais silencieusement Sue en la plaignant d'être seule, au fil des semaines, je réalisais que cette vie était son choix et non celui que la société lui avait dicté. La différence choque, fait des jaloux et devient source de méchanceté. Mais avec un peu de recul, toutes les personnes sortant de la lignée sociétale que j'ai pu rencontrer, ont toujours été des puits de connaissances, des gens tellement intéressants et uniques, que cultiver la différence pourrait bien devenir mon leitmotiv.
Après un mois passé au ranch, nous repartîmes sur la *Gold Coast* rejoindre les spectaculaires plages mais surtout ses surfeurs ...

BYRON BAY

Cette Gold Coast bordant Brisbane, inondée de buildings et de touristes, ne me séduisait malheureusement toujours pas. Un après-midi passé à visiter cette soi-disant "côte d'or" me fit déjà regretter la nature sauvage de l'*Outback.* Je réussis alors à convaincre Sheau-Tying de partir à *Byron Bay*, à trois cents kilomètres de là. A entendre un jeune surfeur de notre auberge de jeunesse, cette ville était réputée comme étant le temple du surf, de la vie bohème et branchée. Ce fut alors suffisant pour me convaincre de repartir après seulement une journée de retour à *Brisbane*, et cela au grand désarroi de Sheau-Tying qui se plaisait fort bien dans cette grande ville. Après trois heures de bus nous nous retrouvâmes dans ce petit village qui semblait sortir des années soixante. Ville de hippies, le rythme effréné de la *Gold Coast* semblait s'être arrêté à la porte de ce canton. J'avais même l'impression d'être dans un autre pays ou en tout cas dans une autre ère, un autre temps.

A la descente du bus, en nous baladant dans la ville, nous trouvâmes une auberge de jeunesse qui donnait directement sur l'océan. Que demander de plus !

Un point commun avec Sheau-Tying était que nous n'aimions pas réserver notre logement à l'avance, préférant voir sur place, en suivant notre envie du moment. Parées de nos maillots de bain, nous partîmes en direction de l'immense étendue de *Byron Bay.* Cette plage était à couper le souffle. Les vagues se prêtaient merveilleusement à la pratique du surf et le sable blanc semblait nous transporter sur les plages des Caraïbes.

Je vis alors des dizaines de surfeurs et l'envie d'essayer ce nouveau sport me saisit. Je regardai le prix des locations de planches. Quinze dollars de l'heure étaient trop cher pour mon budget. Par conséquent je décidai d'utiliser mon sourire de *frenchie* pour aller aborder un surfer.

J'attendis ainsi qu'un joli petit blondinet sorte de l'eau avec sa planche pour lui demander :

"Salut ! Excuse-moi, je viens d'arriver dans ton fabuleux pays et l'un de mes rêves est de tester le surf ! Tu peux m'aider ?

- Oh, toi, vu ton accent, t'es Française !

- Mince, je ne peux vraiment pas le cacher, alors.
- Non ! Mais moi j'adore cet accent. Il est très mignon. Si tu veux, je te prête ma planche un instant.
- Sérieux, tu veux bien ?
- Vas-y, je te regarde !
- Super, merci. Un conseil ou deux ?
- Au *feeling* !!!"

Bizarrement, il avait un grand sourire moqueur quand il prononça cette dernière phrase. Au loin, Sheau-Tying était amusée et me faisait signe de foncer. Je me dis que ce sport ne semblait pas tant différer du snowboard et que cela ne devait pas être bien compliqué. C'est alors que je m'élançai sur une planche qui faisait plus ou moins ma taille, les vagues n'étaient pas très grandes mais suffisamment hautes pour me faire tomber de la planche juste en me dirigeant droit devant.

Je me retournai et attendis comme tout le monde une petite vague, elle arriva, je tournai à fond les bras, petits battements de jambes comme j'avais vu faire le blondinet mais je fus emportée comme dans une machine à laver : la tête à l'envers, les pieds passant par-dessus mon corps et dans l'incapacité de prendre de l'air pendant une éternité.

Quand je réussis enfin à sortir la tête de l'eau, je me rendis compte que j'avais la culotte de mon bikini au niveau des chevilles et mon soutien-gorge au niveau du cou. Bref, j'étais nue ! Je vis alors au loin le surfeur blondinet, riant comme jamais et me faisant signe de revenir.

Il n'eut pas besoin d'insister, tellement sonnée, je me hâtai de lui rendre sa planche.

"Alors, bonnes sensations ?
- Sensations, oui, bonnes, je ne sais pas trop !
- Si tu veux, reviens demain, je te filerais quelques conseils.
- Avec plaisir !"

Ce fut ma première initiation au surf. Erreur de débutante à ne plus commettre : mettre un bikini qui ne tienne pas !

Le lendemain, je mis un short, assez petit toutefois afin que le blondinet remarque mes jambes. J'attachai mon haut de maillot de bain de toutes mes forces jusqu'à me laisser une marque sur la peau. Pendant une heure, John, alias le blondinet, me donna de précieux conseils et je réussis enfin à me mettre debout dans la mousse : c'était vraiment *"Amazing, Awesome"*, comme ils aiment à le dire ici.

Byron Bay était une petite ville, rapide à visiter. L'activité touristique de cette bourgade était de monter à son célèbre phare. Localisé au point le plus à l'est de l'Australie, le site vous offrait une vue incroyable sur les majestueuses plages de surf. Ce village fut un véritable coup de cœur tout comme sa vie nocturne si trépidante... La nuit tombée, l'ensemble des surfeurs se ruaient sur les quatre ou cinq bars du village. Musique, bières coulant à flot, le maître mot était la convivialité !

A peine étions-nous entrées dans un des bars que deux Australiens nous draguèrent déjà et nous offrirent une bière. Vu nos bourses restreintes de voyageuses, nous acceptâmes avec plaisir. Pour ne rien gâcher, ils étaient plutôt mignons et sympathiques malgré un accent australien à couper au couteau. Je ne comprenais donc qu'un mot sur dix. Par conséquent, les conversations étaient pour moi des plus limitées et obligeaient Sheau-Tying à me traduire toutes les cinq minutes ce qu'ils disaient. Malgré tout, cela ne m'empêcha pas de finir la soirée sur la plage avec un de ces jeunes hommes fort agréable mais tout aussi éméché que moi. Après tout j'avais vingt ans ! La vie était devant moi et ce n'est pas à trente ans que je ferai ça ! Quoique...

Bien que couchée à cinq heures, le lendemain matin, je me levai à dix heures. Sheau-Tying n'était pas encore rentrée. J'entendis dans la cuisine de l'auberge, de jeunes Allemands dire que le bus pour *Nimbin* partait dans vingt minutes. Je leur demandai alors ce qu'il y avait à faire là-bas.

Ils me répondirent que c'était un lieu à ne pas manquer. Composé d'une seule rue, une vingtaine de boutiques y pratiquaient un commerce des plus "originaux" !

"C'est-à-dire, qu'est-ce qu'elles ont ces boutiques ?

- C'est la seule ville en Australie ou la marijuana est vendue légalement.

- Je ne fume pas, je ne sais pas si ça vaut le coup pour moi ?

- Mais si, vas-y, l'ambiance est vraiment unique… et dépêche-toi, le bus part bientôt et le suivant est à quinze heures."
Après deux secondes de réflexion, je décidai d'y aller.
"Allo, Sheau-Tying, t'es où ? Viens, j'ai trouvé une ville à visiter à ne pas louper !
- T'es folle, Armo, je suis encore chez le mec d'hier et j'ai un mal de crâne monstre.
- T'es encore chez lui ? C'était bien ?
- Je te raconterai ce soir, et toi ?
- Moi pareil ! Mais t'es sûre, tu ne veux pas venir ?
- Certaine ! On se retrouve ce soir et tu me raconteras aussi !
- *No Worries* ! *Take care* ma poule !"
Sac à dos prêt, je rejoignis l'arrêt de bus, mais, à mon grand désarroi, celui-ci était vide. Apparemment, le bus venait de partir.
"Quelle heure est-il, s'il vous plaît ? Demandais-je à une jeune femme juste vêtue d'un mini-short et de son haut maillot de bain, laissant alors apparaître une poitrine bien généreuse.
- Onze heure neuf !"
Effectivement, ne pas posséder de montre présente parfois l'inconvénient de ne pas être très ponctuel. A mes yeux pourtant, la ponctualité a toujours était très importante dans la vie en société. Elle reflète la confiance que l'on peut accorder à quelqu'un et la citation du Louis XVIII affirmant que "l'exactitude est la politesse des rois et le devoir de tous les gens de bien" me semble justifiée. En revanche, dans cette vie que j'avais choisi de mener à cet instant et qui consistait entre autres choses à ne plus me soucier du temps, cette maxime ne me convenait plus tout à fait.
Je pense sincèrement que la ponctualité est fondamentale quand elle affecte d'autres personnes et que son absence peut pénaliser autrui. En revanche, quand seule ta propre personne est concernée par ce retard et que toi seul doit en assumer les conséquences, la ponctualité peut se discuter. Quoi qu'il en soit, le corollaire direct de ce retard fut que je n'avais plus de bus avant quelques heures et je ne souhaitais vraiment pas attendre jusque-là. Me vint alors une idée qui ne m'avait jamais traversé l'esprit auparavant à Paris ou ailleurs. Si je faisais du stop ? Les gens semblaient tellement bienveillants dans ce pays. C'est ainsi que je me retrouvai en direction

de la sortie de la ville, pouce baissé, sourire béat, petit short et top rose fluo. A peine trois minutes d'attente et une énorme voiture s'arrêta devant moi :
"Où allez-vous jeune fille ?
- *Nimbin* !
- Mince, je ne vais pas là-bas, je me rends juste à mon spa à vingt kilomètres d'ici.
- Vingt kilomètres, c'est déjà bien !"
Le pick-up était gigantesque, comme la plupart des véhicules en Australie. Il était très rare de voir une Smart ou une voiture similaire à une Clio dans ce pays. Même si les gens vivaient seuls, on aurait dit qu'ils se sentaient obligés de posséder un énorme véhicule polluant.
Mais est-ce qu'une Clio pourrait traverser l'*Outback* !?
Une fois assise à l'avant du véhicule, l'homme d'une quarantaine d'année me serra la main en m'indiquant son prénom et me demanda aussitôt le mien en retour. Les présentations faites, l'ambiance fut tout de suite très amicale. Je ne me posai même pas la question d'un éventuel risque à monter dans ce véhicule ; cet homme m'inspirait vraiment confiance. En le fixant quelques instants, l'image d'une petite fille m'apparut à l'esprit. Sans pouvoir me l'expliquer, je lui demandai sans détour s'il avait une fille.
"Oui, j'en ai une mais elle nous a quitté il y a trois ans lors d'un accident de voiture. Je conduisais à la tombée de la nuit et un kangourou a traversé. A l'époque, ma voiture était beaucoup plus petite, nous avons quitté la route et..."
Il me racontait cela d'une voix posée et calme, comme si nous nous connaissions depuis des mois. Il m'expliqua que la perte de sa fille avait aussi causé la fin de son mariage et qu'il se retrouvait aujourd'hui seul mais investi à fond dans son travail. Propriétaire d'un spa, il passait tout son temps avec ses clients. La conversation allait bon train depuis un quart d'heure lorsqu'il arrêta son véhicule juste devant son centre de remise en forme. Il me regarda alors un instant et me dit :
"Allez, j'ai envie de manger un sandwich à *Nimbin* avec une *Frenchie* !

- Sérieux ? Mais vous ne devez pas travailler ?
- J'arrive, je vais voir ma collègue."

Dix minutes plus tard, il revenait, sourire aux lèvres et nous reprîmes la voiture en direction de *Nimbin*, à quarante-cinq minutes de là. Pendant tout ce temps, Mick ne cessa de me parler de lui et des péripéties de sa vie. Même si je ne comprenais qu'une phrase sur cinq, j'arrivais à capter le sens général de ses propos, en lui demandant cependant toutes les deux minutes de parler plus doucement et d'accentuer l'articulation de ses mots. J'avais même pris mon petit dictionnaire de poche pour chercher les mots que je ne comprenais pas et noter dans un petit cahier leur signification. C'est Sheau-Tying qui m'avait donné cette astuce pour étoffer mon vocabulaire qui était très pauvre en anglais. Je crois que sans le vouloir, je devenais sa psychologue, je ne faisais qu'écouter puisque qu'il ne me donnait pas beaucoup l'occasion de parler mais je pense qu'il avait bien compris que je n'avais pas encore le niveau d'anglais suffisant pour lui répondre.

"Vous voici arrivée à destination, jeune demoiselle."

NIMBIN

Nimbin, constituée par une unique rue, doit sa renommée à la vingtaine de magasins à explorer. Ville de deux mille habitants, elle est considérée comme la capitale hippie d'Australie. Pour autant, Mick m'expliqua que la population regrettait profondément que leur ville soit célèbre uniquement pour son cannabis et non pour l'agriculture biologique que chacun défendait ici. En effet, surnommée le "Amsterdam d'Australie", les touristes pensaient à tort que les habitants d'ici n'étaient que des dealers de drogue. Or, s'ils se revendiquaient volontiers hippies, ils refusaient catégoriquement cette étiquette de drogués, m'expliqua Mick, soudain dans la peau d'un véritable guide touristique. En seulement une heure de temps, nous explorâmes cette rue aux enseignes si "particulières" comme l'avait si justement mentionné l'un des Allemands de l'auberge le matin même. En effet, les devantures des boutiques, très différentes les unes des autres, étaient de réelles attractions à elles seules. Vous pouviez aussi bien voir, un spectaculaire "pétard" de six mètres de long trôner à l'entrée d'une boutique que d'immenses affiches aux couleurs bariolées, mettant en avant le fameux symbole Peace and Love des hippies, représenté par une intersection de trois lignes contenues à l'intérieur d'un cercle. L'ambiance de cette rue était vraiment unique et cela peut-être aussi en raison des parfums envoûtant qu'il y régnait. Je dus admettre que même en tant que non fumeuse affirmée, cette balade était très intéressante et surtout unique. Je recommande alors à quiconque de s'arrêter quelques instants dans cette ville et vous garantis d'y ramener des souvenirs très doux et colorés. C'est donc après la dégustation d'un formidable sandwich bio végan, que nous repartîmes en direction de Byron Bay, ou plutôt le spa de Mick. Pour mon plus grand plaisir, une fois arrivés devant la devanture de son centre, mon "taxi man" tombé du ciel me proposa de tester son spa ! Une heure de jacuzzi, de sauna et de hammam s'offrait à moi. Je n'arrivais pas à croire la chance que j'avais et comment un homme qui ne me connaissait que depuis quelques heures pouvait être aussi gentil avec moi ? Je lui demandais comment pouvais-je le remercier ? Il me répondit que lui avoir fait retrouver le sourire pendant ces quelques heures était déjà beaucoup. Dans son regard, je vis soudain une larme se dessiner. On pouvait y lire une profonde tristesse mais dans le même temps, son sourire si doux était chargé d'une telle grâce, que le sentiment de joie s'y mêlait. Cet homme était rongé par le remord depuis cet affreux accident. Quelle profonde injustice, cet événement passé : c'était un homme tellement bon. Soudain, en maintenant son regard, un flash surgit de mon esprit : deux jeunes enfants à côté de lui, sourire comblé sur une planche de surf. Sans réfléchir, je lui dis en le remerciant une dernière fois : "Mick, vous êtes un homme formidable, ayez foi en vous, c'était sans doute le destin de votre fille mais le vôtre est de répandre le bien et sans aucun doute d'avoir d'autres enfants pour leur transmettre toute votre sagesse. Continuer à vivre seul serait gâcher ce que l'univers vous a offert, c'est-à-dire la bonté. L'amour reviendra quand vous serez alors prêt à le recevoir de nouveau. N'oubliez pas le passé certes, mais ne l'empêchez pas de faire exister votre présent et votre futur

à leur juste valeur. Si le présent s'appelle ainsi, c'est qu'il faut le voir comme un véritable cadeau."
Il me proposa une dernière fois de me raccompagner jusqu'à mon auberge, mais je refusai avec insistance, ayant déjà véritablement abusé de sa gentillesse. Les adieux faits, non sans un petit pincement au cœur, large sourire, regard chargé de soif de vie, je remis mon index en position basse et non mon pouce afin de suivre les coutumes australienne, m'expliqua Mick. Dix minutes plus tard, une vielle dame s'arrêta et me déposa à l'entrée de la ville de *Byron Bay*. Cette première expérience en stop fut "fantasmagoriquement géniale", comme aurait pu le dire le célèbre peintre surréaliste Salvador Dali que j'affectionnais tant. Le stop allait devenir mon principal moyen de transport pour explorer ce fabuleux pays cachant des trésors multiples et riches en émotions, tant dans ses paysages que dans sa population.
"Sheau-Tying, tu n'imagineras jamais la journée incroyable que j'ai vécue aujourd'hui !
- Ah oui !? Moi je n'ai fait que décuver et attendre que mon mal de crâne s'en aille."
Après lui avoir relaté les événements incroyables de la journée, elle me raconta sa nuit passée avec son surfeur, qui, au réveil, lui avait paru beaucoup moins beau qu'au coucher. A vrai dire, c'était pareil pour moi… Le comble, c'est que je n'avais aucun souvenir de son prénom ! C'est d'ailleurs une véritable lacune : je n'ai vraiment aucune mémoire des prénoms. Pour autant, je dois préciser que c'était bien la première fois que je ne me souvenais pas du prénom de la personne avec qui j'avais passé la nuit. Cela fit en tout cas vraiment bien rire Sheau-Tying, qui se moqua de moi à juste titre !

Après un petit *footing* bien agréable jusqu'au phare, au sommet de la ville, nous restâmes avec Sheau-Tying à l'auberge où une soirée ping-pong et billard était organisée. Ce soir-là, c'était donc les surfeurs qui venaient à nous… Très pratique ! Cette fois-ci, par contre, il nous fut impossible de boire ne serait-ce qu'un verre d'alcool car apparemment, nos foies nous suppliaient de nous abstenir pour quelques temps. Malgré tout, cela ne nous empêcha pas de bien nous amuser. L'ambiance était festive, la musique entraînante et il était très enrichissant de pouvoir discuter avec des personnes venant de tout pays. Je me souviens avoir tenté d'expliquer à un Japonais en quoi consistait le petit déjeuner "à la française". En effet, il avait été surpris de me voir le matin même prendre un chocolat chaud en guise de petit déjeuner. Il trouvait cette pratique très étrange et surtout, c'était la première fois qu'il voyait ça. Il m'expliqua que lui prenait un repas copieux composé de riz dès le matin. Chose alors impensable pour moi aussi. Ces différences de culture étaient fort intéressantes à observer et avoir l'occasion d'échanger avec des gens venant de l'autre bout de la planète était une chance unique. Je réalisai alors l'unicité du moment et posai toutes les questions qui me venaient à l'esprit afin d'apprendre un maximum de la culture japonaise. Voici l'ambiance d'une auberge de jeunesse. Pouvoir rencontrer des gens du monde entier qui ont tous un point commun : l'envie d'explorer et de rencontrer de nouvelles cultures, de nouvelles personnes et cela, dans le respect des différences. Nous pourrions rebaptiser ces endroits les auberges des globe-trotters car le mot "jeunesse" reste trop restrictif. Pouvons-nous voyager seulement lorsque nous sommes "jeunes" ? Que veut-dire d'ailleurs le terme jeunesse ? Une fois marié avec des enfants, cela serait-il fini ? Partir à l'autre bout du monde en sac à dos serait-il alors proscrit ? A mes yeux, il est évident que non ! Sortir de sa chère "zone de confort", prendre de nouveaux risques et se plonger dans l'aventure est une réelle source de jouvence ! Cela nous permet de questionner le sens de notre vie : le chemin emprunté est-il toujours le bon, en adéquation avec nous-même ? Une chose évidente se construisait en moi : intimement, je me promettais de ne jamais tomber dans la routine "métro-boulot-dodo" ! Les termes "aventure, voyage, découverte" devraient toujours faire partie de mon existence, certes, à des degrés variables selon les étapes de la vie, mais ne jamais disparaître. Cet art de vivre me faisait vibrer et me faisait véritablement être moi. En me couchant cette nuit-là, je demandai à l'univers de me guider sur mon vrai chemin de vie et de m'aider dans mes prises de décisions. Je me souviendrai alors toute ma vie de cette nuit et surtout de ce rêve où je me vis au-dessus de mon corps. Je flottais, ne comprenant pas du tout ce qui se produisait. J'étais juste attirée par la lumière de dehors, la lumière si étincelante, d'un blanc immaculé, indescriptible. Ce blanc réunissait les sept couleurs de l'arc-en-ciel ou des sept chakras… cette lumière provenait de la lune, de la pleine lune… ce rêve était-il vraiment un rêve ?...

Le lendemain matin, levée aux aurores, je réveillai Sheau-Tying et lui fis part de mon envie de continuer d'explorer l'Australie en stop. Au regard de nos budgets respectifs et de l'immensité de ce territoire, je trouvais cette solution idéale pour découvrir tous les trésors de ce pays et surtout ses habitants. Sheau-Tying, encore à moitié endormie, exprima sa désapprobation par une grimace que je connaissais bien. Pour autant, un sourire et un sentiment fraternel se dégagea de son regard lorsqu'elle me dit ces quelques mots :
"Madame l'aventurière, je ne vais pas arriver à suivre ton rythme effréné ! Ta soif de découverte pour ce si grand pays est trop forte pour moi. Pour le moment, j'ai juste envie et besoin de goûter au travail australien, à *Brisbane.* Dès lors que j'aurai gagné un peu d'argent, je continuerai comme toi à découvrir cette contrée avec une préférence pour le bus !... Même si cela me fait mal au cœur, je crois qu'il est temps de nous séparer. Tu dois te rendre compte de l'évidence ma belle, continue seule, il semble que ce soit une nécessité pour toi, mzelle Jones !"
Jones était le surnom que mes proches m'avaient toujours donné depuis ma plus tendre enfance, pour refléter mon caractère apparemment "garçon manqué" pour la société. Ce terme, d'ailleurs, est tellement péjoratif ! Il est utilisé le plus souvent pour décrire une jeune fille débrouillarde, sportive, surpassant les hommes dans certaines activités. Et, comme les normes sociétales ont décrété que les femmes devaient être inférieures aux hommes, alors ce type de femmes sont réduites au rang de "garçons manqués" ! Cela est complètement absurde et dépassé. Enfin, mes parents m'avaient bien cernée et "Jones" reflétait cette âme d'aventurière qui me collait à la peau, à l'image d'Indiana Jones dans la jungle, à la quête du Graal, guidé par son intuition aiguisée…
"Tu as raison, tu vas me manquer *Titing* (elle détestait que je l'appelle ainsi car *"Titing"* en anglais signifie tétons), tout se mélange en moi, je me découvre, j'explore un nouveau moi et j'ai l'impression que la vie est tellement courte mais si belle, qu'il n'y a pas une minute de plus à perdre ! J'ai envie de tout voir.

- Je comprends… tu es quelqu'un de différent Armonie et ton prénom exprime cette différence… Suis tes envies… tu veux partir dès aujourd'hui ?
- Oui, je pensais aller à *Noosa*, c'est à une heure trente au nord de *Brisbane* et, selon un des surfeurs allemands de la veille, c'est une très jolie ville avec un parc national magnifique pour les randonnées. *Noosa* est très réputée pour le triathlon, sport très important en Australie.
- Tu as déjà tout prévu, on dirait ! Si tu veux, je remonte avec toi jusqu'à *Brisbane* et toi tu partiras ensuite pour *Noosa*.
- Allez, super, je m'occupe du transport !
- Tu ne parles pas de faire du stop ?
- Non, je parle de faire de belles connaissances !"

Une heure plus tard, nous étions au bord de la route à la sortie de *Byron Bay*, index baissés et sourires espiègles. Sheau-Tying ne disait rien, son visage exprimait à la fois une inquiétude certaine mais aussi une excitation nouvelle qu'elle n'arrivait pas à dissimuler. Au bout de quinze minutes environ, un couple s'arrêta devant nous. L'homme d'une vingtaine d'année était en short de bain, torse et pieds nus au volant, elle, de dix ans au moins son aînée, présentait un style bohème spirituel et portait une labradorite autour du cou. A l'arrière du *pick-up* trônait une planche de surf déjà bien usée par le temps.

"Salut, nous allons en direction de *Brisbane* et vous ?
- Chanceuses, nous aussi ! Allez, montez !"

Sheau-Tying était abasourdie, pendant deux heures trente soit trois cents kilomètres, un large sourire n'avait pas quitté son visage et son regard pétillait de joie. Néanmoins, à mesure qu'on voyait les panneaux kilométriques de *Brisbane* se rapprocher, nous comprenions que notre séparation était proche et une certaine nostalgie s'empara de nous. Nous venions de passer un mois et demi ensemble, quasiment vingt-quatre heures sur vingt-quatre et avions partagé déjà tellement de choses… Les voyages sont ainsi, nous rencontrons sur notre chemin de nombreuses personnes qui ne feront sûrement que traverser notre vie mais qui nous laisseront des souvenirs gravés à jamais…et Sheau-Tying ferait partie de ces gens-là.

Le couple avait été charmant mais j'avais surtout bien accroché avec la femme très énigmatique qui avait parlé tout au long du trajet de ses voyages chamaniques. Je regrettais tellement l'insuffisance de mon anglais toujours trop approximatif pour me permettre de saisir toute conversation correctement.

L'heure de la séparation avec Sheau-Tying était arrivée. Ils nous déposèrent sur un grand carrefour à l'entrée de l'immense agglomération de *Brisbane*. Cette ambiance urbaine me fatiguait déjà tandis qu'elle électrisait Sheau-Tying. Nos au-revoir furent très silencieux mais émouvants… Un regard intense de reconnaissance, d'amitié sincère fut échangé. Une nouvelle tranche de vie s'offrait à nous… à moi…

MA NOUVELLE VIE : LE STOP !

NOOSA

Je rencontrai une grande difficulté à être prise en stop en plein cœur de *Brisbane*, sur ce grand carrefour. Les voitures étaient nombreuses mais les gens semblaient tellement pressés ! Pressés par quoi, par qui… par le temps ? Je commençai alors à apprendre la patience car il me fallut attendre pas loin de quarante-cinq minutes avant qu'un homme en costume et cravate veuille bien s'arrêter et me déposer à une station essence dix kilomètres plus loin, endroit plus propice pour faire du stop, disait-il. Il n'avait pas tort : les stations essence étaient de parfaits endroits pour se livrer à cet art de l'auto-stop. Car oui, c'est un véritable art, un sport avec des stratégies et des tactiques à mettre en place comme dans un match de handball. La station essence permet de choisir vos futurs hôtes avec discernement. En tant que jeune femme de vingt ans, je préférais les couples, les familles ou les femmes seules. Je pouvais alors les accoster calmement avec mon sourire de *Frenchie*. Portant leur café brûlant et embaumant, il leur était plus difficile de me dire non. C'est ainsi que j'abordai assez facilement une jeune femme, proche de la quarantaine, accompagnée de sa petite fille d'environ cinq ans. Elles se dirigeaient au nord de *Noosa* et pouvaient donc me déposer au passage. La maman mâchait un chewing-gum

comme un ruminant son foin, ce qui lui donnait un petit air simplet mais drôle. Sur son épaule, un tatouage représentait un attrape-rêve, étrangement identique à celui qui trônait au-dessus de mon lit à Paris. Elle me dit qu'elle ne prenait jamais personne en stop et que d'ailleurs la loi australienne interdisait le stop. Ça, je ne le savais pas… mais bon, je ne risquais pas grand-chose… enfin, je crois ? Dans tous les cas, je semblais plutôt sympathique à Nelly et c'est ainsi qu'elle acceptât de me laisser monter dans son auto. Pendant une heure trente de route jusqu'au panneau de l'entrée de la ville de *Noosa*, Nelly me raconta son divorce. Son ex-mari, pêcheur de perles dans les récifs australiens, trop friand de la bière australienne, la célèbre *Foster*, avait été un mari pitoyable, un amant très peu compétent et un père dangereux. Bref, ce pauvre homme fut dépeint comme le pire homme sur terre. Elle me raconta toute sa vie comme si sa voiture était un divan et moi sa thérapeute. Le comble était que j'acquiesçais inlassablement alors que je ne saisissais que la moitié de ses phrases. Je me contentais juste de répondre par "*yes*", "*no*", et les célèbres "*oh, my god*" ou "*oh my goodness*". Avant de descendre de la voiture, étant arrivée à destination et afin de mettre un terme courtois à ce monologue, je lui posai juste une question :
"Nelly, êtes-vous sûre de ne plus l'aimer ?
- Au contraire, je le hais, me répondit-elle absolument sûre d'elle.
- Mais si la haine perdure, cela ne signifie-t-il pas que l'amour est encore présent malgré tout ?
Aucune réponse ne sortit de sa bouche.
- Pour vous reconstruire et retomber amoureuse, il faudrait peut-être faire une chose à priori impensable pour vous encore.
- C'est-à-dire ?
- Lui pardonner et vous pardonner de l'avoir choisi."
Je ne sais pas pourquoi j'avais prononcé ces mots. Vu ma faible expérience de l'amour, je n'étais pas en mesure de conseiller quiconque dans ce domaine… mais, sans aucun doute, ces mots étaient sortis de ma bouche et en bon anglais de surcroît !

Il ne devait pas être loin de dix-huit heures car il commençait à faire nuit et je ne savais pas encore où j'allais dormir. Je consultai alors mon *Lonely Planet*, ma "bible" de voyage préférée.

Le terme "lonely" (" seul" en anglais), est très bien choisi. En effet, ce guide permet de voyager seul dans le monde entier. Ainsi, vous pouvez partir sans vous inquiétez de savoir où dormir, où manger, quoi faire et visiter, car ce guide vous dresse toute cette précieuse liste.
Néanmoins, partir seul à l'autre bout du monde ne signifie pas voyager seul, bien au contraire. En effet, c'est souvent lorsqu'on part en couple ou en groupe d'amis qu'on reste seuls entre amis, on ne cherche pas à faire connaissance avec d'autres personnes puisqu'on est à priori bien avec son autre ou ses autres. Lorsque vous partez seul au contraire, vous avez envie de partager ce que vous découvrez avec d'autres, donc vous avez nécessité de rencontrer des gens et vous vous ouvrez ainsi plus facilement aux inconnus, aux autochtones, donnant une dimension si différente à votre voyage. Un sentiment d'unicité, de singularité et d'aventures sera alors donné à votre escapade. Je regardai ainsi la liste de tous les *backpackers* de la ville de *Noosa* et le nom de "*Rocking-chair*" m'interpella et me donna envie de me rendre à cette adresse. Je mis trois bons quarts d'heure à trouver l'auberge ; la ville n'était pas si grande que ça mais apprendre à s'orienter sur une carte doit se faire empiriquement et j'étais encore novice en la matière. Je terminai donc par utiliser ma méthode préférée c'est-à-dire :
"Excuse-moi, sais-tu où se trouve l'auberge *Rocking-chair,* demandai-je à une jeune Anglaise non loin de la trentaine.
- Oui, j'y loge, suis-moi."
En cinq minutes, elle me mena enfin à l'auberge.
Quelle journée extravagante. Elle me paraissait avoir duré une éternité. Le matin même, j'étais encore à *Byron Bay* avec Sheau-Tying et là, je me retrouvais bercée sur une chaise à bascule, contemplant la *Noosa River* devant moi. La vue de ce canal était magnifique et me faisait étrangement penser au bord de la Marne, à cinq-cents mètres de chez moi.

Le lendemain matin, je pris mon petit déjeuner avec l'Anglaise de la veille. Elle s'appelait Anita. Du haut de ses un mètre quatre-vingt, joueuse de basket-ball, elle était dotée d'une corpulence de pivot. Elle dégageait une force tranquille, toujours le sourire aux lèvres, et s'était également fixée pour objectif de faire le tour de l'Australie mais en bus. A vingt-huit ans, elle avait déjà construit sa vie par une succession de voyages à l'étranger. Elle travaillait généralement six mois dans le pays où elle atterrissait puis visitait celui-ci. Elle venait donc de travailler une moitié d'année dans les ressources humaines en plein cœur de *Brisbane* et avait commencé, quinze jours plus tôt, son nouveau périple de six mois. Elle prévoyait déjà de conquérir par la suite un nouveau pays : la Nouvelle-Zélande.

"Pétard, mais j'adore ta vie, c'est trop bien ! Tu as totalement raison !

- J'ai fait des choix singuliers, souvent considérés comme extrêmes par la société mais désormais j'adore ma vie et j'en suis fière. Même si au début, j'étais un peu *homesick* (littéralement en anglais "malade de sa maison") et nostalgique de mes proches, je me suis vite aperçue que n'ayant pas de maison fixe, je n'étais attachée à aucun bien matériel et donc rien ne me manquait. Concernant mes proches, j'arrive à les voir une à deux fois par an pendant une semaine. Ces jours de partage sont alors tellement intenses et vibrants qu'ils restent gravés dans ma mémoire pendant l'année de séparation. Je crois même que je profite plus d'eux pendant cette semaine annuelle que lorsque je vivais à vingt kilomètres de chez eux.

- Tu as sans doute raison. Tu as dû découvrir des endroits fabuleux j'imagine ?

- Jusqu'à présent, je n'ai choisi que des pays anglophones comme l'Irlande, l'Afrique-du-Sud et Maltes en raison de ma plus grande facilité à trouver un travail sur place. Ces trois pays forts différents m'ont énormément plu effectivement, mais par-dessus tout, ils m'ont permis, grâce à leurs cultures si différentes, d'apprendre.

- Apprendre quoi, Anita ?

- Apprendre sur la vie, en comprenant mieux mon chemin de vie…"

Je ne rebondis pas sur sa dernière phrase, comprenant qu'elle ne me donnerait pas plus de détails sur cette notion de chemin de vie, mais mon intuition me disait qu'on aurait l'occasion d'en reparler bien plus tard.

"Alors, quoi de prévu pour toi Anita aujourd'hui ?

- Je vais aller me balader au parc national de *Noosa*, ça te dit de venir ?
- Avec plaisir !"

Et en effet, ce fut un véritable plaisir de randonner dans la forêt tropicale de *Noosa*. D'innombrables eucalyptus et fougères parsemaient ce décor en y laissant une ambiance druidique, à l'image de la forêt de Brocéliande en Bretagne. Les arbres étaient grandioses, "*amazing*" comme les Australiens aimaient dire, dépassant aisément les soixante mètres ! On semblait si minuscule dans cette immensité. A plusieurs reprises, nous jouâmes les Tarzan en nous balançant sur les lianes qui pendaient. C'était super *fun*. Le seul bémol était l'invasion de moustiques et leur insistance à vouloir à tout prix nous sucer le sang ! J'eus même le privilège d'être piquée par une tique sur le mollet droit, ma première rencontre avec ces petites bêtes. Heureusement Anita la remarqua vite et me la retira facilement avec sa pince à épiler.

Cette forêt est le symbole de ce charmant village. En effet, *Noosa* signifie en aborigène "endroit ombragé", caractérisant justement sa forêt particulièrement sombre à cause de la hauteur de ses arbres qui tapissent les vallées environnantes.

Après trois heures de marche dans cette forêt luxuriante, Anita me proposa de nous rendre à la *Noosa River* qu'elle avait découvert la veille et trouvait très agréable. Noosa longeait l'océan et une partie de la ville était occupée par une rivière, bordée de mangroves et de sublimes villas dotées de pontons accédant directement au cours d'eau. On pouvait longer la rivière en *paddle* ou canoë et contempler ainsi les centaines de villas bordant le canal. On aurait dit Cogolin dans le sud de la France, un charmant port pour les gens très fortunés.

Cette balade de fin de journée se prolongea jusqu'au coucher du soleil. Nous étions à deux ou trois jours de la pleine lune et celle-ci se reflétait intensément dans la rivière. Cela donnait à notre balade un soupçon de romantisme, assez déroutant d'ailleurs. Mon regard alors plongé dans les profondeurs de la lune, Anita me demanda si je connaissais le moyen mnémotechnique pour savoir si la lune était croissante ou décroissante. Lui mimant un non de la tête, elle m'expliqua ainsi que la lune était une menteuse et que lorsque son

croissant de lune dessinait un "C", pouvant exprimer le terme "croissant", et bien cela signifiait au contraire qu'elle décroissait et qu'on se dirigeait vers la nouvelle lune. A l'inverse, quand elle dessinait un "D", comme pour "décroissant", cela signifiait qu'en réalité elle se dirigeait vers la pleine lune et donc croissait.
"Et bien je me coucherai vraiment moins bête ce soir, c'est certain ! Très intéressant et utile ! Merci Anita pour cette nouvelle connaissance que tu m'offres."
La lune m'a toujours quelque peu hypnotisée et fascinée. A chaque pleine lune, ou en tous cas, en période de lune grandissante, je prends soin de sortir mes pierres afin de les recharger en énergie.
Et à chaque nouvelle lune, c'est le moment où j'écris mes objectifs de vie, mes souhaits.
Quand on voit l'influence de la lune sur les marées des océans, on peut imaginer combien elle peut aussi influencer nos émotions et nos humeurs. J'aime ainsi dire que mon regard reste toujours porter sur la lune ou le ciel, mais mes yeux sur mes pieds, sur terre. Cela reflète la relation entre le chakra racine (la terre) et le chakra couronne (le ciel), liaison très bien symbolisée par l'arbre de vie.
En effet, n'oublions pas que nous sommes sur terre pour vivre des expériences empiriques tout en ayant toujours conscience de l'invisible, de la spiritualité…

Nous passâmes la soirée à l'auberge à discuter tranquillement sur les rocking-chair, bercées par leur va-et-vient comme des nouveaux-nés bercés dans leurs landaus.
En fin de journée, il m'était plus difficile de m'exprimer en anglais ; je crois que mon cerveau était fatigué de tous les efforts de concentration que je lui demandais tout au long de la journée. Malgré tout, je comprenais très bien Anita. Son accent londonien était facile à saisir : elle prononçait toutes les syllabes et parlait doucement en articulant chaque mot. Absolument rien à voir avec Sue et son accent du *Bush* ! La soirée se déroula sous un silence apaisant à contempler la lune et en lisant mon *Lonely planet* afin de savoir où aller le lendemain. De temps à autre, mes yeux croisaient ceux d'Anita. Je dois avouer que cette jeune femme ne me laissait pas indifférente ; elle avait un charisme et quelque chose de spéciale qui me rendait perplexe. Nous nous dîmes adieu avant de nous cou-

cher car elle prenait le bus très tôt le lendemain matin. Mon intuition me disait que ce n'était qu'un au revoir.

Le lendemain matin, aux aurores, sur les conseils du propriétaire de l'auberge, je décidai d'aller à la *"Main beach"* en footing en empruntant une partie du parc national longeant l'océan, afin d'essayer d'apercevoir des dauphins. Après seulement un petit quart d'heure, je pus savourer ma première rencontre avec ces fascinantes créatures. Ils étaient certes très loin mais je pouvais les voir sauter et plonger dans l'océan. C'était merveilleux ; je criais toute seule face à ce spectacle de la nature si époustouflant. Mon seul regret était de le voir seule… J'aurai aimé le partager avec quelqu'un. Cette petite nostalgie me fit penser qu'il fallait que j'appelle mes parents pour leur donner des nouvelles car cela faisait bien quinze jours que je n'avais pas pris le temps de le faire. Munie de ma carte téléphonique pour l'étranger et après avoir tapé les quinze chiffres nécessaires avant de pouvoir composer le numéro de mon père, je pus alors entendre sa voix avec une intonation mêlant inquiétude et excitation. Je lui relatai ma rencontre avec les dauphins et lui décrivais la scène qui se déroulait encore devant mes yeux. J'avais l'impression de pouvoir vivre ce moment en famille. Nos échanges téléphoniques n'étaient jamais longs car leur coût était très élevé, mais je pris toutefois cinq minutes afin de lui expliquer mes aventures en stop et mon envie de continuer mon périple ainsi. Il n'était pas franchement pour l'auto-stop mais sentait qu'il ne pourrait pas m'empêcher de le faire. Il me conseilla juste d'écouter mes intuitions et que si la personne ne m'inspirait pas, de refuser de monter dans sa voiture. Il termina par me donner des nouvelles de ma mère qui était toujours morte d'inquiétude pour moi. Il ne lui dirait rien pour le moment au sujet du stop afin de la préserver… Il était au travail, c'était la fin de journée en France, je lui demandai d'embrasser ma mère pour moi et de lui dire que je vivais des choses et des rencontres incroyables. Lorsque je raccrochai, j'eus un petit pincement au cœur, mais quand je regardai devant moi l'endroit où je me trouvais, ce pincement disparut rapidement.

Le footing matinal terminé, je pris mon sac à dos, ma valise et me dirigeai vers la sortie de la ville afin de faire du stop, direction

Rainbow Beach, point de départ pour une splendide île, *Fraser Island.*

RAINBOW BEACH/ FRASER ISLAND

A peine arrivée à la sortie de la ville, une voiture me voyant marcher surchargée par toutes mes affaires, s'arrêta sans même que je pointe mon index. Le conducteur me dit qu'il pouvait me déposer à une soixantaine de kilomètres vers le nord car il avait un chantier là-bas. J'étais ravie mais à la fois surprise et déboussolée par cette facilité. En le regardant rapidement pour l'analyser, je dus m'avouer que son visage me faisait plutôt peur. Chauve au centre de la tête, il avait les cheveux longs sur les côtés et son visage ressemblait aux clowns des films d'horreurs. En fait, cet homme d'une bonne quarantaine d'années me faisait plutôt froid dans le dos. Plus petit que moi et vraiment tout frêle, seule sa tenue de jardinier me rassurait quant à l'authenticité de son histoire. La mise en garde de mon père une heure plus tôt retentit au fond de mon cœur. Alors que mon sac à dos avait déjà atterri sur la plage arrière de son véhicule, ma petite voix ne cessa de retentir en moi, me mettant en garde contre cet homme. Je décidai soudainement de me faire confiance, repris mon sac à dos en m'excusant et, prétextant que j'avais oublié quelque chose à l'auberge, m'écartai de la voiture. Surpris, il me scruta avec un petit sourire et repartit. Je ne sais pas si la peur attire le mauvais œil mais en tout cas, la mise en garde de mon père une heure plus tôt avait créé en moi, c'est évident, une crainte que je n'avais pas eu depuis mes débuts en stop. Je pense qu'on peut alors parler de la loi de l'attraction. En effet, si vous ne cessez de penser et de prononcer des paroles négatives, la loi de l'attraction exauce en quelque sorte vos paroles. Ces dernières, comprises par l'univers comme des souhaits, arrivent alors dans votre vie. Souvent, nous parlons de la loi des séries : à force de dire tout le temps que vous n'avez pas de chance, vous générez malgré vous cette malchance. Au final, nous attirons ce que nous redoutons le plus et la peur s'avère être le contraire de la prudence. Ainsi, dans un incendie, nous disons souvent que la panique fait bien plus de victimes que le feu. La peur serait-elle alors l'auxiliaire du mal ? C'est pourquoi il est fondamental de rester toujours optimiste afin

d'attirer, de créer du positif et réaliser ainsi ses désirs, ses objectifs de vie, ses rêves…
Me remémorant cela, je prononçai à haute voix que j'allais trouver rapidement quelqu'un de très gentil, qui me déposerait à destination.

Cela faisait une demi-heure que je me répétais ces paroles rassurantes lorsque s'arrêta un pick-up avec deux beaux jeunes hommes d'une trentaine d'année. Bûcherons, ils allaient couper des arbres à une centaine de kilomètres au cœur du *National Parc*. Après une bonne heure de route rythmée au son de *Tom Petty*, ils me déposèrent au bord de la nationale, à côté du panneau de *Rainbow beach* qui indiquait encore cinquante kilomètres à parcourir. La route était déserte, entourée de gigantesques palmiers et d'eucalyptus ; j'étais toute seule au cœur de ce sanctuaire animalier. Je pouvais entendre le cri des oiseaux et le vent souffler dans les feuilles des arbres. J'en profitai alors pour faire une petite séance de respiration par le diaphragme en rentrant mon nombril quand j'expirais et en gonflant mon ventre à chaque inspiration. Je prenais soin de prendre de grandes inspirations et d'expirer tout mon air jusqu'à sentir se contracter mes abdominaux. Cette respiration, apprise pendant mes cours de Pilates afin de renforcer les muscles profonds, était la même que j'utilisais lors de mes méditations. En effet, se concentrer sur la respiration me permettait de ne penser à rien d'autre et donc de rentrer plus facilement dans un état de relaxation et de bien-être. A Paris, j'usais souvent de cela en fin de journée afin d'évacuer le stress et le mal-être toujours grandissant que m'imposait cette capitale. Pourtant, ici, la situation était différente : je n'étais pas du tout stressée mais au contraire, détendue et apaisée au bord de cette forêt luxuriante. Cet exercice de respiration me permettait en réalité de savourer chaque minute encore plus intensément, en donnant au temps une dimension d'infini. En fermant les yeux, j'arrivai rapidement à voir apparaître un point violet ou bleu au centre de mon front. Alors que j'essayais de percer ce point, j'entendis le bruit d'un camion au loin. Je décidai de me mettre pratiquement en plein milieu de la route, fis un immense sourire et pointai mon index vers le bas. Le camionneur s'arrêta et accepta de me déposer à *Rainbow Beach,* faisant même un détour de dix kilomètres pour me déposer à l'entrée du village.

Rainbow Beach, ou "plage arc-en-ciel", porte son nom en raison des dunes de sable couleur arc-en-ciel qui la bordent. Même si elle est due à la présence de certains minéraux, la couleur de ces dunes donnait un sentiment mystique à mes balades le long de cette plage. Je me souvins alors de l'explication de mon père sur les sept couleurs de l'arc-en-ciel représentant les sept chakras principaux. Ces chakras signifiant la "roue " ou le "disque tournant", sont les centres de force de l'homme. Leur harmonisation et leur équilibre permet de créer l'union de ces sept couleurs formant alors la lumière blanche, l'énergie divine. C'est pour cette raison qu'il aimait soigner ses patients vêtu de blanc afin de faciliter sa connexion avec ses anges et guides, acteurs de ses guérisons.

Il y avait une seule auberge de jeunesse dans ce village de mille habitants. Malgré sa petite taille, il y avait de nombreux touristes en raison de sa proximité avec *Fraser Island*, la plus grande île de sable au monde, et l'auberge était par conséquent pratiquement complète. Mon *Lonely planet* soulignait l'importance d'accorder plusieurs jours à la visite de cette île singulière, aux eaux claires et à la faune abondantes avec ses dingos (chiens sauvages), tortues, dauphins, wallabies mais aussi crocodiles ! L'auberge proposait de découvrir l'île à plusieurs en 4x4 . Bien que peu attirée par les excursions organisées, l'offre était séduisante : on nous donnait de la nourriture pour trois jours, des affaires pour camper et une carte de l'île avec les lieux importants à découvrir. Cela ressemblait davantage à un safari entre amis qu'à un tour organisé, à la différence près que je ne connaissais pas encore mes compagnons de *trip* ! Sitôt arrivée à l'auberge, je réservai pour le lendemain l'escapade de trois jours à *Fraser Island* avec dix personnes. Le soir, on nous expliqua pendant une heure comment fonctionnait les véhicules et tout le matériel de camping. Je pus faire connaissance alors avec le groupe et notamment avec Joshua, un magnifique Israélien d'une trentaine d'années en vacances sur la côte est pour un mois. Son regard m'empêchait de me concentrer sur les nombreuses consignes et recommandations de l'organisateur. Selon moi, les yeux sont le reflet de l'âme et là, pour le coup, son âme me semblait aussi belle que son corps d'Apollon ! Ces trois jours s'annonçaient plutôt bien.

En effet, cette escapade fut un condensé d'aventures, avec ses imprévus comme l'enlisement de la jeep dans le sable qui nous valut plus d'une heure à creuser avec des pelles autour des roues ! Ce fut aussi un ensemble de rencontres animales et humaines. Animales, à l'image de celle fortuite avec un dingo alors que je cherchais du bois pour aider à faire le feu du soir. Cette créature, à mi-chemin entre le chien et le loup, eut aussi peur de moi que moi d'elle. Toutefois, l'organisateur avait bien souligné de faire très attention à eux car ils pouvaient nous mordre s'ils se sentaient en danger. J'eus aussi l'occasion de croiser sur mon chemin des araignées comme je n'en avais jamais vu ! Imaginez les araignées de vos pires cauchemars… Et bien c'était ça mais en puissance dix ! Elles étaient énormes ! Deux fois plus grandes que mes mains. Poilues, à pattes trapues et longues ; elles avaient des yeux globuleux qui vous donnaient froid dans le dos. Bref, cela faisait partie du jeu mais, dormir à la belle étoile sur la plage en vous remémorant vos rencontres de la journée, ne facilitait en rien votre réunion avec le dieu Morphée. Néanmoins, comme les rencontres humaines furent très enrichissantes, elles me permirent de passer au moins la dernière nuit en toute sécurité dans les bras de Joshua. Professeur de yoga, il pouvait être à la fois une vraie pile électrique, à vouloir tout découvrir comme moi, mais il savait aussi prendre le temps de se poser, faire son yoga et méditer deux à trois fois par jour. Il me répétait telle une maxime à réciter et à apprendre par cœur : "Une demi-heure de méditation est essentielle sauf si on n'a pas le temps… alors une heure est nécessaire!". Je pouvais parler avec lui des heures durant. Véritable source de connaissances, ce personnage m'attirait étrangement. De surcroît, il parlait français ce qui facilitait grandement les choses. Rien que son prénom m'intriguait. Alors qu'il me disait que c'était la première fois qu'il rencontrait quelqu'un qui se prénommait Armonie, je lui rétorquais la même chose. Mais celui-ci me répondit que je l'avais pourtant déjà entendu des milliers de fois puisque Joshua en hébreu signifie Jésus. Effectivement, je l'avais entendu des milliers fois mais le plus sur-

prenant, c'est que malgré mes années de catéchisme, je n'avais jamais appris le prénom de Jésus dans sa langue maternelle.
"Tes parents doivent être très portés sur la religion, j'imagine, lui demandais-je.
- Non, absolument pas, ils ne sont pas religieux mais ont foi en l'univers, en l'énergie, en la culture essénienne et à toute la lignée de Jésus.
- L'énergie, l'univers... cela me parle beaucoup. En revanche, les Esséniens... Cela ne me dit rien...
-Essénien signifie "la source de l'être". La famille de Jésus était essénienne ; elle vivait principalement vers le Mont Carmel, au nord-ouest de Jérusalem, à Haïfa, une montagne très mystique encore aujourd'hui car de nombreux miracles ont eu lieu là-bas.
-Ah oui, quel genre de miracles ?
- Et bien Jésus, mais aussi sa femme Marie-Madeleine, sa mère Marie et sa fabuleuse grand-mère Anna ont été de grands guérisseurs.
- Anna ? Je n'en ai jamais entendu parler non plus. Et Jésus avait une femme ? Je pensais que Marie-Madeleine était une prostituée..."
Joshua me répondit avec un sourire :
"Pourtant Anna a joué un rôle très important dans la vie de Jésus, je te conseille fortement de lire son histoire dans le livre, *Anna ou la grand-mère de Jésus* de Claire Heartsong, qui a écrit cette biographie en écriture automatique sous l'impulsion d'Anna en personne. Il y a même deux tomes. Au sujet de Marie-Madeleine, la religion ou même les religions ont fait beaucoup pour dénigrer la femme... mais de nombreux écrits pourtant, comme les manuscrits de la Mer Morte, expliquent tout cela."
Plus il me racontait l'histoire essénienne, plus j'étais déboussolée. Depuis toute petite, mon éducation chrétienne n'aurait été basée que sur des mensonges ? Pour quelles raisons ?
En tous cas, après des heures de discussion intense ou je sentais toute la richesse de cet homme, cette profusion d'échanges et de connaissances se conclut par une abondance de baisers sous le magnifique ciel étoilé de *Fraser Island.* Cette nuit à la belle étoile et cette étreinte à l'abri de tout regard, non loin de la célèbre épave

d'un bateau échoué dans les années trente, restera gravée dans ma mémoire. Qui aurait pensé qu'un jour, je ferai l'amour avec Jésus !

Ces trois jours furent remarquables. *Fraser Island*, avec plus de cent-vingt kilomètres de long et vingt-cinq kilomètres de large, cachait de multiples bijoux. Mon coup de cœur fut pour le *lac Mackenzie* avec ses eaux pures et translucides. Ce lac était composé d'innombrables nuances de bleus. C'était époustouflant. La *Champagne Pool*, les nombreuses dunes de sable et les randonnées pédestres à foison furent également des moments uniques… sans oublier la conduite sportive en 4x4, à vitesse maximale sur les plages. Une expérience géniale ! Il aurait fallu au moins une semaine afin de savourer entièrement cette île. Les adieux avec le groupe qui s'était réellement soudé en l'espace de ces trois jours, furent difficiles. En effet, partager des expériences, des aventures, même avec de parfaits inconnus, crée inéluctablement des liens et se défaire de ces liens n'est pas chose aisée. Joshua, qui était parti initialement de *Cairns* dans le nord, se dirigeait désormais en direction de *Sidney*, tandis que moi je continuais de remonter l'*État du Queensland*, en direction du nord. Nos chemins se séparèrent alors ici. Après de longs baisers échangés, en tant que professeur de yoga, il ne put s'empêcher de me transmettre un dernier proverbe :

"Prends soin de ton corps pour que ton âme ait envie de l'habiter.

- Tout à fait d'accord avec cette citation, cher ami."

Me destinant à devenir enseignante d'éducation physique et sportive, le culte du corps allait de pair avec celui de l'esprit. Afin d'enseigner aux enfants le goût de l'exercice physique, il me semblait évident que mon corps devrait refléter mes pensées et mes futurs contenus d'enseignement. Mais avant toute chose, prendre soin de son corps doit être un objectif personnel car personne ne se juge davantage que nous-même. Et même mes futurs élèves ne me jugeraient jamais autant que je le fais en me regardant dans le miroir. En effet, si on ne s'aime pas en se regardant, où qu'on aille, on ne s'aimera pas. Or, si quelqu'un ne vous aime pas, il vous suffira de le fuir et d'éviter de le voir. En revanche, si on ne s'aime pas, on ne peut pas échapper à nos propres pensées. Voilà pourquoi tant de gens mangent trop, se droguent, boivent et développent alors des dépendances à diverses substances afin d'échapper à leur propre histoire.

SEVENTEEN SEVENTY OU 1770

Il était huit heures du matin, j'étais au bord de la route, l'index pointé vers le bas. Vêtue d'un mini short, tee-shirt rose, bandana rouge, sac à dos et valise sur le bord de la route, je fixai un nuage dans le ciel qui me sembla prendre le visage de mon grand-père. Je revoyais alors son regard bienveillant qui me fit me replonger dans une scène d'enfance en Bretagne ou Papy, couvreur de profession, me fabriquait une petite boîte en bois. J'avais passé les deux mois d'été à lui demander de me la confectionner mais celui-ci attendu la matinée de mon départ pour se mettre à l'ouvrage. Sois patiente, me disait-il, tu l'auras. Pendant cette petite heure de fabrication, je le contemplai : son agilité, sa maîtrise du bois m'impressionnait. Ses mains, robustes comme lui, symbolisaient une vie de travail manuel passée sur les toits. La boite terminée, il me la donna en me regardant profondément dans les yeux. Je lui retournai alors son regard pénétrant par un sourire d'enfant adorant son grand-père. Après un long silence qui le caractérisait tant, il me dit cette phrase qui résonne souvent encore en moi : "ne mesure pas ta beauté au nombre de personnes qui te regardent mais au nombre de personne qui te sourient". Ce cadeau fut le dernier de mon grand-père car il nous quitta cinq mois plus tard, d'un cancer du foie, un an à peine après sa retraite. Cette boîte en bois, gardée précieusement, accueille aujourd'hui mes cartes de voyance, et son énergie entoure toujours ce présent. Ce départ prématuré de mon grand-père avait soulevé à l'époque, du haut de mes douze ans, de nombreuses questions sur la longévité de la vie. "Pourquoi certains vivent vieux et d'autres non ? Quand vais-je mourir ?" Mon père avait pris soin de répondre à chacune de mes interrogations. Ses réponses étaient toujours très claires, sa voix invariablement sereine et sûre d'elle. Concernant la durée de la vie, il me répondait que le nombre d'années n'étaient pas le plus important.
"Regarde, quand je te raconte une histoire avant de te coucher, finalement, ce qui importe, ce n'est pas sa longueur mais ses péripéties,

ses personnages, ce sont les émotions qu'elle te procure qui te font aimer l'histoire. Notre vie, c'est pareil, ce qui compte ce n'est pas de vivre cent ans mais la valeur de ta vie. Si ta vie est riche de rencontres, d'amour, d'amitié, de rêves… qu'importe l'âge à laquelle ton âme quittera ton corps physique. Personne ne sait à quel âge il va mourir et c'est ce qui fait toute l'excitation de la vie, toute sa singularité. La vie est comme un ballet de danse, Armonie, on ne le danse qu'une fois."
Je crois que c'est à partir du décès de mon grand-père que j'ai commencé à réaliser toute la richesse et la beauté de la vie, car j'ai compris qu'elle n'était pas éternelle.

Une camionnette d'un blanc immaculé s'arrêta. Un vieil homme âgé d'une soixantaine d'années se tenait devant moi. Frêle et grand, un peu bossu, il portait un vieux chapeau de fermier et une salopette qui lui donnait un air de Tom Sawyer à la retraite. Il m'inspirait vraiment que de la gentillesse. Son accent, par contre, était digne d'un breton au fin fond du Morbihan. Je ne comprenais qu'un mot sur cinq mais j'essayais tant bien que mal de saisir toujours l'idée générale. Il se rendait chez lui, à cent kilomètres de là, dans la direction qui m'intéressait. Dans son camion régnait une atmosphère apaisante. Autour de son rétroviseur, le collier d'une laisse de chien était accroché et, proche de son frein à main, se tenait la photo de son compagnon certainement défunt. J'hésitai à lui poser la question mais ma petite voix me demanda de le faire.
"Quel était la race de votre chien, Monsieur ? Il était magnifique !
- Un berger australien, il avait seize ans, il est parti le mois dernier. Des larmes coulèrent alors très rapidement. C'était comme mon enfant, me dit-il."
Il me raconta pendant tout le reste du trajet différentes anecdotes vécues avec son chien. Il était évident qu'il avait besoin de parler de son chien. Je ne faisais qu'écouter. Encore une fois, mon interlocuteur n'avait pas besoin de réponses, juste d'être écouté et de parler… Écouter est très important dans la communication. Et même si je ne parlais que très peu, pour autant, je communiquais avec ce vieil homme par mon intention d'écoute, ma présence et mon regard. Je pense qu'à cet instant précis, il n'avait besoin de rien d'autre. En comparaison, il en est de même quand votre amie vous

annonce qu'elle souhaite se séparer ou qu'elle a été quittée. Vous, amie, vous n'êtes pas forcément là pour lui apporter des mots qui ne résonneront pas à ce moment précis, mais votre présence, votre écoute, suffiront à la réconforter. Je ne me souviens plus de son prénom car il me semble que je ne l'avais pas compris, malgré tout, son visage et son amour pour son chien restent bien clairs dans mon esprit.
Il me déposa à une station-service et en me souhaitant bonne chance à *1770*, une femme de forte corpulence, qui dégustait un beignet, me demanda si je faisais du stop pour aller là-bas. Je lui répondis par l'affirmative en me disant que non ce n'était pas possible que...
"Allez-y, montez ! Je vous y dépose, veinarde !"
Effectivement, plus que de la chance, c'était une véritable providence. La ville de *1770* se situait à deux cents kilomètres !

Je montai alors dans un imposant 4X4 flambant neuf. L'ambiance était vraiment très différente que dans la camionnette aussi vieille que papy Sawyer ! Cette fois-ci, je comprenais plutôt assez facilement ma conductrice âgée de trente-huit ans, caissière dans un magasin de grande distribution, maman de cinq enfants et, ma déformation professionnelle ajoutera, en état d'obésité morbide. Elle venait de s'arrêter à la station essence pour prendre sa collation de dix heures, c'est-à-dire une boîte d'énormes beignets. Elle m'en proposa gentiment un, mais je refusai poliment en prétextant que j'avais une pomme. Elle était drôle, pleine de vie, souriante, mais il était évident qu'elle avait une sérieuse dépendance à la nourriture. Cependant, sans aucune gêne, elle vint à me parler très vite de son poids quand je lui expliquai que je faisais des études en France afin de me diriger dans l'enseignement du sport. Elle me raconta qu'à chacune de ses grossesses elle avait pris dix kilos et donc, qu'au bout de cinq grossesses, elle avait cinquante kilos de trop.
"Vous me parlez très facilement de ces kilos, ils ne sont donc pas un problème pour vous ?
-En apparence, non, mais il est évident que oui, j'en souffre, ne serait-ce que pour me déplacer, me promener.
- Essayez-vous de faire attention à votre alimentation, lui demandai-je, en voyant le quatrième beignet sur le point d'être englouti.

- Vous dire oui en mangeant ce beignet serait vous mentir. J'aime trop la nourriture !
- Enfant aussi ?
- Petite, je ne mangeais jamais à ma faim. Je me rattrape certainement aujourd'hui."
Quand on s'intéresse aux causes des dépendances à la nourriture et même de manière assez générale pour toute autre dépendance, on réalise très souvent que dans la majorité des cas, l'origine provient d'un traumatisme lié à l'enfance. En tous cas, après deux heures intensives de discussion avec Monika, mon esprit était saturé ! Elle n'avait fait que parler, aussi vite que sa déglutition des beignets ! J'étais vidée. Certaines personnes sont ainsi, elles vous prennent votre énergie malgré vous. Il est évident qu'il est préférable de les fuir. La labradorite est une pierre qui peut vous protéger contre cela.

Il était pratiquement midi quand je descendis de la voiture de Monika. A peine mon sac à dos mis sur l'épaule, alors que je m'apprêtais à rentrer dans la seule auberge de jeunesse de *1770*, un bus s'arrêta devant moi et une jeune femme en mode routarde descendit. Je la connaissais : c'était Anita. Elle sauta dans mes bras et moi dans les siens ; nous étions tellement surprises de nous revoir. Quand vous voyagez seule, vous rencontrez beaucoup de personnes. Vous vous attachez à certaines, tout en sachant qu'il est très probable que vous ne les revoyiez jamais : telle est la dure loi du voyage en sac à dos. Retrouver alors quelqu'un avec qui vous avez partagé des choses et avec qui un début d'amitié s'est tissé est comparable à retrouver un ami de votre pays. Vous n'êtes plus seule. Même si la solitude pour moi était nécessaire et recherchée, il est vrai que selon un proverbe, "la solitude est à l'esprit, ce que la diète est au corps, mortelle lorsqu'elle est trop longue, quoique nécessaire !"

Après s'être installées dans la même chambre de dix personnes, nous décidâmes de visiter ensemble la ville de *1770* avec sa plage et son port. Nous échangeâmes sans nous arrêter, sur nos différentes découvertes et rencontres de ces derniers jours. Son accent anglais était si facile à comprendre par rapport à l'accent australien ! Arrivées au port, un vieux bateau de pêche rentrait tout

juste d'une sortie en mer. A son bord, un vieil homme, au moins aussi âgé que son navire, déchargeait des caisses de poissons. Son corps tout frêle et son visage si ridé me donnèrent envie d'aller l'aider. C'est ainsi, qu'avec Anita, nous nous retrouvâmes à épauler un vieux pêcheur dans le déchargement de sa cargaison de poissons. Il nous raconta que c'était son sport quotidien, chaque matin, toujours le même rituel depuis quarante-quatre ans ! Son sourire illuminait son visage pendant qu'il prononçait ces mots. On pouvait ressentir sa passion pour son métier. Les innombrables rides qui façonnaient son visage, symbole de sourires gravés parait-il, imposaient le respect et dégageaient de la sagesse. Ce personnage m'attirait comme si son énergie m'aimantait à lui. En lui demandant s'il avait toujours vécu ici à *1770*, j'écorchai avec mon accent si français, ce nombre. Il en profita tout de suite pour m'aider à prononcer le nom de sa charmante ville et nous expliqua que c'était la seule ville au monde qui portait un nombre en guise de nom. En effet, c'était *James Cook* qui, en découvrant cette ville en 1770, lui avait donné ce nom. Le vieil homme nous dit que cela posait de nombreux soucis à la poste australienne qui faisait souvent des erreurs en confondant le nom de la ville avec les codes postaux. C'est donc après ce petit cours culturel local et quelques regards d'énergies échangées, que nous saluâmes ce monsieur si semblable au célèbre personnage de l'ouvrage d'Hemingway. Nous partîmes ensuite avec Anita en direction de la très grande plage de *1770* où débarqua il y a des siècles, Monsieur Cook. Sur ce majestueux littoral, nous pûmes apercevoir quelques beaux surfeurs australiens. Je lui demandai alors lequel pourrait bien l'intéresser ?
"Vraiment aucun, Armonie !
- Ah oui ! C'est quoi ton style Anita ?
- Et bien plutôt sans poils, sans barbe et sans testostérone !
- … ?
- Oui, je préfère les femmes. Je ne suis jamais tombée amoureuse d'un homme. J'ai essayé pourtant afin d'être comme tout le monde et faire plaisir à ma mère, mais ça n'a jamais fonctionné. Je suis homosexuelle. Tu ne t'es jamais posé cette question, toi ?

- Non, jamais, même si toute mon enfance on m'a traitée de garçon manqué parce que je dépassais les garçons dans de nombreux sports, je dois avouer que je n'ai jamais été attirée par les filles.
- Tu es déjà tombée amoureuse, Armonie ?
- Je ne sais pas, je crois oui.
- Si tu ne sais pas, c'est que tu n'es encore jamais tombée amoureuse. Quand cela t'arrive, plus rien d'autre n'a d'importance. Et finalement, qu'importe le sexe de la personne, qu'importe son physique, tu l'aimes telle qu'elle est ; c'est chimique. J'aime à répéter les paroles de Shakespeare que j'ai apprises à l'université :
"L'amour ne voit pas avec les yeux mais avec l'âme".
- Je suis entièrement d'accord avec toi sur ce point."
Je devais m'avouer que toutes mes histoires sentimentales avaient un point commun : j'apportais une très grande importance à l'apparence physique. En réalité, je me lançais souvent des défis : lui est super canon, je vais essayer de le draguer... En fait, ces challenges étaient un moyen de prendre confiance en moi afin de m'aider à m'aimer et à accepter mon corps. Pourrais-je sortir avec quelqu'un qui ne me plaît pas forcément physiquement ? En tous cas, je ne me suis jamais encore retrouvée dans cette situation. Cet échange avec Anita me laissait un peu sans voix et me questionnait intérieurement. Je la regardais malgré moi différemment. Voulait-elle sortir avec moi ? Devais-je mettre de la distance ? Il est vrai que lorsque quelqu'un du même sexe vous apprend qu'il est homosexuel, inconsciemment, nous avons tendance finalement à mettre une certaine barrière.
"Allez viens, on va se baigner et essayer d'emprunter des planches de surf, me dit-elle.
- Oui, go go go!"
Nous passâmes l'après-midi à surfer sur la planche d'un touriste irlandais qui ne s'en servait plus, préférant se prélasser au soleil.
Je m'avouai que j'adorais passer ces moments avec elle. Nos échanges et notre complicité étaient forts. Me vint alors une question : cette complicité était-elle de l'amitié ou de l'attirance ? Nous décidâmes en fin d'après-midi de rejoindre *Agnes Water* à quelques dizaines de kilomètres de là, afin de trouver de l'animation pour passer une bonne soirée. Alors qu'Anita regardait les horaires de

bus, je demandai à un couple de personnes âgées qui mettaient leur chien dans le coffre de leur voiture s'ils se dirigeaient vers *Agnes Water*. Jackpot, ils habitaient là-bas et voulaient bien nous y déposer ! Voilà comment je fis faire du stop à Anita pour la première fois de sa vie.

Nous passâmes deux jours ainsi, à sillonner les environs en stop et à profiter des vagues de *1770*. Nos chemins devaient ensuite de nouveau se séparer ; Anita avait réservé son bus pour rejoindre Cairns à mille trois cents kilomètres, soit quinze heures de route d'ici. Elle allait voyager de nuit. Quant à moi, en étudiant mon *Lonely planet* et surtout sur les conseils de jeunes Espagnols qui étaient à l'auberge, je décidai de rejoindre *Airlie Beach*, point de départ pour découvrir la grande barrière de corail d'Australie ! Nos programmes et nos modes de locomotion étaient différents mais nos motivations semblables. Nous voulions voyager pour apprendre, pour nous découvrir, nous comprendre. Comme Marcel Proust le soulignait "Le véritable voyage de découverte ne consiste pas à chercher de nouveaux paysages, mais à avoir de nouveaux yeux".

Cette rencontre avec Anita m'offrit, il est certain, un nouveau regard sur moi…

Nos au-revoir furent intenses par le regard mais assez froids par les gestes pour une *Frenchie* comme moi qui aimait faire la bise à longueur de temps. En effet, chez les Anglo-saxons, il n'est pas d'usage d'embrasser les amis mais juste de leur donner une accolade pendant une fraction de seconde en guise de salutations. Nous ne savions pas si nous nous retrouverions de nouveau mais, nos numéros de téléphone échangés cette fois, je lui promis de l'appeler quand j'arriverai à *Cairns*. "Laissons faire la vie, me dit-t-elle, si on doit se revoir, on se reverra !" C'est ainsi que je laissai Anita monter dans son bus de nuit. Quant à moi, je préparai ma journée du lendemain. J'avais plus de huit cents kilomètres à parcourir pour rejoindre *Airlie Beach*. Je décidai de débuter très tôt le stop et verrais bien où je serais arrivée le soir. Comme disait Christophe Colomb : "on ne va jamais aussi loin que lorsqu'on ne sait pas où l'on va" !

AIRLIE BEACH, WHITESUNDAYS ISLANDS

Six heures du matin. Je descendis le plus silencieusement possible du haut de mon lit superposé. Alors que les ronfleurs de la chambre faisaient bataille de sifflements, je pris toutes mes affaires et partis dans le noir en espérant ne rien laisser. Une fois la porte fermée, ma petite voix me demanda d'aller vérifier si je n'avais rien oublié. Je m'exécutai, vérifiant au sol si rien ne traînait. Je ne vis rien d'autre que des chaussettes et serviettes jonchant le carrelage et bien sûr, les odeurs d'humidité et autre qui allaient avec ! Direction la cuisine pour essayer de trouver un morceau de pain. En effet, comme je ne restais que très peu de jours dans chaque nouvelle auberge, je ne faisais jamais trop de courses, j'achetais chaque repas au moment voulu. La cuisine collective était immense : chacun y mettait sa nourriture au frigidaire ou dans les boîtes de rangement avec son nom écrit dessus. Il y avait aussi une boîte avec la mention "ne me jetez pas, donnez-moi" ! Tous ceux qui partaient de l'auberge et ne pouvaient se charger de leurs denrées alimentaires, laissaient alors leurs restes. C'est souvent grâce à ça que je me nourrissais. Ce matin-là, j'y trouvai un vieux sachet de pain avec deux tranches à l'intérieur. Il y avait certes dessus quelques taches vertes de moisissure mais bon… un pot de confiture dans le frigidaire avec le prénom d'Harold dessus, me permit de les recouvrir ! Une bouteille de lait avec cette fois-ci inscrit le nom d'Anita, me fit digérer le tout. J'étais ainsi prête à partir à la conquête de ma journée. Il était six heures quarante-cinq à l'horloge de l'auberge. Sur le bord de la route, je cachai ma valise rouge si encombrante dans le fossé, histoire de ne pas effrayer les automobilistes par mes bagages. Sourire serein, index baissé, je m'adonnais à ma nouvelle passion, le stop !

Une première voiture ralentit devant moi. C'était une vieille dame qui fit la grimace en me regardant ; elle avait décéléré, je pense, juste pour me dévisager mais elle n'avait vraisemblablement aucune intention de me prendre. En réponse à sa grimace, je lui souris en lui souhaitant une belle journée. En effet, sourire à celui qui vous fait une grimace crée des vibrations favorables pour vous et surtout pour lui. Alors souriez !

Quoi qu'il en soit, après quinze petites minutes d'attente, alors que la cloche de l'église sonnait une septième fois, une voiture s'arrêta. A son bord, un couple charmant d'une quarantaine d'années.
"Où allez-vous, jeune fille ?
- En direction d'*Airlie beach*, monsieur.
Ils se regardèrent en souriant.
- Et bien, nous allons passer nos vacances là-bas. Vous allez où exactement ?
J'étais alors abasourdie, tellement excitée. Je leur répondis avec mon plus beau sourire.
- *Airlie beach* précisément, aussi.
- Je crois que nous allons pouvoir faire longuement connaissance madame la chanceuse !
Je remerciai effectivement cette chance divine. Ce couple, de surcroît, me semblait très dévoué et gentil. Ils prirent le temps de faire de la place à l'arrière de la voiture et m'y installèrent confortablement.
- Nous allons passer huit-cent-huit kilomètres ensemble, mieux vaut que tu sois bien installée ! Mon nom est Oliver et celui de ma femme, Véronika, enchanté."
Je n'arrivais pas à croire à cette bonne fortune. Moi qui pensais prendre plusieurs jours à faire ces huit cents kilomètres, c'était comme faire pratiquement un Paris-Nice en stop, en un seul trajet ! Il est vrai qu'il n'y avait pas beaucoup de villes et points d'intérêts entre *1770* et *Airlie Beach* mais quand même, quelle belle aubaine ! Je n'en revenais pas…
"Enchantée, moi c'est Armonie, merci infiniment !
- Depuis combien de temps es-tu là à faire du stop ?
- Environ quinze minutes, répondis-je un peu gênée.
- Et bien, c'est que nous devions nous rencontrer !"
Ce trajet fut finalement très rapide. Nous ne nous arrêtâmes que deux fois pour nous restaurer. Oliver était paralysé de la main gauche, celle-ci ne lui servait plus du tout, son membre était comme "mort". Le plus étonnant est qu'il avait une voiture à passage de vitesse manuelle, et, comme le volant se situait à droite, son handicap était vraiment gênant pour la conduite. Malgré tout, son agilité à passer les vitesses en croisant avec la main droite était

très fluide et naturelle. Je réalisai par ailleurs que c'était l'une des seules voitures que j'avais vu avec passage de vitesses manuelle car la plupart dans lesquelles j'étais montée étaient automatiques.
Sa femme m'expliqua que c'était après un accident vasculaire cérébral que Oliver avait perdu l'usage de sa main gauche, il y avait maintenant quatre ans de cela. A l'époque, il était maçon et avait dû par conséquent arrêter cette activité professionnelle. Il m'expliqua qu'il n'avait jamais été aussi heureux que depuis cet accident. Si avant, il ne faisait que travailler, ne prenait jamais de vacances, enchaînait les chantiers même le week-end afin d'étoffer leurs revenus, aujourd'hui, devenu formateur pour futurs maçons, il profitait enfin de la vie. Par-dessus tout, me disait-il : "je prends le temps de partager ma vie avec ma femme, chose que je ne faisais jamais auparavant. Autrefois, mon objectif était de vivre pour gagner de l'argent. Maintenant, je ramène juste ce qu'il faut pour vivre et je m'en porte divinement mieux." Quand des accidents arrivent dans notre vie, ils sont là afin de nous arrêter net sur le chemin que nous étions en train de suivre. Immobilisé, nous nous retrouvons alors forcés à réfléchir sur notre existence et prenons conscience de la nouvelle direction à prendre. Nos maux physiques et moraux sont les véritables miroirs des erreurs de nos choix de vie. Michel Odoul explique très bien cela dans son livre "Dis-moi où tu as mal, je te dirai pourquoi". La main gauche représente l'action de recevoir, tandis que la main droite de donner. Les mains servent à réaliser de nombreuses choses et dans le cas précis de Oliver, un maçon privé de l'usage d'une main ne peut plus exercer sa profession. La vie lui avait donc envoyé un signe, par cet handicap, pour changer radicalement de voie. En tant qu'enseignant, il était à présent dans l'action de donner, de transmettre aux autres et son temps libre désormais, était bénéfique pour lui et sa famille. Ainsi, si vous tombez gravement malade, demandez-vous pourquoi cela vous arrive-t-il maintenant. La maladie ou le "mal a dit" nous aident à évacuer les blocages émotionnels en nous. Ne vous reste qu'à essayer de les comprendre et de les interpréter. C'est pourquoi le caducée, célèbre effigie médicale, est représenté par un bâton de laurier entouré de deux serpents. Symboliquement, nous pouvons y voir notre chemin de vie tracé par le laurier mais tenaillé par l'envie de voir ce qui se

passe à gauche et à droite, et ce, même si la vie nous ramène finalement toujours vers l'axe central. En Inde, ce symbole représente la colonne vertébrale avec la montée de la *kundalini*, une énergie incarnée par des serpents tantôt captivés par la polarité négative (la lune) et positive (le soleil). De toute évidence, nous sommes sur terre pour vivre une multitude d'expériences positives et négatives afin de comprendre vers où nous devons aller, c'est-à-dire le bonheur. En définitif, toutes ces expériences, mêmes celles vécues difficilement, seront toujours bénéfiques pour notre construction personnelle. Jean de la Fontaine disait à juste titre "on rencontre sa destinée souvent par les chemins que l'on prend pour l'éviter".

C'est donc en milieu d'après-midi que je me retrouvai dans la région des *Whitesundays* où la célèbre grande barrière de corail s'étend sur plus de deux mille kilomètres le long de cette côte et de ses îles paradisiaques. Ce fantastique archipel est composé de soixante-quatorze îles dont seules dix-sept sont habitées, ce territoire étant heureusement fort protégé pour éviter toute invasion humaine et limiter ainsi les dégradations écologiques inéluctables. Leur nom, "*whitesundays*", synonyme en anglais de "Pentecost", c'est-à-dire "jour de la Pentecôte", avait été donné encore une fois par le célèbre James Cook, qui pensait avoir découvert ces îles le jour de la Pentecôte.

Quoi qu'il en soit, afin de découvrir cet "*amazing, awesome*" territoire, comme dirait les Australiens, deux choix s'offraient à moi : le voilier ou l'avion. Ma préférence s'orienta en faveur du voilier.

Il y avait à *Airlie beach*, des dizaines d'opérateurs qui se concurrençaient de manière à vous offrir le meilleur *package* pour découvrir ces îles et la barrière de corail. Je passai plus de deux heures à négocier et à comparer les prix avant de me décider pour un trip de trois jours et trois nuits avec un départ dès le lendemain matin. Ma bourse de voyageuse étudiante en fut fortement affectée mais avec l'argent économisé par le stop, je pouvais me le permettre.

En rentrant dans ma nouvelle auberge, alors que je préparais mon petit sac pour les trois prochains jours, je me rendis compte d'une chose catastrophique à mes yeux : j'avais oublié mon guide de voyage sur mon lit à *1770*. C'était donc pour cela que ma petite voix avait insisté pour que je vérifie derrière moi avant de partir.

J'étais vraiment très peinée. Ce guide était pour moi un véritable repère pour planifier ou en tout cas, visualiser un minimum mon voyage. Je décidai d'aller en acheter un autre dans une librairie mais me rendis compte qu'au-delà du fait qu'ils étaient tous en anglais, ils étaient horriblement chers. En plus, aucun n'était dans l'édition que je souhaitais. Je n'avais plus qu'à accepter mon erreur du matin et à relativiser. "Fais confiance à la vie, laisse toi guider, me souffla ma petite voix."

Le réveil indiquait cinq heures vingt ; je partais dans une heure à bord du voilier. Arrivée à l'enseigne qui m'avait vendu l'excursion, celle-ci était fermée. Personne n'attendait. Mis à part quelques chats errants qui s'étiraient tranquillement, la rue était silencieuse et vide. Il était sept heures quand un jeune homme plutôt charmant, me voyant assise sur le trottoir toute seule devant la boutique, m'accosta :

"Que faites-vous ici si tôt ? Ils n'ouvrent pas avant neuf heures.

- J'avais un départ sur un voilier prévu à six heures trente ce matin.

- Ah, mais c'est impossible ! Tous les départs pour les *Whitesundays* ont lieu le soir. Montrez-moi votre ticket de réservation. Un grand sourire vint alors illuminer son visage.

- Regardez, il est noté départ six heures trente pm."

Je lui pris alors brusquement le papier de réservation pour vérifier. Il avait raison. Quelle idiote j'étais, j'avais mal compris. Je partais le soir et non le matin ! Paraissant sans doute triste et un peu désemparée, il me proposa d'aller boire un café ; il avait une heure devant lui avant de commencer son travail.

"Vous travaillez dans quoi ?

- Je suis maître-nageur au lagon de la ville.

- Ah oui ? Moi aussi, en France !"

Effectivement, j'avais obtenu mon Brevet National de Sécurité et de Sauvetage Aquatique l'année passée afin de surveiller les piscines l'été ou plutôt, me donner la possibilité de le faire si jamais l'envie et l'occasion se présentaient. Nous passâmes une bonne demi-heure à essayer de vérifier via Internet si mon diplôme français pouvait me permettre de travailler ici en Australie. Finalement, il me proposa de rencontrer son chef à dix heures, à la piscine artificielle de la ville.

A dix heures précises, je me présentai au poste de secours de ce très grand lagon bordant l'océan. Le responsable m'expliqua qu'il fallait que je passe des équivalences. Cela nécessiterait dix jours et cent-cinquante dollars mais serait vite rentable pour moi car, la saison estivale commençant dans un mois et ayant besoin de renfort, il pourrait m'embaucher facilement.
Mais étais-je venue en Australie pour faire une saison de maître-nageur en piscine, à surveiller sur une chaise les enfants risquant de se noyer ? Je crois qu'à l'instant même où je me posai cette question, la réponse pour moi fut alors évidente. Non ! Je sortais déjà d'une grosse saison estivale en Tunisie en tant qu'animatrice sportive, je n'avais alors envie que d'une chose : découvrir et vivre pleinement chaque jour en toute liberté.
Je répondis toutefois au responsable que j'étudierais sa proposition. Quant au jeune maître-nageur du matin, il me proposa de prendre le déjeuner avec lui pendant sa pause de midi. J'acceptai sa proposition mais étrangement, quelque chose me gênait dans son regard. Quelques heures plus tard, je compris ce qui rendait ses yeux et son regard si perturbants. Après avoir terminé son sandwich, à l'abri des regards mais non du mien, il inspira une ligne de cocaïne ! Je n'avais jamais touché à aucune drogue de ma vie, ni même jamais fumé. J'en fus quelque peu abasourdie et gênée.
"Pourquoi prends-tu ça, lui demandai-je.
- Parce que tu vois, après mon service à la piscine, j'enchaîne à la plonge dans un restaurant du coin, jusqu'à une heure du matin. C'est juste un petit coup de pouce pour m'aider à tenir."
Il est vrai que malheureusement, de nombreux saisonniers tombaient dans le piège de cette dépendance afin de rester éveillés. Ils détruisaient alors leur corps. Cette enveloppe charnelle plus aucunement écoutée était profondément dénaturée sous prétexte de gagner plus d'argent. Cette denrée paradoxalement aussitôt dépensée afin de se procurer cet artifice si salvateur à leurs yeux. Ils tombaient dans un cercle vicieux très difficile à quitter et se mettaient ainsi à mentir à leurs proches et surtout à eux-mêmes.
Malgré sa plastique d'Apollon, son regard me sembla alors vide et cela le rendait laid et repoussant. En partant, je lui fis part de mon sentiment à l'égard des drogues et lui conseillai d'arrêter. Pour au-

tant, je savais très bien que le seul moyen pour qu'un drogué cesse de prendre sa cocaïne, c'était qu'il décide par lui-même de le faire. Certaines fois, on doit accepter de ne pas pouvoir aider une personne sous peine de se perdre soi-même, d'être tiré vers le bas et de perdre son temps. Chacun a son chemin de vie et doit vivre ses propres expériences afin d'évoluer et réaliser ses objectifs dans cette existence.

Quelques heures plus tard, je me retrouvai sur un voilier en compagnie d'une dizaine d'autres vacanciers, venus découvrir ce si fabuleux trésor que la nature avait construit : la grande barrière de corail. Ces trois jours à bord de ce navire furent fabuleux. Naviguer sur l'eau, se retrouver au milieu de cette immensité, fut une véritable source de recharge énergétique. La nature est si belle. Des milliers de coraux de couleurs bariolés allant du jaune fluo à l'orange-rouge en passant même parfois par le bleu, jaillissaient de l'eau. Un simple tuba et un masque vous permettaient de découvrir cette merveille. Les coraux surfaient à la surface de l'eau. Cela vous laissait à peine la place de nager, vous demandant parfois de rentrer le ventre en prenant une grande inspiration. Il fallait se méfier des coraux couleur feu, qui, à l'image de leur nom, pouvaient véritablement vous brûler. En tant qu'exploratrice, je pus en faire l'expérience ! Après un peu de vinaigre blanc, je repartis malgré tout directement sous l'eau, yeux écarquillés à leur maximum pour ne pas en rater un soupçon ! Mon niveau un me permit de profiter de six plongées exceptionnelles de nuit comme de jour ! Imaginez-vous en pleine obscurité à la recherche de tortues géantes dans des grottes à une dizaine de mètres de profondeur... C'était magnétique ! Les sentiments de peur, d'excitation se confondaient et me faisaient rentrer dans un état euphorique indéfinissable. Je remerciais la vie à chaque instant de me laisser découvrir tous ses précieux bijoux, mêlant une faune et une flore si uniques que cela rendait le tout magique. Un après-midi, nous tombâmes sur une cinquantaine de tortues en pleine reproduction. Équipée de mon masque, je partis épier ce jeu animal. Leurs accouplements étaient pour ainsi dire agressifs. J'avais vraiment l'impression que la femelle tortue, en dessous du mâle, souffrait véritablement. Manquant d'oxygène et se faisant griffer violemment par son partenaire, elle attendait impatiemment que ce moment passe le plus rapidement possible. Leurs yeux noirs et globuleux m'effrayaient et me faisaient me tenir à une distance de quelques mètres. Ces tortues de mer étaient énormes et si nombreuses ! C'était très impressionnant. Imaginez-vous des dizaines de tortues en train de s'accoupler au même moment dans un espace aussi restreint. Une véritable orgie ! Nous nous arrêtâmes aussi à *Whitehaven Beach*, réputée pour être une île dotée d'un sable parmi les plus blancs au monde. Cette couleur immaculée contrastait avec les nuances bleu azur de l'eau, mariées à une palette hypnotique de vert émeraude. C'était une profusion de teintes indescriptibles plongeant quiconque dans un univers édénique.

La dernière journée fut marquée par ma rencontre avec un poisson très extravagant, le Napoléon. Il faisait plus d'un mètre cinquante de long. Comprimé latéralement, son visage burlesque donnait l'impression qu'une porte lui avait aplatit le visage. Sa bouche, grande et charnue semblait vouloir vous faire un sirupeux baiser. Le mâle avec sa bosse proéminente sur le front, s'apparentait aisément, à un des personnages du dessin animé *Shrek* ! En tous cas, il était complètement inoffensif et je pus passer une bonne heure à nager avec lui en l'attrapant comme j'aurais pu le faire avec un dauphin. C'était une expérience hors du commun. Sa couleur verdâtre virant au bleu et ses marbrures jaunes sur la tête le rendait couleur bonbon chimique et lui donnait un air sympathique. En réalité, ce poisson, à l'image de certains humains, vous donnait envie de rester avec lui en vous apportant sourire et bonne humeur. J'étais comme attirée par lui. L'instructeur dut venir me chercher pour me faire sortir de l'eau car j'étais réellement hypnotisée par cet animal. Le moniteur m'expliqua que ce poisson, qui vivait jusqu'à trente ans, avait la particularité de se métamorphoser sexuellement. En effet, il naissait femelle et vers l'âge de quinze ans devenait un mâle. Par conséquent, avec les pêches intensives, son nombre diminuait significativement car ils n'avaient pas le temps de devenir mâle et donc de se reproduire. Imaginez-vous, pouvoir vivre la moitié de votre vie dans un sexe puis l'autre moitié dans l'autre sexe. On pourrait alors comprendre plus facilement comment fonctionne le sexe opposé et nos relations humaines en seraient telle-

ment plus assagies! Avoir la possibilité de changer d'angle de vision pourrait nous donner l'opportunité d'avoir un autre point de vue.
Cela était encore une preuve de l'extraordinaire monde animal que l'être humain côtoie mais ne peut s'empêcher toutefois de détruire un peu plus chaque jour.

Je rentrai ainsi à l'auberge d'*Airlie Beac*h chargée de souvenirs gravés au plus profond de mon cœur. Toujours démunie de mon guide de voyage, je ne savais pas du tout vers quel endroit me diriger le lendemain. Je décidai d'user d'une méthode fantastique pour explorer un pays : tout simplement poser des questions aux autochtones ou aux routards qui comme moi, voyageaient au *feeling*. Ce fut donc à la fois en discutant avec le patron de l'auberge et avec quelques Australiens en vacances ici que je décidai de me diriger dès le lendemain vers *Magnetic Island*, en face de *Townsville*, située à environ trois cents kilomètres d'ici. Cette île, au nom évocateur, me plaisait déjà et semblait être le refuge pour la vie sauvage. De part les récits de mes conseillers touristiques, elle apparaissait comme un authentique sanctuaire, propice à la découverte de koalas et de wallabys dans leur environnement naturel. Moi qui m'étais promis de ne jamais plus mettre les pieds dans un zoo, c'était l'occasion unique d'assouvir un autre rêve : celui de rencontrer un koala.

Il était huit heures du matin quand ma journée d'auto-stoppeuse débuta, direction cette intrigante île ! Une demi-heure plus tard, une voiture rouge s'arrêta devant moi. Cette couleur, bizarrement, me repoussait. Selon les Égyptiens, le rouge, représentatif de *Seth*, dieu du mal et de la violence, symbolisait tout ce qui était maudit et nuisible. Mais je décidai de ne pas m'arrêter à une couleur ! C'était un homme d'une cinquantaine d'années au look de motard de *Harley Davidson*. Tatouages énormes sur les bras et les épaules, chauve et à grosse barbe, il ne semblait pas méchant mais ne m'inspirait pas vraiment confiance. Je me répétai la célèbre maxime, "l'habit ne fait pas le moine" et montai dans cette voiture couleur Ferrari, en mettant de côté ma petite voix intérieure qui me disait de ne pas y aller. Encore une fois, j'aurais dû l'écouter car après seulement dix minutes de route, sortis de la ville, il me demanda si, en échange de son aide, je pouvais l'aider à mon tour. Je savais très bien que sa question n'était pas innocente. Je lui demandai toutefois naïvement comment pouvais-je bien l'aider.

"Je n'ai jamais vu de poitrine française, pourrais-tu m'aider à réaliser ce rêve ?"

Un rire nerveux sortit de ma bouche en même temps qu'un non catégorique. Il insista une seconde fois en disant qu'il ne les toucherait que deux minutes. Un nouveau rire et un nouveau non sortirent encore une fois de ma bouche mais avec un ton beaucoup plus ferme cette fois-ci. Un rond-point plus tard, il me déposa au bord de la route et fit demi-tour.

J'étais à la fois choquée et amusée. Ce cinquantenaire avait tenté sa chance, sans me forcer et sans aucune violence, juste par une question. Sur un "malentendu" comme dirait-on, cela aurait pu marcher ! Bref, le côté positif était que j'étais en dehors de la ville et qu'il serait ainsi beaucoup plus facile pour moi de trouver une voiture en direction du nord. Je me plaçai juste à la sortie du rond-point afin que les voitures ne prennent pas trop d'élan et puisse s'arrêter facilement sur le bas-côté. Avec l'expérience, vous savez précisément les bons endroits pour faire efficacement du stop. Malgré tout, parfois, vous ne pouvez pas choisir où on vous dépose et il faut alors s'adapter et s'armer de son plus beau sourire et de ses plus belles pensées positives !

Il était dix heures quand je trouvai enfin le bon chauffeur. Il s'appelait John et était croque-mort. Il maquillait et habillait les défunts avant leur enterrement.

Dans les mœurs, ce métier inspire une certaine crainte, une réticence. On imagine souvent un personnage sombre tant par ses vêtements que par son caractère. Or, John était tout le contraire : il était vraiment plein de vie, de gaieté et qui plus est, habillé en blanc ! Comme quoi, les préjugés sont réellement à bannir. Nous passâmes plus de deux heures ensemble et je ne pus m'empêcher de lui poser une multitude de questions sur sa profession. Il m'apprit notamment que le mot "croque-mort" venait d'une ancienne pratique où on croquait un orteil pour s'assurer que la personne était bien décédée. Cette appellation était aussi à rapprocher du terme "sarcophage" utilisé par les Égyptiens (encore eux !). En effet, le mot grec "sarcophage" composé de *sarcos*, signifiant *chair* et *phagein,* désignant l'action de manger, se traduisait littéralement par "mangeurs de chairs". Il me disait qu'il aimait réellement son métier et qu'il y voyait une réelle utilité publique. Pour John, la mort était naturelle et il lui arrivait même de sentir les défunts lui souffler quelles teintes utiliser pour faire rayonner leurs yeux, leurs pommettes ou bien leur bouche. Sans aucun détour et avec un naturel déconcertant, il m'avoua donc qu'il pouvait discuter avec certaines âmes, attendant de voir une dernière fois leurs proches avant de partir et de rejoindre cette autre dimension. Selon lui, bien que les vivants supposaient souvent avoir perdu le mort, celui-ci n'avait jamais l'impression d'avoir perdu les vivants. Finalement, la mort était juste un phénomène de désenveloppement.

Il se rapprochait de la célèbre doctrine d'Allan Kardec "Naître, mourir, renaître encore et progresser sans cesse, telle est la loi !" Quel dommage que mon anglais était encore si fragile ; je ne comprenais pas tout et n'arrivais pas à exprimer toutes mes interrogations. Toutefois, cette conversation fut extrêmement enrichissante. Je trouvais tellement intriguant le fait d'attirer des personnes qui pensaient comme moi. Encore cette fameuse loi de l'attraction ! On attire les pensées qui sont magnétiquement similaires aux

nôtres. Comme de véritables aimants, nous amenons à nous ce qui nous ressemble. C'était un homme si calme, serein mais qui sentait horriblement fort le vieux cigare, par contre ! En tant que non fumeuse invétérée, c'est-à-dire en tant que véritable casse-pied anti fumeurs, j'étais bien obligée de me taire et d'ouvrir en grand ma fenêtre. Le coffre de sa voiture transportait une dizaine de caisses de vin rosé d'*Adelaïde*, province du sud de l'Australie. Il préparait la célébration de ses quarante ans qui allait avoir lieu le lendemain soir. Il avait tellement le cœur sur la main qu'il me proposa même de venir festoyer avec ses amis. Je dois avouer que cela était très tentant, mais je déclinai son offre.
Il m'expliqua qu'il avait très mal vécu, six mois auparavant, la venue de ses quarante bougies. Si mal qu'il avait quitté sa femme, sa maison, son chien et qu'il ne voyait plus ses enfants qu'une semaine sur deux. Il avait radicalement changé de vie. Il ne supportait plus la monotonie de son ancienne existence et, se voyant vieillir, il voulait vivre plus ou en tous cas vivre autrement.
Faire toujours la même chose tous les jours avait éteint la flamme qu'il avait en lui, m'avait-il expliqué.
"Il n'y a pas de plus grande joie que celle qu'on attend pas, c'est Sophocle qui le dit, chère Armonie !
- Je suis vraiment d'accord avec cette citation, cher John, mais la stabilité c'est bien aussi, c'est reposant et nécessaire pour construire une famille.
- Oui, c'est certain. Je ne regrette pas ces sept ans de vie de famille. J'ai considérablement savouré cette étape et je l'ai assurément voulue mais j'aime encore plus ma vie aujourd'hui. J'ai écouté mon cœur qui me disait de partir, voilà tout.
- Et vos enfants ?
- Je fais dix mille choses avec eux quand je les vois et encore plus qu'avant ! Côtoyer la mort tous les jours me ramène chaque instant à la vie. Je ne dis pas non plus qu'à quarante ans il ne me reste plus beaucoup de temps à vivre, mais en tous cas, je ne veux plus en perdre !
- Attention toutefois, la vie est trop courte pour être pressée…
- Tout à fait d'accord, c'est pour cela que je prends mon temps pour ne rien faire ! Juste m'asseoir et méditer ! Asseoir mon corps pour

asseoir mon esprit. Prendre le temps de m'intéresser à mon être afin de lutter contre mon mal être qui ne faisait que m'oppresser et me rendait agressif et dépressif !"
Alors que je réfléchissais à ses paroles de manière assez sceptique, il me déposa à *Townsville* près de l'embarcadère où les bateaux partaient en direction de *Magnetic island*. Il avait fait pour moi un détour de trente kilomètres et m'offrit en plus une bouteille de rosé ! Je ne savais comment le remercier. Il me répondit alors de répandre la rumeur que les croque-morts croquaient la vie à pleine dents ! Je lui affirmai que cela serait fait.
Il était midi moins cinq et le prochain ferry partait à midi ! Quelle chance encore…

Vingt minutes suffisaient pour rejoindre l'île. Une fois sur place et sans mon guide de voyage, je dus uniquement me fier à mon instinct afin de trouver un hébergement. Équipée de mon sac à dos et de ma fameuse valise si encombrante, dont j'avais d'ailleurs si honte maintenant, je me dirigeai vers *Picnic Bay* au sud de l'île.
Après une bonne demi-heure de marche, un imposant panneau sur lequel était écrit *Backpackers* était indiqué. J'arrivais enfin ! Alors que je m'apprêtais à ouvrir la chambre avec la carte magnétique, celle-ci s'ouvrit d'elle-même. Je n'en croyais pas mes yeux ! Un grand sourire aux lèvres, un short de surf jusqu'aux genoux, un long tee-shirt avec l'inscription "*kiss me*" et une casquette aux couleurs de Londres : c'était Anita !
J'avais l'impression de retrouver une amie de longue date. Nous nous sommes sautées l'une sur l'autre en criant. Tout le monde dans l'auberge nous regardait, sourires aux lèvres. J'étais tellement contente de la revoir !
"Mais qu'est-ce que tu fais ici Anita, tu devais te rendre à *Cairns* !?
- Eh bien figure-toi que dans le bus de nuit que j'ai pris à *1770*, ma voisine m'a parlé pendant une heure de cette île si spéciale. Sa description des animaux et de l'ambiance zen et reposante m'a convaincue. J'ai donc écouté tes conseils. J'ai changé mes plans afin de suivre mon intuition et me suis arrêtée au stop de *Townsville*. Mon billet de bus est toujours valide de toute façon et on n'est plus qu'à quatre heures de *Cairns* maintenant.

- Et toi, as-tu réussis à tout parcourir en stop ?"
Je lui racontai alors toutes mes aventures. Elle me présenta ensuite sa nouvelle amie, Sandra, venue de Nouvelle-Zélande. Cette dernière, de style maorie, était très séduisante. Elle avait des cheveux noirs qui lui descendaient jusqu'au creux du dos où était dessiné un magnifique tatouage tribal. Sa silhouette de mannequin et son sourire ravageur attiraient tous les regards. Mais il faisait surtout chavirer celui d'Anita. Elles se tenaient toutes les deux la main.
Je ne comprenais pas alors ce qui m'arrivait mais mon cœur se serra soudainement et mon sourire se dissipa en même temps que ma joie de vivre. Je crois que pour la première fois, j'étais jalouse d'une femme. Pourquoi pourrais-je être envieuse de cette Sandra ? Je m'en voulais car en tant qu'amie, j'aurais dû au contraire me réjouir pour Anita. Pour autant, la situation me dérangeait profondément et je ne pus rester avec elles qu'une petite demi-heure. Anita l'avait bien ressenti, je fuyais son regard. Mon énergie avait considérablement changée tout comme mon humeur d'ailleurs.
Juste avant de me laisser partir, Anita me prit la main et, me regardant intensément dans les yeux, me dit calmement que Sandra prenait son avion le lendemain soir pour *Cairns* afin de retourner à *Auckland.* Bizarrement, intérieurement, je ressentis une profonde satisfaction même si je répondis à Anita que c'était bien dommage car elle semblait super sympa et sexy en plus ! Elle esquissa un sourire, me fit un baiser sur la joue et repartit en direction de sa jeune conquête. Je partis donc de mon côté me promener dans le sud de cette île regorgeant de multiples surprises de la nature. C'est ainsi que je tombais sur un incroyable rocher où une colonie de wallabys avait trouvé refuge. J'y restai toute la fin de journée, complètement fascinée par ces animaux qui se baladaient avec une ou deux têtes dépassants de leur ventre. Les petits marsupiaux se laissaient ainsi transporter en dormant profondément. En effet, après une petite gestation de trente jours, les marsupiaux restent au chaud dans la poche de leur mère pendant environ cinq mois, le temps d'achever leur développement.
En contemplant le coucher de soleil, je me dis que j'avais encore vécu une journée exceptionnelle simplement en me laissant guider par la vie. Qu'elle semblait loin ma vie d'étudiante au cours de la-

quelle, chaque matin, je me levais en sachant pratiquement de quoi ma journée serait constituée. Aujourd'hui, en me réveillant aux aurores, j'ai toujours hâte d'entamer une nouvelle journée et remercie l'univers de me guider vers mon chemin.

Il était sept heures trente quand je sentis une main caresser mes cheveux, me sortant délicieusement de mon sommeil. En ouvrant un œil puis l'autre, j'aperçus une silhouette complètement floue. J'attrapai instinctivement mes lunettes posées judicieusement au sol afin de pouvoir, comme par magie, voir nettement la vie. C'était Anita qui me tendait une bonne tasse de thé noir anglais ! Son parfum était enivrant tout comme le sourire charmeur de sa propriétaire.

"Allez la *Frenchie*, debout, je vais te faire découvrir cette magnétique île !

- Ah ouais ! Cool ! Mais elle est où ta copine ?
- Je l'ai accompagnée ce matin au premier ferry de cinq heures trente.
- Super tôt ! Pas trop triste ?
- Non pas du tout, elle va rejoindre son petit ami à *Aukland.* C'était une belle rencontre. Une belle tranche de vie à vivre.
- Un copain ? Tu as vécu une histoire avec elle alors qu'elle avait déjà quelqu'un et en plus un mec ?! C'est possible ça d'aimer les filles et les gars ?
- Alors oui pour la première question, oui pour la seconde et encore oui pour la dernière ! Qui a dit qu'on ne pouvait sortir qu'avec des personnes d'un seul sexe, Armonie ?
- J'ai envie de dire … tout le monde !
- Tout le monde, c'est donc personne alors ! L'Amour n'a pas de sexe ! L'Amour peut être multiple ! Tu n'appartiens à personne et personne ne t'appartient.
- Ah oui ! Tu crois en la polygamie ?
- Mais non ! Mais je ne crois pas qu'on puisse vivre toujours avec la même personne. Je crois en l'union libre. Bref, on est déjà sur des sujets philosophiques à sept heures du matin ! Ça te dit qu'on parle de ça en chemin, une belle et grande journée nous attend !"

Elle avait dit cela avec un air tellement convaincue et avec un sourire aussi grand que ses un mètre quatre-vingt-cinq, qu'il n'y avait

aucun doute quant à la tonalité de cette future journée. Il était à peine huit heures quand nous commençâmes notre randonnée dans le *bush*, direction la maison des koalas. C'était agréable de se laisser guider par quelqu'un. Depuis environ deux mois je me laissais mener uniquement par la vie et mes intuitions. Là, avoir Anita comme guide était reposant et même plaisant. Je pense que dans un couple comme en amitié, il est bien de se laisser mener tour à tour. Chacun reprenant le relais quand il en a envie. On donne, on reçoit, c'est un échange constructif. En effet, quand c'est toujours la même personne qui soulève l'autre, qui l'entraîne, il est évident que le meneur se fatigue et se lasse. L'amitié ou l'amour, s'essouffle alors doucement jusqu'à ce que le meneur rencontre un leader comme lui ; les échanges sont alors plus équilibrés. Ainsi, "si tu donnes oublie mais si tu prends souviens-t 'en", dit un proverbe roumain !
Après deux bonnes heures de marche bien soutenue, elle ralentit enfin le rythme et, m'attrapant la main, pointa avec son autre main, la cime d'un arbre en face de nous. C'était un majestueux eucalyptus et la dichotomie de ses couleurs blanche et noirâtre tranchait avec le rouge vif du sable qui recouvrait maintenant nos chaussures.
"Regarde ! Tu les vois ?
- Où ça ?
- Mets tes lunettes !! Regarde bien ; il y en a deux !
- J'ai mes lentilles et je ne vois rien, je te dis !
Anita, à l'image d'un militaire montrant sa cible, se mit derrière moi, tendit son bras à côté de mes yeux en pointant son index vers une branche où effectivement se trouvaient deux magnifiques koalas !
- On va en observer d'autres de plus près, ne t'inquiète pas, cherche avec moi.
Elle était encore une fois tellement sûre d'elle.
- J'ai l'impression qu'on est chez toi ici, Anita. Les koalas n'ont plus aucun secret pour toi, semble-t-il !"
Amusée, elle m'expliqua qu'avec quelques personnes de l'auberge dont Sandra, elle avait payé un guide pour deux demi-journées à la conquête des koalas. Elle m'apprit que le koala dormait jusqu'à vingt heures par jour et que lorsqu'il ne dort pas, il reste très

souvent immobile. En fait, il ne bouge réellement que lorsqu'il doit se nourrir. Pour cette raison, il est assez compliqué de les apercevoir, la couleur de leur fourrure se confondant avec celle de l'eucalyptus. Alors qu'elle était fière de m'apprendre que j'avais un point commun avec eux, c'est-à-dire qu'ils étaient aussi malvoyants que moi, nous aperçûmes un nouveau koala mais cette fois-ci, à peine à deux mètres cinquante du sol. Je ne pus m'empêcher de grimper à l'arbre afin de le regarder de plus près. Il possédait d'imposantes oreilles toutes blanches et rondes. Son nez était proéminent, bombé et tout noir. Ses yeux, quant à eux, étaient assez petits mais avec une pupille bizarrement verticale. On comprenait alors que les sens de l'ouïe et de l'odorat étaient certainement ceux qu'ils utilisaient le plus. Ses pattes avaient comme ainsi dire de véritables doigts, très longs avec d'impresionnantes griffes leur permettant de monter aux arbres. Anita me récita le cours du guide en m'expliquant que le koala était l'un des rares animaux à avoir une empreinte digitale similaire à celui des humains. Et ses ongles étaient si aiguisés qu'ils leur permettaient de retirer les tiques de leur peau !
Une fois redescendue de l'arbre je remerciai Anita pour cette découverte inédite. J'étais sincèrement aux anges. Découvrir les animaux dans leur habitat est une expérience extraordinaire. J'avais le sourire jusqu'aux oreilles. Un sentiment de plénitude régnait alors à cet instant. Je ne sais pas si elle avait prémédité son projet mais en tout cas, Anita choisit ce délicieux moment pour poser ses lèvres sur les miennes. "Mais nonnnnnnn, pensais-je, je suis en train d'embrasser une femme !! Ce n'est pas possible !! " Alors que mon esprit se battait avec les carcans de mon éducation, je devais m'avouer que ses baisers étaient doux et très agréables. Je me laissais encore guider, ne souhaitant pas arrêter cet instant finalement magique. Alors seules au milieu du *bush*, observées uniquement par quelques koalas en hauteur, c'est donc à *Magnetic Island* que je reçus curieusement les baisers harmonieux d'une femme. A cet instant précis, je me dis que c'était juste par curiosité et parce que c'était Anita. Elle, qui était si particulière. Je n'avais jamais eu d'attirance pour aucune femme mais elle, c'était différent. Des minutes s'écoulèrent ainsi, dans une profusion de baisers intenses. J'adorais ça…

Quand ses lèvres se détachèrent enfin des miennes, je plongeai mon regard dans le sien. Il pétillait de joie, mêlant fierté et excitation. N'étais-je alors qu'un défi de plus ? Qu'une conquête de plus ? Ces réponses finalement m'importaient peu car d'habitude j'étais à sa place. Je profitais juste de l'instant présent. Aucune parole ne sortit de nos bouches comme si ce silence était riche de réponses... Ces dernières pourtant très floues dans mon esprit.
Anita nous sortit de ces songes en me tirant par la main et en m'entraînant durant le reste de la journée à la découverte de koalas, de wallabys et de quelques points de vue culminants de l'île. Effectivement cette journée fut exceptionnellement riche d'imprévus et de douceurs de vivre. Elle s'acheva par la contemplation d'un bain d'étoiles filantes sur la plage, en compagnie de la bouteille de rosé donnée la veille par mon croque-mort préféré, John ! Allongée sur le sable, ma tête était posée sur sa cuisse ; elle caressait mes cheveux comme quelques heures plus tôt mais, au lieu de m'extirper de mon sommeil, cela m'y plongea au contraire profondément. Réveillées toutes deux en plein milieu de la nuit, titubant de fatigue ou sous l'effet de la bouteille de rosée savourée à deux, nous rejoignîmes notre dortoir main dans la main. Un dernier langoureux baiser échangé avant de me retrouver allongée dans mon lit en remerciant encore la vie pour cette journée si inattendue.

Quant au matin, j'ouvris les yeux, un bain de rayons de soleil plongeait la chambre dans une lumière aveuglante. Une fois mes "faux yeux" mis en place, je m'aperçus que tous les lits étaient vides, notamment celui d'Anita. Toujours sans montre, portable éteint comme pratiquement la plupart du temps, je ne savais absolument pas quelle heure il était. Au bout de mon lit il y avait une lettre. Mon cœur se mit bizarrement à s'accélérer en commençant par la fin de celle-ci qui disait : "La vie nous fera forcément nous rencontrer une nouvelle fois, faisons-lui confiance. Je t'embrasse tendrement dans le creux de ton cou", signé Anita.
Ne prenant même pas la peine de lire le début de la lettre, je sortis de la chambre brusquement pour essayer de voir si elle était encore là. L'auberge était déserte ; sur l'horloge de la salle commune, les aiguilles affichaient midi ! Mais non ! Moi qui me réveillais depuis plus de deux mois tous les matins entre six et sept heures, j'étais

complètement déboussolée avec, de surcroît, un petit mal de crâne bien implanté. Le réceptionniste affichait un large sourire en me voyant avec le mini-short qui me servait de pyjama et mon vieux tee-shirt blanc certainement en plus, un peu transparent !
Je retournai alors lire la fin de la lettre d'Anita ou plutôt son début. Elle disait qu'elle avait réservé son bus pour *Cairns* depuis déjà cinq jours et qu'elle n'avait pas osé me le dire la veille, ayant peur que cela gâche la beauté et la sincérité de nos doux instants partagés. Elle avait donc pris le ferry de sept heures afin d'avoir son bus à sept heures trente. Effectivement, je devais dormir profondément. Elle m'expliquait que notre rencontre n'était pas le fruit du hasard et que je devais me poser les bonnes questions sur l'amour. Enfin, elle m'écrivait en majuscules une phrase qu'elle m'avait déjà dite la veille :
"L'AMOUR N'A PAS DE SEXE".
J'étais déboussolée et même un peu en colère finalement. Une colère créée certainement et uniquement par mon ego. Je m'en voulais en plus de mettre dévoilée, d'être tombée dans ses bras. Il n'y avait pourtant rien eu de bien méchant : c'était juste de doux baisers. Après tout, c'était une agréable expérience ! Bref, mes émotions se contredisaient mais, après une bonne baignade dans l'océan, mes idées tristes et mon mal de tête disparurent doucement. Je dus m'avouer toutefois que mon moral avait bien chuté tout comme mon énergie ! Notre langage familier est vraiment précis car, quand on dit que quelqu'un est en "dépression", il est vrai que, comme un aimant désaimanté, nos vibrations s'abaissent. Il nous faut alors un effort afin de rehausser nos taux vibratoires au niveau du taux des belles réalisations. Certains arrivent seuls à remonter la pente, d'autres ont besoin d'un coup de pouce de leurs amis ou famille. En tout cas, une fois que tu as trouvé la force de donner un bon coup de pied du fond de la piscine pour remonter à la surface, tu peux, cette fois-ci avec ton élan, dépasser largement le niveau initial de la piscine.

Je passai l'après-midi à explorer le nord de l'île, la seule partie que je n'avais pas encore découverte. Je ne pus m'empêcher de faire un peu de stop ! Bien sûr, il y avait très peu de voitures sur l'île mais un jeune Australien de mon âge avec cinquante kilos de

plus que moi s'arrêta avec son scooter couleur *Pikachu*, c'est-à-dire jaune poussin !
"Si vous n'avez rien d'urgent à faire, grimpez ! me proposa-t-il.
- Je suis en vacances et je ne suis pas pressée de mourir ! J'ai donc tout mon temps ! répondis-je."
Effectivement, il ne fallait pas être pressé ! Le scooter ne dépassait pas les trente kilomètres à l'heure et nous nous fîmes doubler et distancer par un vélo ! C'était par contre tellement amusant ! Mes abdominaux s'en souviennent encore. Après une demi-heure de route, il me déposa au point le plus au nord de l'île, à *Florence Bay*. Armé d'un casque trop petit pour lui, comme son scooter d'ailleurs, ce jeune Australien m'avait considérablement ressourcé grâce à sa sympathie naturelle.
Je me baladai sur cette magnifique côte bordée par d'innombrables plages désertes qui se transformaient au fur et à mesure de l'exploration, en minuscules criques paradisiaques. Alors que j'étais en pleine remémoration de mes souvenirs de la veille au soir, après deux heures de marche, au milieu de nulle part, j'aperçus un couple d'une cinquantaine d'années complètement nus ! Ils étaient en plein exercice du *kamasutra* sur une toute petite crique idyllique. C'était à la fois drôle et extrêmement gênant. Imaginez le moment où, pris sur le vif, nos deux tourtereaux disparurent, vêtements à la main en direction de la forêt, ne sachant pas s'ils devaient courir ou marcher. Une irrésistible euphorie me pris ! Quel dommage d'être seule à cet instant, j'aurai tellement voulu partager ce moment avec Anita... Je passai le reste de la journée à randonner dans la forêt du nord-ouest de l'île toujours à la découverte de koalas, de wallabys et d'oiseaux multicolores. C'était incontestablement une île magnifique !
Le soir en rentrant, mon dortoir de huit lits était toujours complètement vide ; seul mon lit était fait. Alors que je rentrais de la douche, sur le lit superposé au mien, il y avait un *Lonely planet* sur lequel AUSTRALIA était écrit en gros. Je regardais alors partout. J'étais vraiment pourtant seule dans la chambre. Le guide était pratiquement neuf et écrit en anglais. Je n'en revenais pas et ne comprenais pas. Le matin même, j'étais certaine qu'il n'y avait rien pourtant. Anita ne savait même pas que j'avais perdu mon guide. Je

n'avais vraiment aucune idée de la provenance de ce livre. En tout cas, après avoir demandé à l'aubergiste si personne ne lui avait réclamé ce bouquin, je remerciai le ciel pour ce présent tombé à pique ! Comme c'était un exemplaire en anglais, je ne pouvais qu'enrichir encore mon vocabulaire. Ainsi, sur les conseils du patron de l'auberge et grâce aux informations de ce nouveau guide, je décidai de rejoindre le lendemain *Mission Beach* à environ trois heures de route de *Townsville.* Dernière escale avant de rejoindre *Cairns* !

MISSION BEACH

Ce fut une véritable "mission" justement pour atteindre cette destination en stop ! Je dus prendre sept voitures différentes ! La plus grande difficulté fut tout d'abord de sortir de *Townsville.* En effet, comme dans toute ville, les gens sont pressés, effectuent de petites distances et ne s'arrêtent donc pas facilement. Il me fallut attendre une bonne heure avant de trouver Caroline et son chien ou plutôt son fils Kelogg's ! Pour elle, son chien faisait véritablement parti de sa famille et elle le considérait comme son enfant. Elle l'avait récupéré depuis deux ans, date à laquelle elle s'était séparée de son ami. En véritable transfert affectif, sa rupture lui avait fait ressentir le besoin évident de donner de l'amour et d'en recevoir. "Au moins lui, ne me déçoit pas et ne me juge pas !" disait-elle. Les autres automobilistes furent surtout des camionneurs se rendant au travail. L'un d'entre eux me confectionna même une pancarte avec un morceau de carton traînant dans son camion. L'efficacité fut avérée ! Après seulement trente secondes, une femme accompagnée de sa fille s'arrêtèrent. La conductrice, propriétaire du camping de *Mission Beach,* me déposa à cette nouvelle destination. C'est en découvrant ce magnifique village pour tentes que l'idée d'en acheter une me vint. La jeune femme me conforta dans mon idée lorsqu'elle me dît qu'après *Cairns*, sur le territoire du nord et la côte ouest d'Australie, les auberges de jeunesse étaient vraiment plus rares et que, vu mon budget, ce serait mieux pour moi.

Je restai deux jours à *Mission Beach* afin d'explorer la "*Rainforest*" c'est-à-dire la forêt tropicale, très humide et donc luxuriante en co-

nifères et en feuillus. Cette forêt fait d'ailleurs partie du patrimoine mondial de l'humanité de l'UNESCO. Elle est très propice à de nombreuses randonnées, vous transformant en véritable *Indiana Jones*. J'eus la chance, pendant l'une de ces randonnées, de tomber nez à nez avec un casoar, cousin de l'autruche africaine et de l'émeu de l'ouest australien. Je ne savais pas du tout que ces animaux existaient ! Très original, l'animal avait un long cou bleu, une tête verte et une crête assez cocasse à l'image des punks anglais ! Deux imposantes caroncules rouges lui tombaient aussi du cou. Il mesurait largement ma taille et son regard ne m'inspirait vraiment pas confiance ! Je préférai donc passer rapidement mon chemin afin que l'envie de me charger ne lui prît pas !
Alors que je montrai ma photo de ce casoar au responsable de l'auberge, il m'expliqua qu'il était très rare de les apercevoir et que c'était l'oiseau le plus dangereux au monde. Rien que ça ! Cela justifiait le fait que son regard ne m'inspirait pas grande confiance.
"En fait votre pays foisonne des animaux les plus dangereux de la planète ! lui fis-je remarquer.
- Ce n'est pas faux ! me répondit-il."
Je pus confirmer cette information dès le lendemain lorsque, m'engageant sur un sentier de randonnée, je vis le panneau : "Attention danger ! Ne pas se baigner car présence de crocodiles ". Je me dis alors qu'il était nécessaire que ma mère n'en sache rien ! Après une petite heure de marche sur ce sentier, j'aperçus une pancarte portant l'inscription "*Resort*". J'étais vraiment au milieu de nulle part et cette indication m'intriguait car elle indiquait le sommet de la montagne. Je décidai donc d'emprunter ce chemin. Quelle fut alors ma surprise quand après vingt minutes de marche, arrivée au sommet, je vis une splendide piscine à débordement avec une vue sur toute la baie de *Mission Beach*. C'était magique et le lieu était surtout désert.
Mon maillot de bain étant dans mon sac, je décidai de le revêtir et de jouir de ce lieu si reposant et calme. Après que j'eus profité une bonne heure de la piscine et de ses transats, un couple d'une cinquantaine d'années, en peignoir, vint me rejoindre dans ce bassin si relaxant.

Tout à fait naturellement, j'engageai la conversation en leur parlant de cet endroit ressourçant. Ils m'apprirent alors qu'il était très peu connu et qu'il n'y avait que six bungalows cachés dans la forêt. Ils comprirent tout de suite que j'étais une jeune voyageuse arrivée ici par pur hasard. Nous discutâmes un bon moment ou je leur expliquai mon parcours et mon mode de locomotion si singulier. Quand je leur dis que le lendemain je me dirigerais vers *Cairns* en stop, ils me coupèrent la parole en cœur avec un grand sourire, et me dirent : "Ok, rendez-vous demain à huit heures trente devant la poste de *Mission Beach*, nous te déposerons à *Cairns* car nous devons nous y rendre aussi demain !"
Génial !!!! Je n'arrivais toujours pas à croire à cette chance ! J'avais réussi à faire du stop dans une piscine de luxe, en haut d'une montagne. Suivre cette pancarte fut ainsi une merveilleuse idée.
Je passai le reste de l'après-midi à essayer d'apercevoir des crocodiles aux abords de la rivière mais malheureusement ou fort heureusement, en vain ! Je pus toutefois faire à nouveau connaissance avec deux sangsues accrochées à mon mollet droit ! Ce n'est que pendant ma douche que je réalisai que ces deux petites bêtes s'approvisionnaient en suçant mon sang ! Je n'avais pas les griffes des koalas mais je les retirai instinctivement avec mes doigts, ne sachant même pas deux mois auparavant, en bonne parisienne de vingt ans, ce que ces petites créatures noires étaient !

CAIRNS

Après avoir posté les trois giga-octets de photos que j'avais gravés sur compact disque, ma carte mémoire étant pleine, j'étais alors en quête de ce petit couple charmant d'Australiens provenant d'*Adélaïde*. Il était alors huit heures quarante-cinq quand ils arrivèrent dans leur voiture luxueuse de location. A peine deux heures plus tard, ils me déposèrent en face d'une auberge de jeunesse en plein centre de *Cairns* où la musique retentissait jusque devant l'enseigne. Ils me remirent alors leur numéro de téléphone en m'invitant à les appeler quand je serais à *Adélaïde*.

"Nous serons ravis de te faire déguster notre bon vin rosé et tu pourras rester chez nous le temps que tu voudras !

- J'ai déjà eu la chance de goûter votre vin qui égale "presque" le vin français ! Je garde votre numéro précieusement. Encore merci pour tout !"

Je ne savais pas si je les reverrais un jour mais étrangement, je m'étais déjà attachée à eux et les quitter en me retrouvant de nouveau seule dans cette grande ville, me fis ressentir une petite touche de nostalgie.

Ce petit quelque chose disparut toutefois très rapidement quand, arrivée dans l'auberge de jeunesse, je vis une bonne trentaine de jeunes attablés dans la salle commune, s'abreuvant de la célèbre *Foster's* ! Une autre trentaine de personnes se relaxait dans une splendide piscine. Je compris rapidement que je ne dormirais pas beaucoup dans cette pension mais que je pourrais y faire grandement la fête !

N'ayant pas froid aux yeux et plutôt chaud corporellement avec les quarante-trois degrés de la ville de *Cairns*, je m'installai autour de la piscine tout à fait innocemment ou presque... auprès d'un jeune homme brun à la musculature saillante.

"Salut moi c'est Cédric ! annonça-t-il.

- Oh toi, t'es Français ! lui répondis-je sans détour.

- Et oui, encore un !

- A vrai dire je n'en ai pas rencontré beaucoup depuis deux mois mais je dois avouer que j'ai la fâcheuse tendance à vous fuir ! répliquai-je.

- Ah oui ! Et pourquoi ? Moi au contraire, j'en ai rencontré énormément !
- En fait, je cherche à faire connaissance avec les habitants plutôt que mes congénères que je connais tant ! Mais bon, je suis ravie de parler un peu français. Je commence même parfois à rêver en anglais !
- Ravi de pouvoir raviver ton amour pour la langue française. Comment te prénommes-tu, chère demoiselle ?
- Armonie !
- Étrange prénom ! De quelle origine es-tu pour avoir ce prénom si original !…
- Je suis Bretonne d'origine maternelle et Normande du côté de mon père mais j'ai toujours vécu en Seine-Saint-Denis où la campagne y est beaucoup plus rare.
- Très rare oui ! Du coup, ce prénom ?…
- A priori cela vient de l'imagination de mes parents ! Enfin quand je leur demande, ils me répondent qu'ils ont été inspirés par une phrase de Simone Veil que ma mère aimait tant : "la beauté est l'harmonie du hasard et du bien".
Cédric leva alors les yeux au ciel…
- Oui, mes parents sont très amoureux. Et trop romantiques… ! Vraiment de l'ancienne école.
- Ta mère est une grande féministe ?
- Non pas vraiment, c'est même plutôt l'opposé. Elle est simplement amoureuse de l'amour je crois.
- En tout cas, elle semble être une belle personne, ta mère.
- Tu dis ça parce qu'elle aime Simone Veil ?
- Non mais parce que selon la mienne de mère : "on juge l'arbre par le fruit qu'il porte… !
Il prononça cette jolie phrase en me regardant de tout son charme de jeune ténébreux, avec un sourire attendrissant.
- Toi aussi tu es du genre romantique on dirait !
- Non je suis juste inspiré."
Ces paroles, ce sourire et cette chaleur si envoûtante me firent plonger directement dans la piscine afin de refroidir mon corps en parfaite ébullition.

- Mais pourquoi êtes-vous tous agglutinés autour de cette piscine au lieu d'aller à la mer, lui demandais-je.
- Tout simplement parce qu'ici, la mer reste le territoire des crocodiles, jeune fille inconsciente et mal informée ! La mer est strictement réservée aux animaux.
- Mais non, sérieusement? On ne peut pas aller se baigner ? Nulle part ?
- Tu peux aller te baigner au lagon de la ville, une agréable piscine municipale extérieure gratuite. L'eau y est salée et l'ambiance super sympa avec un fond musical relaxant.
- D'accord, merci pour le conseil, monsieur le *Frenchy* !"
Après quelques mouvements de brasse, très difficiles à effectuer vu le nombre effrayant de personnes dans la piscine de l'auberge, je décidai de partir visiter *Cairns* et sa célèbre piscine !
Le centre-ville était parsemé de bars et quelques boutiques de culture aborigène faisaient enfin leur apparition. Il est vrai que depuis ces quelques semaines en Australie, c'était la première fois que je voyais ce type de magasin. Paradoxalement je n'ai pas ressenti l'envie d'entrer dans l'un d'eux car ils semblaient tous tenus par des Asiatiques ou des Australiens mais aucune trace d'Aborigènes. Je ne voyais pas alors l'intérêt de jouer bêtement les touristes sans réellement prêter attention à la vraie culture aborigène. J'attendais ma rencontre avec l'un d'entre eux avec impatience en faisant confiance à la vie pour cela.
Après une dizaine de minutes de marche pour traverser le petit centre de *Cairns*, j'arrivai à la fameuse esplanade où l'immense piscine faisait face à la mer. La vue sur l'horizon était magnifique et même si la foule environnante gâchait quelque peu cette vue, il y régnait une atmosphère conviviale et familiale. De multiples barbecues jonchaient le gazon synthétique moelleux et de nombreuses familles australiennes y préparaient leur repas. Il était à peine dix-sept heures que déjà le parfum du poisson grillé se mêlait à celui des saucisses ! Si en France nos chers écoliers prenaient leurs goûters ici, c'était l'heure idéale pour dîner. D'un point de vue diététique, il est évident qu'il est préférable de dîner en fin d'après-midi plutôt qu'à vingt heures ou vingt-et-une heures comme il est malheureusement trop courant sur le bassin méditerranéen. Au même

moment, un cours d'abdos-fessiers était transmis par une jeune professeur dynamique et carrément sexy. J'étais alors quelque peu nostalgique de mes cours donnés quelques mois auparavant en Tunisie et de l'énergie positive que les jeunes femmes me transmettaient en signe de gratitude pour les avoir poussées dans leur retranchement pendant une bonne heure. Pour autant à cet instant précis, c'est moi qui éprouvais une immense gratitude pour la vie et ce qu'elle m'offrait tous les jours. Si voir ce cours confirmait mon envie d'enseigner le sport dans mon futur professionnel, je me disais aussi en reprenant les mots d'Albert Camus, que "la vraie générosité envers l'avenir consistait à tout donner au présent".
Alors en pleine contemplation et réflexion intérieure, j'entendis quelqu'un qui m'appelait. Je regardais autour de moi en me demandant qui pouvait bien me connaître à *Cairns* !
Un bras au loin alors s'agitait. Je mis un peu de temps à reconnaître qui était cet homme d'une quarantaine d'année, tout sec, très poilu et avec un immense sourire. On avait passé trois jours ensemble à *Fraser Island* à sillonner l'île en 4*4. Même si j'aurais plutôt préféré revoir Joshua, cela était insolite de le retrouver ici. En m'offrant une bière qu'il avait dans sa glacière, il m'expliqua qu'il venait d'acheter une voiture, du matériel de camping et partait le lendemain pour l'exploration du grand nord !
"Tu pars pour combien de temps ?
- Il me reste encore un mois avant de retourner en Allemagne et reprendre le travail.
Si je me rappelais qu'il travaillait dans une concession de voiture, comme à mon habitude en tant que célèbre Doris concernant les prénoms, le sien ne me revenait vraiment pas. J'eus alors honte de lui demander.
- Ton projet est génial mais tu vas réussir à revendre facilement ta voiture par la suite ?
- Oui je reviendrai ici à *Cairns* pour la vendre et si je ne trouve pas acheteur, le concessionnaire m'a dit qu'il me la reprendrait à un bon prix. Et toi, quels sont tes plans ?
- Mes plans ? C'est que je n'en ai pas ! Enfin, je pense continuer à longer la côte est puis rejoindre *Darwin*, je verrai ensuite. Je ne sais pas trop si je pars visiter la côte ouest.

- Si tu veux on peut aller à *Darwin* ensemble! Je suis tout seul, c'est plus sympa d'explorer à deux !
Je restais un peu sans voix face à cette proposition. L'idée était fort attrayante mais pour autant elle ne m'inspirait pas totalement.
- J'adore le concept mais tu sais je n'ai pas les moyens de mettre de l'essence, c'est pourquoi je fais du stop !
- Je m'en fiche de l'argent, j'avais prévu de subvenir à mes frais, seul. Écoute, si tu veux, demain je vais à *Kuranda*, c'est un village à une demi-heure d'ici réputé pour ses chutes d'eau et sa forêt tropicale, si ça te dit, on y va ensemble ?
Pour le coup, cette proposition me plaisait bien !
- Ok super, ça marche ! On fait ça ! Tu comptes partir vers quelle heure ?
- Vers neuf heures. Je viendrai te chercher à l'auberge si tu veux ?
- Parfait, merci !"
Trop facile. Je ne comprenais pas comment cela était encore une fois possible…

Après une petite heure d'échanges à siroter quelques bières autour de la piscine et ne sachant toujours pas comment s'appelait mon futur camarade de voyage, je pris congé de lui afin de continuer à découvrir l'énergie de cette ville. Numéros de téléphone échangés et adresse de l'auberge donnée, je le retrouverais le lendemain matin.
C'était ahurissant tout de même ! Ce voyage aucunement planifié se construisait au jour le jour par le biais des rencontres et du hasard comme si quelqu'un avait déjà tout organisé, tout ficeler.
Je continuais l'exploration de *Cairns* qui était en réalité construite sur une côte entièrement marécageuse ; sa baie peu profonde était par conséquent très vaseuse. Un véritable paradis effectivement pour les crocodiles que je n'avais toujours pas réussi à apercevoir. Finalement une bonne demi-journée suffisait amplement pour découvrir cette petite ville charmante mais trop peuplée à mon goût.

De retour à l'auberge je retrouvais Cédric, dans la cuisine, avec son charme de brun mystérieux.
"Tu viens faire la tournée des bars avec nous ce soir ?
- La tournée carrément ?!

- Bien, on est des touristes, faut visiter ! En plus l'auberge nous offre des coupons de réductions dans trois bars différents !
- Alors si on a des réductions ! Mais je suis déjà à deux bières, du coup, je vais vite atteindre mon quota !
- Le quota pour quoi ?
- Pour rester en pleine possession de mon esprit cher monsieur!
- Alors je t'offre les trois prochaines bières !"

Voici comment, à l'image d'une vraie touriste, je découvris la plupart des bars branchés de la ville de *Cairns*. La musique country que j'affectionnais particulièrement régnait dans chacun d'entre eux. Je passai une soirée très plaisante en compagnie de Cédric dont l'énergie et le sourire me transporta. Il transpirait la simplicité, la sympathie et portait son bonheur comme un parfum en le faisant respirer aux autres.

Nous nous quittâmes lors de la fermeture des bars vers deux heures du matin, après avoir échangé un long baiser au bord de la piscine de l'auberge, sous le regard de la nouvelle lune, symbole du renouveau. Nous savions tous deux que c'était sûrement le premier et dernier baiser échangé mais savourions la magie de cet instant.

Il n'y avait aucun sentiment, juste une attirance physique, culturelle et certainement le besoin de se prouver mutuellement que nous pouvions plaire et que nous relevions le défi de notre deuxième décennie, c'est-à-dire, vivre avec insouciance !

KURANDA

Il était neuf heures trente passées quand mon taxi allemand arriva à l'endroit exact où les Australiens d'Adélaïde m'avaient déposée la veille. La bière australienne frappait une nouvelle fois sur mes tempes et cela dès que mon réveil m'avait sortie de mon sommeil. Une amie de mon père, médium, m'avait expliqué que lorsqu'on se réveillait avec un mal de crâne, cela signifiait que notre corps astral avait été replongé trop rapidement dans notre corps physique et que par conséquent, il n'avait pas eu le temps de bien s'emboîter et cela créait alors le mal de crâne. Pour le faire disparaître, il suffisait de se rendormir une dizaine de minutes.
Concernant mon mal de tête présent, je crois qu'il devait certainement jumeler la sortie astrale et la bière australienne ! Double cause, double douleur !
"Taxi Herbert à votre service Mademoiselle !
Je savais enfin comment se prénommait mon nouveau compagnon : Herbert !
- Salut msieur Herbert ! Allez, direction *Kuranda* !"
Le chemin pour nous y mener était une route très sinueuse ressemblant à celles de nos montagnes françaises. Sauf qu'avec une gueule de bois, ce n'était vraiment pas l'idéal pour mon estomac ! Au bout de vingt minutes je demandai alors à Herbert de s'arrêter sur le bas-côté afin de rejeter dans la nature, les quelques centilitres de bière que mon foie ne pouvait plus supporter. Tout de suite après, ça allait beaucoup mieux et je me promis intérieurement de ne plus boire ! Au moins pendant une semaine !!!

Kuranda est un petit village perché dans les hauteurs d'une forêt tropicale très luxuriante. Mon *Lonely planet* indiquait qu'il y avait une belle randonnée à faire, conduisant à de nombreuses vasques qui se prêtaient à merveille à la baignade. Nous suivîmes alors les rails d'un vieux chemin de fer jusqu'au moment où, après une heure de marche, un panneau indiqua : "accès interdit". Herbert voulut faire demi-tour ; quant à moi, sûre de mon guide et de l'envie de me plonger dans les piscines naturelles décrites par ma bible des voyageurs, je le convainquis de continuer notre chemin. Quelle victoire quand après encore une bonne heure de marche nous tombâmes face à une multitude de vasques d'où quelques Australiens sautaient. Le paradis ! Je pus m'adonner à cet exercice que j'adorais tant, faire des sauts de huit à dix mètres ! L'eau était fraîche mais tellement agréable sous cette chaleur si étouffante. Je sympathisai avec le groupe d'Australiens venus passer leur dimanche après-midi à siroter des bières dans ce merveilleux décor. Quand ils proposèrent de m'offrir une bière, quelques nausées apparurent directement, mon foie répondait catégoriquement non ! Ils nous expliquèrent que si on poussait encore la balade pendant quarante-cinq minutes, nous arriverions à la célèbre chute d'eau de *Barron* de plus de deux cents mètres de haut. La plupart des touristes prennent le train ou le téléphérique pour la contempler mais l'accès par la randonnée reste largement le plus impressionnant. Et puis, pour savourer une merveille et mieux l'apprécier, rien de tel que l'effort. On comprit ainsi pourquoi plus haut, le panneau d'interdiction était installé. Le touriste bien éduqué retourne normalement sur ses pas et va prendre un ticket pour contempler la cascade par les airs ou emprunte le train historique et panoramique reliant *Kuranda* directement à *Cairns*.

Bref, cette voie touristique ne nous intéressait pas et nous poussâmes notre balade jusqu'à l'immense et impressionnante chute d'eau. Même si nous étions en fin de saison sèche, il subsistait un débit impressionnant d'eau. On pouvait très bien imaginer la puissance décuplée en saison humide. Nous passâmes le reste de la journée à nous promener dans cette forêt tropicale. Divisant notre temps tantôt à contempler et à écouter les joyeux cœurs de perroquets multicolores tantôt à sauter dans l'une des dizaines de vasques que comptait cet immense parc. De surcroît, pour assouvir notre faim, il y avait tout au long du chemin de majestueux arbres fruitiers nous offrant de quoi nous régaler. En tant que Parisienne et au grand étonnement de mon camarade, c'était la première fois de ma vie que je goûtais à ces délicieux fruits exotiques ! En effet, en voyant ces formes ovales vertes bariolées de jaune, de rouge parfois même de violet, je ne sus même pas donner un nom à ces fruits. Le goût était fantastique. La saveur douce et sucrée en était enivrante. Herbert ne cessait de me répéter le mot "mangoes" qui ne m'avançait guère face cette énigme. Je dus alors faire preuve de

patience et attendre le retour à la voiture afin de trouver dans mon petit dictionnaire de traduction que cet extraordinaire fruit était en réalité, une mangue !
J'avais du mal à cerner Herbert. Il m'était sympathique mais je n'adhérais pas complètement avec sa personnalité. A part son horrible accent allemand décortiquant la langue de Shakespeare, je n'avais vraiment rien à lui reprocher pourtant. Conflit de générations ou d'auras, en tout cas, je savais intimement que je ne pourrais pas voyager très longtemps avec lui.

La journée malgré tout fut très agréable et se termina au camping de *Kuranda*. Tente plantée, nous partageâmes notre repas avec notre voisin de site, un Polonais, chirurgien en vacances pour trois semaines en Australie. Il avait, semblait-il, une soixantaine d'années et nous expliqua qu'il sillonnait l'Australie depuis plus de vingt ans maintenant.
"Quel est votre endroit préféré après toutes ces années ? lui demandai-je.
- Sans le moindre doute le grand ouest ! Ses immensités, son silence, son calme et son absence de touristes me fascinent littéralement !
- Effectivement, cette description est alléchante. J'étais justement en plein doute sur le fait d'aller explorer cette côte ou non. Vous me la conseillez alors ?
- S'il y avait un seul endroit à visiter dans cet immense pays ou plutôt sur ce continent, je vous conseillerai sans hésitation cette magnifique côte sauvage, l'ouest.
- Et bien merci ! Je vais suivre vos conseils."
Alors que nous discutions tranquillement, autour de nous, deux petits wallabys se rapprochèrent de nos assiettes amplement garnies.
Le Polonais me demanda alors avec un étrange sourire :
"Tu penses que les wallabys mangent du kangourou ?
- Je n'en sais rien, pourquoi ?
- Parce que dans mon assiette se trouve un steak de kangourou !
- Mais non ! Vous mangez ces adorables bêtes ?
- Tu sais c'est vraiment délicieux et c'est une viande très maigre de surcroît. De plus, l'Australie en est envahie alors c'est bien d'en

manger aussi. Et puis je dois t'avouer que leur viande est très tendre. Tu veux goûter, j'ai fait une sauce excellente avec.
- Allez ! Je suis curieuse !"
Je m'adonnais ainsi pour la première fois de ma vie à la dégustation de kangourou sous le regard attendrissant de wallabys. Je dus m'avouer que je trouvais cela très bon, semblable en goût à la biche. Il est vrai que je fus conquise par cette nouvelle saveur.

Nous passâmes toute la soirée à échanger avec le chirurgien. Celui-ci nous fit la promotion des nombreux parcs de la côte ouest. Je pris même quelques notes sur les endroits à ne pas manquer selon lui. Son discours était passionnant. Mêlant sagesse et folie dans la narration de ses récits, il captivait du début jusqu'à la fin. Je comprenais les paroles de La Rochefoucauld proclamant qu'"en vieillissant on devient plus fou et plus sage" ! J'aimerais vraiment être comme lui à son âge, c'est-à-dire toujours aussi passionnée par la découverte des lieux et par la rencontre des gens.
"A force de sillonner la planète, vous n'êtes pas lassé ?
- Jeune fille, ce qui compte ce n'est pas tant ce que vous regardez mais c'est la manière dont vous le regardez. Mon regard est toujours chargé de mon âme d'enfant, émerveillé par la beauté innocente de ce qu'il voit. Il est possible que ce soit révélateur d'une certaine névrose l'envie de toujours partir explorer une contrée, en l'occurrence aujourd'hui, l'Australie, mais je prends énormément de plaisir à fouler les contrées indiennes ou mexicaines et bien d'autres encore. J'ai voué ma vie à cela, seul ou à deux. En tout cas, je te dis les choses comme je le ressens, comme elles me semblent être justes et bonnes pour mon âme mais je ne cherche pas à avoir raison ou à te convaincre.
- Merci pour votre sincérité. Je suis convaincue, vous savez, quant à la nécessité de voyager afin de se développer intérieurement. En l'espace de deux mois, j'ai l'impression d'avoir beaucoup plus appris sur la vie qu'en deux années universitaires.
Nous avons ainsi parlé une bonne partie de la nuit et juste avant de nous coucher, il nous conseilla de rejoindre un petit festival le lendemain à environ une heure d'ici en remontant vers le nord.
Notre itinéraire pour notre future matinée était tout trouvé.

Je m'endormis dans la tente d'Herbert en remerciant une nouvelle fois la vie pour les aventures qu'elle m'offrait. Les ronflements de mon colocataire de tente me sortirent de mes songes mais ne m'empêchèrent pas de plonger dans un doux sommeil. L'habitude de dormir en dortoir de dix à douze personnes, donne étrangement la capacité de s'endormir partout et de se construire un sommeil de plomb !

Le lendemain, réveillée vers sept heures, je m'amusai avec les wallabys qui exploraient notre camping. L'endroit, très sauvage et pratiquement désert, était idéal pour se plonger dans une petite méditation matinale. Herbert quant à lui, ne sortit de la tente que vers neuf heures. Cette différence de rythme faisait partie du jeu de voyager à deux mais ma nostalgie du stop et de ma solitude se faisait déjà bien ressentir. Même si cette solitude passée était toutefois relative puisque je ne restais que très rarement seule, j'avais l'impression depuis deux jours, de perdre la liberté que j'affectionnais tant.

Il était déjà dix heures lorsque nous partîmes enfin de cet agréable camping et je dus avouer que dormir dans cet environnement où animaux et humains se côtoyaient si naturellement, m'avait réellement convaincue de la nécessité de faire très rapidement l'acquisition d'une tente. Par ailleurs, me retrouver dans ma propre demeure pourrait m'apporter un peu plus d'intimité qu'en auberge de jeunesse même si peut être, plus de solitude. C'est étrange ce paradoxe d'être finalement incapable de vivre totalement seule mais d'être aussi très mal à l'aise au milieu de la foule. André Gide écrivait que "le meilleur moyen de se connaître est de chercher à comprendre autrui". En définitive, nous devons constamment diviser notre vie, partager des moments avec autrui mais aussi garder des instants pour se retrouver seul. L'unité ne peut exister sans la multiplicité. C'est pourquoi la science quantique ne cesse de souligner que l'univers est multiple et un… Toutes ces questions et suggestions existentielles me venaient à l'esprit pendant mes méditations mais après avoir pris un temps pour mon être intérieur, mon corps et mon esprit avaient très vite faim de découvertes !

Après une bonne heure de route, nous arrivâmes dans un petit village complètement perdu mais où l'ambiance était remar-

quablement festive sous les couleurs bigarrées des hippies et de son drapeau *Peace and love*. Depuis le départ du camping de *Kuranda* nous avions pu suivre des petites pancartes jaunes où le nom de "*Kuranda Roots Festival*" était écrit en gros. Impossible pour nous de le rater. Nous étions donc arrivés dans une petite bourgade de *Kuranda*. Les gens semblaient venir d'un autre temps ! Habillés tout aussi bien en tenue reggae munit de la cigarette qui allait avec…. qu'en hippies zen hindouistes. Certains n'hésitaient pas à mêler les deux genres créant un style unique.
Des dizaines de tentes blanches garnies de colliers, de pierres, d'attrape-rêves, de vêtements et bien d'autres choses encore, parsemaient le village jusqu'à l'entrée du festival. Malheureusement, en arrivant devant la grille tarifaire à la journée du festival, je devais constater mon impossibilité financière à y rentrer. Soixante-quinze dollars la journée ou cent dollars pour deux jours. Mon budget de pratiquement cinq jours ! Quant à Herbert, je voyais bien qu'il restait très motivé. Je lui dis sereinement que cela était le signe que nos chemins devaient se séparer. Il me dit non catégoriquement mais mon intuition me disait d'insister pour le pousser à y aller. D'ailleurs, j'ai toujours été étonnée par cette petite voix et son fonctionnement. En effet, tu sais, tu ne sais pas comment tu le sais, mais tu sais que tu sais... C'est ainsi ! Après cinq minutes d'argumentation en faveur de ce charmant festival, nous décidâmes de nous quitter ici. Toutefois, pour m'éviter d'avoir à porter mon sac et ma fameuse valise rouge pendant toute ma visite des alentours, il cacha sa clé de voiture sur son pneu, astuce du surfeur partant dompter sa vague. Ce système me permettrait de récupérer mes affaires quand j'aurai décidé de repartir sur les chemins du stop dans l'après-midi.

Après des adieux et des remerciements sincères, je pris un réel plaisir à sillonner le village, seule. Au loin, j'aperçus une pancarte indiquant la présence d'un lac à quatre kilomètres de là. Une réelle envie me poussa à réaliser en courant cette petite distance. L'endroit était très charmant voir même romantique. Des cygnes et des canards avaient élu domicile dans les nombreux roseaux que comptait le lac, leur permettant de rester à l'ombre tranquillement. Alors que je contemplais cette faune abondante en marchant autour

du lac, un couple âgé d'une cinquantaine d'années, trinquait au vin rouge sur leur petit bateau amarré au ponton. Je ne pus résister à leur dire "santé" en français. Quelle belle idée ai-je eue !
"Une Française ?!
- En chair et en os !
- Nous sommes justement en train de savourer un excellent vin de Bourgogne avec du cantal.
- Du cantal ! L'origine de mon grand-père, l'Auvergne. Vous allez vous régaler ! On peut trouver un tel fromage en Australie?
- Bien sûr ! Voulez-vous venir le goûter ?
Il était pratiquement treize heures, mon ventre criant famine depuis déjà une bonne heure, je ne pus résister à cette alléchante proposition.
- Avec plaisir ! Merci beaucoup ! "
C'est ainsi que je montai sur un bateau en compagnie de ce couple charmant. Pendant que je buvais mon verre de vin rouge en dégustant un sandwich au cantal, le monsieur m'expliqua qu'il était le maire de ce village de mille cinq cents habitants. Il prenait sa pause déjeuner sur le lac avant de repartir au festival pour serrer quelques mains.
"Sympa cette récréation du midi.
- Nous adorons ce lieu, c'est pour cela que nous avons fait construire notre maison juste ici.
Il me montra en même temps du regard une maison cachée entre les arbres à deux cents mètres de là.
- Le rêve ! Cet endroit est un véritable havre de paix."
Nous discutâmes jusqu'à la fin de la pause déjeuner du maire. En les quittant, je leur demandai s'ils savaient où je pouvais trouver des toilettes pas très loin. La femme me répondit que les plus proches étaient chez eux, dans leur maison.
"Non, je ne vais pas vous déranger j'irai dans la nature !
- J'insiste, venez ! C'est à deux minutes !"

La maison était sublime. Elle prit un réel plaisir à me présenter sa demeure. Grâce à l'agencement, la décoration d'une maison ainsi que sa propreté, il est très facile d'analyser quels genres de personnes y habitent. Leur habitat était impeccablement rangé, voire même trop, ce qui donnait un côté froid et peu accueillant fi-

nalement. Les meubles très anciens brillaient et chacun était orné de photos d'enfants et de famille. L'homme de la maison trônait au milieu de la cheminée avec son écharpe de maire, dévoilant toute la fierté du couple pour cette fonction.
"Tu veux que je te ramène en ville, j'y pars dans cinq minutes, me proposa-t-il, me sortant de mes songes.
- Oui merci, avec plaisir !"
Ainsi, en l'espace de dix minutes, j'étais de nouveau face à la voiture d'Herbert pour récupérer mes affaires toujours si encombrantes. En faisant mes adieux à Monsieur le Maire, je lui demandai quelle ville il me conseillait d'aller visiter dans les alentours. Il me parla de *Port Douglas*, un magnifique port très huppé à environ une heure de là.
"Très bien merci. Je vais donc suivre cette direction."
Les adieux et les remerciements effectués, je me remis à faire ce que j'adorais : du stop !

Après cinq minutes en bordure de chemin, sourire béat, index pointé vers le bas, le Maire revint me voir, me suggérant de prendre le bus qui devait arriver quelques minutes plus tard. Je lui expliquai que je ne souhaitais en aucun cas prendre le bus car je voulais réaliser tout le tour de son cher pays en stop. Cela était devenu une envie réelle et profonde voire même viscérale. De plus, les transports en commun étaient bien trop chers pour ma jeune bourse.
Alors qu'il essayait vainement de me convaincre, un ami à lui s'arrêta en voiture pour le saluer. C'était le directeur du grand *Resort* de *Trinity Beach* à une demi-heure de là en direction de *Port Douglas*. Je venais de trouver ma première voiture !

Mon conducteur était un vrai *businessman* pour qui l'argent semblait être essentiel. Il m'expliqua qu'il était parti de rien et qu'aujourd'hui, il était fier d'avoir construit ce vaste empire. Je ne sais pas pourquoi, mais en l'espace de vingt minutes, il avait réussi à m'épuiser mentalement et à remplir mon plexus d'une boule de nœuds très désagréable. Son discours très rapide couplé à mon mal être, était difficile à saisir entièrement. Il me proposa toutefois très affectueusement de venir profiter de la piscine de son hôtel. Cela était adorable de sa part mais je refusai poliment souhaitant rejoindre *Port Douglas*. Quoi qu'il en soit, j'étais une nouvelle fois abasourdie par la gentillesse des gens vers lesquels la vie me dirigeait. En réalité, je crois sincèrement que mon état d'esprit à vouloir rencontrer des personnes bienveillantes, couplé à l'écoute de ma voix intérieure, semblaient être le duo gagnant pour aimanter ces âmes charitables sur mon chemin.

Après quelques minutes d'attente à la sortie de la ville de *Trinity Beach*, un 4*4 s'arrêta devant moi.
"Vous allez où mademoiselle ? me demanda le conducteur au côté de sa femme, la musique à fond.
- Vers *Port Douglas*.
- Allez, montez, c'est sur notre chemin !"
L'ambiance de la voiture était vraiment burlesque. A l'arrière du véhicule, une couverture zébrée recouvrait les fauteuils tandis qu'un collier hawaïen se balançait fièrement autour du rétroviseur, surplombant le volant habillé d'une fourrure de couleur rose. Les propriétaires, un couple d'une quarantaine d'années, de *Townsville*, en vacances pour quatre semaines, m'expliquèrent qu'ils partaient rejoindre *Cooktown*, la dernière ville de la côte est.
"*Cooktown* ? Le nom du célèbre explorateur ?
- Eh oui, James Cook s'est arrêté plusieurs semaines dans ce village pour réparer son navire abîmé par les récifs. C'est pourquoi elle a été baptisée en son honneur.
- Vous connaissez bien cette ville, c'est intéressant d'aller la visiter ?

- Non ce sera la première fois et oui, ça vaut le détour. Et par-dessus tout, la route pour y accéder nécessite le coup d'œil. On va traverser la *Daintree River* et sa forêt tropicale où seuls les véhicules tout terrain peuvent accéder !"
Ma petite voix me disait de pousser le chemin avec eux jusqu'à *Cooktown*. Je vérifiai sur mon *Lonely planet* les descriptions qu'il en faisait. Le guide décrivait ce village de deux mille habitants par l'intitulé "le bout du monde". Ce titre me plaisait déjà beaucoup. A priori très sauvage du point de vue de sa faune et sa flore, le livre conseillait vivement de s'y arrêter. Il ne m'en fallut alors pas plus pour leur demander si je pouvais me joindre à eux afin d'atteindre ce village du bout du monde.
"*No worries mate* !" en traduction littéral "Pas de souci l'ami !"
En effet, cette phrase semblait être utiliser au moins une fois par jour par chaque Australien.

Me voici ainsi partie pour plus de trois heures de route en direction du village le plus au nord de la côte est. Qui aurait pu penser ce matin en me levant de la tente d'Herbert à *Kuranda*, que j'arriverai ce soir à *Cooktown* à trois cents kilomètres de là ? Ce couple était vraiment très drôle. En revanche, ils avaient un accent terrible de l'*Outback* ! Ils utilisaient énormément d'argot, m'obligeant à chercher beaucoup de mots dans mon petit dictionnaire de poche afin de pouvoir suivre la conversation. Après deux heures de route, nous fîmes un arrêt forcé à la *Daintree River* afin de prendre le bac à câble pour véhicules. C'était le seul moyen possible pour rejoindre l'autre rive. C'était une chose inédite pour moi et très intéressante à vivre. On était de surcroît en plein milieu de la forêt tropicale. La traversée ne dura que trois minutes et seules deux voitures pouvaient monter sur le bac. C'était vraisemblablement un peu de l'escroquerie car mes hôtes durent payer vingt-cinq dollars pour réaliser cette petite traversée obligatoire.
Une fois arrivée de l'autre côté de la rive je vis le panneau stipulant : "attention danger crocodiles" malheureusement sans pouvoir encore en apercevoir un seul. Après cette escale très dépaysante, le conducteur proposa à sa femme et à moi-même de nous offrir une bière au pub. Ce bar marquait le dernier signe de civilisation avant d'entrer sur la seule piste qui menait à *Cooktown*. Sentier unique-

ment praticable par les véhicules bien équipés car la route était très accidentée. Nous allions traverser la forêt tropicale réputée pour ses nombreux animaux endémiques comme le python vert dixit mon guide ! Ce python était d'ailleurs affiché en grand dans le bar. D'un vert fluo, il était entrelacé à une branche d'arbre et même si le couple m'expliqua qu'il était inoffensif, il me donna froid dans le dos. Je dois avouer que je n'avais pas peur de grands choses mais les serpents, scorpions et requins étaient les trois animaux qui me faisaient frissonner. Enfin j'en avais peur en les voyant dans les films car je n'en avais jamais croisé dans leur milieu naturel. Heureusement !
Le bar était très typique ! Il y avait une mâchoire de crocodile suspendue fièrement au-dessus du comptoir, un juke-box diffusant de la musique country et les murs étaient envahis de photos en noir et blanc représentant tous les animaux qui semblaient vivre dans la forêt tropicale. En savourant une bière délicieuse mais atrocement forte me rendant déjà joyeuse après seulement quelques gorgées, je pus découvrir que des araignées terriblement géantes semblaient être choses courantes dans les alentours, tout comme le casoar ou le bâton de menthe poivrée ! Le nom de ce dernier m'interpella car j'utilisai la menthe poivrée pour mes maux de tête et je ne savais pas qu'un animal portait le même nom. Le propriétaire du troquet m'expliqua que cet insecte vert pulvérisait sur ses prédateurs un fluide irritant au parfum de menthe poivrée. J'étais encore une fois fascinée par toute l'ingéniosité de notre mère nature.
Après cette petite escale bien sympathique et surtout très typique car il n'y avait absolument aucun touriste, ce qui n'était pas pour me déplaire, nous reprîmes la route pour le "bout du monde" ! Pendant plus d'une heure, je ne fis que rire et pris un réel plaisir à traverser à vive allure cette piste où des milliers de trous envahissaient la route. Aussi, et bien que je sois attachée, ma tête touchait le haut de la voiture toutes les cinq secondes ! Positionnée au milieu de la banquette arrière, j'étais obligée de me tenir aux poignées situées au-dessus de chacune des vitres. Alors forcée d'être en gainage constant afin d'éviter d'être projetée à droite et à gauche de la voiture, je fis malgré moi, une vrai séance d'abdominaux ! En plus de vivre l'excitation de cette traversée folklorique, le décor lui, était

vraiment digne de celui d'un film d'*Indiana Jones*. J'avais en effet l'impression de traverser la jungle amazonienne. Pendant cette épopée, le sourire ne me quitta pas et je remerciai encore sans cesse la vie pour ce moment si intense et magique.
Quelle tristesse ainsi lorsque nous retrouvâmes la route goudronnée marquant le retour à la soi-disant civilisation. Il était pratiquement vingt heures et se posa la question du lieu où j'allais pouvoir dormir. A priori, selon mon guide de voyage, une petite auberge de jeunesse existait vers la sortie de la ville. Le cher couple prit le temps de m'y déposer. Une nouvelle fois triste de les quitter après avoir passé cette inoubliable après-midi en leur compagnie, je dus accepter de leur dire adieu, les remerciant d'un regard sincère et d'une poignée de main chaleureuse. Je me sentais tellement redevable envers tous ces gens qui me rendaient de si grands services. J'arrivais même à avoir honte de me servir d'eux finalement sans pouvoir les remercier à leur juste valeur. Je me promis intérieurement que toute ma vie, dès que je verrais quelqu'un sur le bord de la route, je m'arrêterais toujours. C'est une promesse que je faisais à la vie.

Une fois rentrée dans l'auberge, le jeune réceptionniste m'informa que cette dernière était complète. Il ne restait que les emplacements pour les tentes mais il était nécessaire d'avoir sa propre tente. Arborant mon plus grand sourire, je lui demandai s'il connaissait un endroit pas très cher non loin d'ici. Il me montra alors quelques prospectus de petits hôtels. J'en choisis un à l'instinct et lui demandai s'il pouvait appeler pour moi afin de vérifier s'il y avait encore de la place car je n'avais plus de crédit sur ma carte téléphonique. Il fit une petite grimace mais le fit quand même. A priori c'était bon ! Toujours lestée de ma valise à roulette et de mon sac à dos, je m'aventurai de nuit dans les ruelles de *Cooktown*. Ce n'était pas bien grand mais, à la seule lueur de la lune, il n'était pas évident de se situer. Ainsi, quelle fierté intérieure, quand, au bout d'un petit quart d'heure, je trouvai ce petit hôtel au fond d'une ruelle. Mon sens de l'orientation semblait s'affiner. Après négociation, comme il était déjà tard et donc fort peu probable que d'autres touristes prissent une chambre, l'hôte accepta de me vendre deux nuits pour le prix d'une seule, soit cinquante dollars. Je me retrouvai donc dans les tarifs de l'auberge de jeunesse avec une chambre individuelle, dotée d'un frigidaire et d'une télé. Le grand luxe ! C'était la première fois en deux mois que je me retrouvai seule. Ainsi, mon souhait de solitude du matin avait fonctionné. Encore une preuve que la pensée est réellement créatrice. Logique puisque, si nous acceptons que tout soit vibration, quand votre pensée sort de votre esprit, son image émanant devant votre aura, attire alors sa réalisation future. C'est ainsi que les clairvoyants, capables de voir la quatrième dimension, peuvent lire dans nos pensées en regardant en réalité les images créées devant notre aura. Cette dernière est véritablement le miroir de notre âme. Il est donc essentiel de penser positivement car c'est notre esprit qui crée notre bonheur. Par conséquent, je pense sincèrement au regard de toutes ces dernières expériences empiriques, que chacun est capable de créer et d'atteindre son paradis encore en vie. Aucunement besoin d'attendre la mort !

Le lendemain, levée aux aurores, je m'adonnai à la découverte de ce charmant village. En regardant la carte de l'Australie affichée devant l'office de tourisme, je m'aperçus que j'avais déjà parcouru plus de deux mille kilomètres en stop depuis *Byron Bay*. Que de belles rencontres réalisées déjà. La vie est une belle aventure. Cependant, il est évident que je suis allée chercher ces situations, il m'a fallu les provoquer confirmant alors que "le bonheur ne vient pas à ceux qui l'attendent assis" selon Baden Powell.

Après avoir recueilli quelques informations sur les principaux sites à visiter grâce à la charmante hôtesse de l'office de tourisme, je décidai de faire la petite ascension du *Grassy Hill* afin de rejoindre le phare et son formidable point de vue. Arrivée au sommet, je pus contempler à trois-cent-soixante degrés la ville mais aussi sa rivière et l'océan. Je passai ensuite le reste de la journée à visiter le jardin botanique, à sillonner le port, les deux célèbres plages de la ville et même à faire un footing de deux heures dans le parc national, ce qui me permit facilement de le découvrir.

J'avais donc, lors de cette passionnante journée, découvert *Cooktown* et consacré la fin de cette dernière à la recherche d'une tente. Il devenait urgent de m'en procurer une. Après avoir demandé à quelques passants des conseils sur l'endroit où en trouver une,

j'arrivai devant une boutique où on pouvait acheter absolument de tout : des affaires de pêches aux matériels de camping en passant par des vêtements, de la quincaillerie, de l'outillage et même de l'alimentation ! Bref, je pus facilement trouver une petite tente pour deux personnes. Je pris la moins chère certes, mais aussi la plus lourde malheureusement. Une fois arrivée à la caisse il n'y avait personne. Je regardai autour de moi, la boutique était déserte. Je criai en demandant s'il y avait quelqu'un dans le magasin mais aucune réponse ne vint. J'attendis alors pendant dix bonnes minutes avant de décider de partir avec ma tente sous le bras. Ce n'est pas bien, pensais-je intérieurement. Je ressentis un mal être certain en traversant la ville et il fallut attendre l'arrivée dans ma chambre pour souffler. Je venais ainsi de trouver ma future maison pour les prochains mois. Au lieu de me coûter trente-cinq dollars, elle me fut offerte par la vie... Après tout, j'avais attendu et même appelé. J'essayai de me déculpabiliser comme je pus et me dis que j'avais pratiquement économisé deux nuits d'auberge. Pour terminer la journée, je retournai au phare et à son point de vue afin d'admirer un délicieux coucher de soleil aux couleurs rouge feu. Je me demandai bizarrement lors de sa contemplation, si je préférais le lever ou le coucher du soleil.
Au regard de la vitesse à laquelle le soleil descendait et de cette petite tristesse qu'il me procurait en partant, je dus m'avouer qu'un coucher de soleil m'émouvait plus qu'un lever. Ainsi le "départ" du soleil me touchait plus que sa renaissance du matin. Devais-je alors y voir là, une allégorie de ma vie ?

En passant ma soirée à lire mon guide de voyage, je décidai de reprendre la route dès le lendemain, direction *Cap Tribulation*, à cent kilomètres vers le sud en revenant sur mes pas. A priori, cette escale était primordiale pour découvrir la forêt tropicale. La description de randonnées aménagées au cœur de cette dernière, la possibilité de faire l'ascension d'une montagne ou bien même de sauter dans des vasques me firent frémir d'impatience sur ma future journée. Je remerciai mes anges et mes guides en me couchant et leur demandai de me faire rencontrer encore de belles personnes. J'étais persuadée qu'en exprimant sincèrement ces requêtes elles allaient se réaliser. Pour espérer obtenir finalement, il faut déjà le demander. Le fait de prier sert en réalité à nous disposer à recevoir ce qui nous revient. Ainsi je m'endormis, prête à recevoir ce que je demandais, en pensant au célèbre proverbe "un bonheur ne vient jamais seul" !

CAP TRIBULATION

A peine installée devant le panneau de signalisation indiquant l'entrée de Cooktown, mon bandana rouge vif noué sur la tête afin de me protéger de la chaleur étouffante, un 4x4 rose s'avança tranquillement vers moi. Je me demandai qui pouvait bien acheter une voiture rose flashy, ne laissant vraiment aucune chance à ses conducteurs de passer inaperçus ! A son volant, un homme tout maigrichon ou plutôt ectomorphe (histoire d'utiliser ma science de futur prof de sport...), me lança un énorme sourire. A ses côtés, un monsieur au contraire aux belles rondeurs d'une trentaine d'années, me fit signe de monter. Comme il n'y avait qu'une seule route pour redescendre jusqu'au bac, je n'avais aucune crainte quant à la destination.
Une fois toutes mes affaires chargées (avec ma fameuse tente), je réalisai que sur tout le devant du tableau de bord un drapeau arc en ciel trônait fièrement, affirmant sans aucun détour la sexualité de ses hôtes. Ce couple était fort étonnant. Ils parlaient toujours très fort comme si l'envie de crier au monde entier leurs pensées était omniprésente. Des milliers de questions s'empressèrent de se bousculer dans ma tête. Ils étaient tellement accessibles et vous mettaient si rapidement à l'aise que j'eus, en l'espace de cinq minutes, l'impression d'être en compagnie de deux amis de longue date. Chacune de leurs phrases commençaient par "ma chérie" en me désignant et tous deux s'appelaient de manière très douce par "chouchou" ou "mon cœur". Nous étions réellement dans un véritable cliché sur les homosexuels. Ils étaient tous deux très drôles mais en aucun cas, je ne me moquai ou ne les jugeai. Je savourai juste l'instant présent et admirai cette union si divergente du carcan sociétal.
Rapidement et je ne sais nullement pourquoi, je me livrai à eux en leur expliquant que quelques semaines auparavant, j'avais cru ressentir pour la première fois de ma vie, des sentiments pour une autre femme. Un dixième de seconde après avoir prononcé ces pa-

roles, des hurlements de joie me firent sursauter et encore une fois, tellement rire !
"Ma chérie, devenir gay ou en tout cas se rendre compte qu'on l'a toujours été, est à la fois la chose la plus dure à accepter mais aussi la chose la plus intense à vivre. Tout interdit bravé est toujours très intense.
- Non mais je vous arrête tout de suite, je ne suis pas du tout homosexuel, j'aime vraiment les hommes et j'ai eu plein de relations avec eux.
- Je n'en doute pas ma chérie, vu tes jolies fesses bombées et ton joli minois. Mais es-tu déjà tombée amoureuse de l'un d'entre eux ?
Si sa description me concernant aurait pu me choquer avec un autre homme, venant de lui, elle me fit sourire.
- Je crois oui. Je suis sortie avec de vrais Apollons en plus.
- Si tu le crois, c'est sûr que c'est non. Ma chérie, tu verras qu'on n'aime absolument pas celui qu'on trouve beau mais on trouve beau, par contre, celui qu'on aime. Il me dit ces derniers mots en regardant tendrement son amoureux.
- Laisse tomber le scandale si j'annonçais cela à mes parents ! Non, mais c'était juste pour rigoler vous savez et pour assouvir mon âme de curieuse. J'aime bien tester tous ceux que la vie m'offre. Et puis c'était juste elle, je n'ai jamais été attirée par aucune autre fille.
- C'est ce qu'on dit tous au début. C'est juste lui ! Il est différent. Tu sais, la vérité comme la lumière, aveuglent les gens. Et il est évident que vivre dans la différence n'est pas chose aisée au début mais sache que chacun est différent. Comme j'ai l'habitude de le dire à mes patients, cela ne sert à rien de ressembler à tout le monde puisque tout le monde est constitué de chacun et que chacun ne ressemble à personne d'autre.
- Mais tu travailles dans quoi ? On dirait que tu es psychologue !
- C'est un peu ça, je suis sophrologue.
J'avais déjà entendu le nom de ce métier sans jamais comprendre à quoi cela correspondait réellement. Vu mon air interrogateur, il se lança dans une description de sa profession sans que je le lui demande.

- Si tu veux, plus qu'un métier, c'est une véritable philosophie de vie. C'est par la parole et surtout par mes questionnements que j'agis sur le mental mais aussi sur le corps de mes patients. On les sépare trop souvent l'un de l'autre alors qu'ils ne font qu'un, tu sais.
- Tu prêches une convaincue !
- J'utilise alors la respiration et la visualisation afin de faire retrouver un bien être intérieur qui agira inéluctablement sur le physique du patient. Je copie ce que Socrate faisait déjà il y a des centaines d'années, l'art de la maïeutique. Je permets ainsi aux gens d'exprimer leurs maux, leurs connaissances parfois enfouies très profondément et même des réminiscences de vies antérieures. Tout cela grâce au fruit d'un questionnement bien ciblé.
- Et par un joli coup de pouce de tes guides ! compléta son compagnon à la fois concentré sur la fameuse route tumultueuse de la forêt tropicale et sur le discours qui m'était si intelligible de son compagnon. L'anglais ne me posait bizarrement plus aucune barrière et le sens de ces paroles résonnaient naturellement en moi.
- Pour les guides, cela est une autre histoire, mais en tout cas, à l'issu de cette analyse, les patients se reconnectent avec eux-mêmes grâce à cette meilleure connaissance intrinsèque et surtout à une meilleure compréhension de leur être. Cela leur permet d'accepter ou d'affronter enfin, qui ils sont vraiment et pourquoi ils sont venus expérimenter ici-bas cette vie. Il me dit ces dernières paroles en se retournant et en me fixant avec un large sourire. Son regard semblait lire en moi comme dans un livre ouvert. Il ajouta enfin en riant à l'issu de cette analyse visuelle :
- Les gay, tu sais sont de véritables gué-risseurs !
Je n'avais jamais songé à ce jeu de mots. William m'avait profondément bouleversée. Il savait choisir ses mots avec justesse comme si, effectivement, il était guidé.
- Tiens, vous pouvez peut-être m'aider, je me suis toujours demandé à quoi correspondait le drapeau gay ? leur demandai-je.
Cette fois-ci, c'est Richard avec ses soixante kilos tout mouillé, qui prit la parole avec un grand plaisir.
- Belle question ! Historiquement, cela date de la fin des années soixante-dix et c'est le militaire Gilbert Baker qui décida de mettre

en effigie ces bandes aux couleurs de l'arc-en-ciel pour représenter la diversité de couleurs de la communauté LGBT (lesbiennes, gays, bisexuels et transgenres). Si aujourd'hui il y a six couleurs, originellement il y avait le rose et le turquoise en plus.
- C'est étrange mais on dirait un peu les couleurs des chakras finalement, non ?
- Tu peux y voir ce que tu veux bien sûr !... En tout cas, Baker donna une signification à chaque couleur. Le rose pour la sexualité, le rouge reflète la vie, l'orange, la santé, le jaune, la lumière du soleil, le vert, la nature, le turquoise, les arts, l'indigo, l'harmonie et enfin le violet pour l'esprit.
- Effectivement, j'y vois une correspondance avec les chakras.
- On peut, oui. En tout cas ce drapeau, comme l'utilisait aussi les communautés incas, exprime la paix et l'harmonie.
- Tu vois, même ton prénom nous renseigne sur ta sexualité ! souligna William en souriant."
Cette heure de route, de partage avec ce couple extraordinaire, fut une rencontre inoubliable.
En me déposant au carrefour qui nous séparait, eux rejoignant Cairns et moi, Cap Tribulation, William, après m'avoir enlacée et embrassée avec un élan d'affection me dit ces dernières paroles :
"On ne sait jamais vraiment où notre chemin va nous mener mais tant que tu suis ton cœur, tu seras toujours sur le bon chemin". Ces paroles étaient comme tombées du ciel et résonnèrent, résonnent et résonneront toujours en moi.

Je dus attendre plus d'une heure avant de trouver la voiture me conduisant à Cap tribulation mais cette heure d'attente fut finalement nécessaire pour assimiler toutes ces informations que j'analysais un peu comme un message divin. En fin de matinée, j'arrivai enfin à Cap Tribulation. Les paroles de William et de Richard noyaient mes pensées et m'empêchèrent de tenir une réelle conversation avec mon nouveau taxi. Trop absorbée par mes songes, je ne me rappelle aucunement des deux heures de conversation avec ce nouvel hôte et ne me souviens nullement non plus de ce à quoi il ou elle ressemblait. Ainsi, le cerveau a une réelle capacité à occulter ce qui n'est pas important mais peut aussi, paradoxalement, faire disparaître ce qui est aussi fondamental.

J'étais donc arrivée à Jungle Village de Cap Tribulation. En plein cœur de la forêt tropicale et de sa luxuriante biodiversité. Je pus ainsi planter ma fameuse tente dans cette auberge de jeunesse qui disposait d'un vaste terrain prévu à cet effet. Seulement dix dollars la nuit contre vingt-huit en dortoirs. Quelle économie ! Je gagnais mon intimité mais gardais toujours la convivialité de l'auberge avec sa cuisine et sa salle de vie commune.
Alors que je me familiarisais avec le montage de ma tente de couleur jaune et bleu, j'entendis une voix très familière m'appeler :
"Salut la Frenchie !
Je n'arrivais pas à le croire. Après la fabuleuse rencontre de ce couple le matin-même qui avait ravivé son image, je la voyais désormais en face de moi. Mon cœur s'accéléra terriblement. Aucun mot ne pouvait sortir de ma bouche et mes jambes pétrifiées me transformèrent en parfaite statue. Je ne rêvais pas : c'était Anita. Comme plongée dans un de ces feuilletons atrocement romantique, elle s'approcha de moi et m'embrassa langoureusement. C'était tellement doux et bon mais, reprenant rapidement mes esprits, je la repoussai vigoureusement.
- T'es sérieuse Anita, tu m'as lâchement abandonnée sur Magnetic Island et tu crois que je vais replonger dans tes bras comme ça ?
- Je ne t'ai pas lâchement abandonnée, je t'ai expliqué dans ma lettre que mon bus était déjà réservé. Je trouvais alors plus romantique de se quitter après une douce nuit à la belle étoile arrosée d'une bonne bouteille de rosé, qu'un simple en revoir à cinq heures du matin complètement assommées par nos gueules de bois ! Je ne sais pas pour toi mais moi, j'avais un réel mal de crâne ce matin-là, me dit-elle avec son sourire ravageur. Attendrie et à la fois hypnotisée par son regard, je l'embrassai à mon tour d'une manière qui ne me ressemblait pas, un peu à la sauvageonne en fait.
- Comme quoi les disputes ont du bon, elles nous permettent de faire la paix délicieusement, me dit-elle en m'enlaçant de plus belle."
Elle m'expliqua qu'elle avait trouvé un petit job dans un bar de Cairns. Payée à la semaine, elle comptait y passer trois ou quatre semaines afin de payer son billet d'avion pour partir à Melbourne ensuite. Elle profitait alors de ses deux jours de congé par semaine

pour découvrir un peu la région. Arrivée la veille au soir en bus, elle repartirait le lendemain après-midi pour prendre son service du soir. Il nous restait donc deux belles journées à profiter ensemble. Mais, avant de partir explorer cette belle forêt tropicale et tous ses trésors, Anita me proposa d'inaugurer ma tente. Ce que nous fîmes en nous embrassant tendrement une heure durant. A la différence des hommes qui vous poussent assez rapidement en règle générale, dans l'acte sexuel à proprement parler, avec Anita, le simple fait de s'embrasser me procurait énormément de bouffées de chaleur et d'envie. L'excitation était réellement présente mais je n'étais pas prête à aller plus loin et Anita l'avait bien ressenti. Peur de cet interdit ou peur de l'inconnu je ne sais pas, mais en tout cas il me fallait du temps, même s'il est vrai, que ma petite voix intérieure m'y poussait grandement.
Notre énergie commune couplée à la température ambiante faisait que nous avions atrocement chaud. Nous décidâmes alors d'aller nous rafraîchir au célèbre "Swimming Hole" à une demi-heure de là, selon nos hôtes. Anita me connaissant et ayant goûté aux joies du stop en ma compagnie, savait pertinemment qu'il n'était pas question d'attendre le bus. C'est donc après trois voitures différentes et une demi-heure de marche que nous arrivâmes à cette rivière paradisiaque en plein cœur de la forêt tropicale. Ce plan d'eau assez profond, ressemblait à un petit lac. Sur une des rives, il y avait une liane grâce à laquelle un couple s'amusait à se balancer et à sauter. Mes yeux tout comme ceux d'Anita brillaient d'excitation. Nous passâmes ainsi une bonne partie de l'après-midi à jouer les Tarzan ou plutôt les Jane, dans cette délicieuse et rafraîchissante eau, couleur vert émeraude. Sur les berges, trois jeunes couples se faisaient bronzer et s'embrassaient. Anita devinant ce qui se passait certainement dans ma tête, chercha à les imiter. Toutefois ne me sentant pas à l'aise face aux regards insistants des personnes en face de nous, je tournai malgré moi la tête afin d'éviter ses doux baisers.
"Tu as honte ? Peur de ce qu'ils peuvent penser ? C'est ça ?
- Non pas du tout, désolée. Je n'ai pas pu contrôler cette réaction. Mais au contraire, je suis fière ! lui répondis-je en lui donnant un tendre baiser dans le cou.

- Fière ?
- Oui fière d'être différente ! J'écoute mes envies et puis c'est tout ! Et ma prochaine envie est d'aller explorer cette forêt tropicale, le Dubudji Boardwalk, ça te dit ?
- Je te suis madame la guide !

Après une bonne heure de stop, nous arrivâmes au commencement de cette petite balade très bien aménagée comprenant trois kilomètres de passerelles en bois. C'était encore le directeur de l'auberge qui m'avait vivement conseillé cette promenade à réaliser au lever ou au coucher du soleil, moments les plus propices pour la découverte d'un maximum d'animaux. Effectivement, cette heure avancée était vraiment idéale pour rencontrer toute cette faune car très rapidement, nous vîmes un casoar à crête bleu d'au moins un mètre quatre-vingt-dix qui se déplaçait tranquillement, accompagné de ses deux petits. D'allure sereine, il avait en revanche des yeux ultras menaçants vous signalant explicitement qu'il était impossible de vous approcher de sa progéniture. En les regardant, j'en profitai aussi pour contempler plus longuement les lieux. Les arbres étaient majestueux et me donnèrent l'envie de les toucher et même d'enlacer l'un d'entre eux afin de ressentir leur énergie. Anita fit de même et ensemble, nous pûmes faire le tour de notre arbre choisi. Nos doigts se touchaient à peine mais pour autant, je ressentais une énorme énergie circuler entre nous. Nous observâmes alors un long silence afin d'écouter toute la nature autour de nous.

L'absence de bruit est tellement rare dans notre monde moderne qu'il en devient précieux. Même laisser un ami dans son mutisme devient mal venu, comme si on avait peur de le laisser s'ennuyer avec ses propres pensées. Or, donner ou plutôt offrir le silence devient finalement, un bien inestimable, nous permettant d'entendre la voix de l'au-delà.

Après un bon moment de plénitude autour de cet arbre, Anita m'expliqua qu'elle avait justement vu une émission à la télévision relatant que les Japonais étaient de véritables adeptes des câlins aux arbres. C'était même devenu une thérapie aux vertus scientifiquement prouvées. Elle m'expliqua que les arbres secrétaient des huiles capables de diminuer la fréquence cardiaque des êtres hu-

mains et par conséquent leur stress, la tension artérielle et même de renforcer leurs défenses immunitaires. Encore une fois la nature était épatante.
Notre balade se prolongea jusqu'à l'océan et fut l'occasion de croiser des poules sauvages, des petits geckos et des varans effrayants. On aurait dit un être hybride entre un crocodile, un dragon et un serpent ! Ils étaient imposants et entièrement noirs, ce qui leur donnait un air menaçant. Ces énormes lézards au long cou avaient un crâne triangulaire et une langue bifide me faisant penser à un épisode de la série V ! Fiction que je détestais quand j'étais petite mais dont je regardais obstinément quelques épisodes de temps en temps afin d'avoir quelques frissons. La plage de l'océan était immense et immaculée. Le blanc du sable contrastait avec le rouge du coucher de soleil qui pointait à l'horizon. Après quelques doux baisers échangés sur cette plage, combinés à des regards électrifiant tout mon corps, nous regagnèrent notre chère auberge en stop.

Nous savions que c'était certainement notre dernière soirée ensemble. Après quelques bières, juste trois précisément, ce qui était déjà trop pour moi, ne tenant absolument pas l'alcool, je proposai à Anita de rejoindre ma tente. J'étais à la fois tellement curieuse mais aussi si anxieuse quant à la suite probable de la soirée... Encore une fois, l'inconnu fait peur mais attire et vous questionne. Je ne savais pas à quoi ressemblait réellement une étreinte entre deux femmes. Comment font-elles ? Il doit manquer forcément quelque chose !

Et bien non, il ne manquait rien, au contraire il y avait même plus. Mon corps ne cessait de frémir sous ses mains qui savaient exactement où se glisser, où caresser et où s'arrêter. Je découvrais des caresses que personne d'autre ne m'avait données jusqu'à présent, électrisant tout mon être qui s'abandonnait totalement à elle. Si au début en effet, mes pensées partaient dans tous les sens mêlant la peur, la gêne, la honte, l'interdit, le stress même, en quelques minutes cette étreinte de passion brûlante, de connexion profonde me plongea comme en méditation. Ne pensant plus à rien, j'étais comme hypnotisée par mes propres sensations, entièrement à l'écoute de mon corps, de mes sensations et des siennes. Elle apprivoisait mon corps en même temps que je le redécouvrais. Me

laissant aller totalement, j'oubliai même l'image que je pouvais lui donner, chose pourtant si prégnante avec les hommes. Ainsi, plus nous faisions l'amour, plus j'avais envie de continuer et de recommencer. Il n'y avait pas un millimètre carré de sa peau brûlante que je n'avais pas envie de dévorer. Son corps, son odeur, tout me stimulait et m'excitait. La sensation de ne plus m'appartenir m'envahissait, je devenais alors une partie d'elle-même et elle devenait une partie de moi-même. J'étais certainement maladroite mais cette maladresse rendait le tout parfaitement imparfait. L'avant et l'après câlin étaient aussi bons et forts que sur le pendant.
Cette ivresse passionnelle nous plongea dans une étreinte céleste et hors du temps. Plus rien n'avait d'importance, juste l'instant présent symbolisant le commencement d'une nouvelle existence. Vive la vie et ses nombreux présents. Vive la vie et ses imprévus. Faire l'amour avec une femme finalement, c'était prendre le temps de ressentir, de comprendre l'autre et d'être. Sentiments que je n'avais pas réussi à vivre avec des hommes ou, pas pris le temps de comprendre. Il n'y avait rien de comparable avec l'étreinte d'un homme mais pour autant, j'avais adoré. Ce n'était pas mieux ou moins bien, c'était différent et j'adore glorifier la différence. Une question vint très vite alors à moi : qui suis-je ? Homosexuelle ? Pourtant j'aime les hommes, leurs corps et leurs câlins aussi. Suis-je hétérosexuelle ? Si c'était le cas, comment expliquer ce moment si bon, si doux, cette collision si sensuelle. Étais-je alors bisexuelle ? "To bi or not to bi" ? Quand nous sommes dans l'incapacité de choisir l'un des deux sexes, qui sommes-nous ? L'amour doit-il se réduire à un simple sexe ? Peut-on tomber amoureux d'une âme plus que d'un corps ?
Nous nous endormîmes têtes à l'extérieure de la tente afin de contempler le magnifique ciel chargé d'étoiles filantes et de leurs vœux par milliers. Avant de sombrer dans un délicieux sommeil, plongée dans les bras d'Anita, je pus remercier une nouvelle fois l'univers pour cette merveilleuse journée et pour ces rencontres si bouleversantes.
La nuit fut courte mais tellement agréable. Nous étions réveillées très souvent par nos désirs réciproques d'échanger de doux baisers, de nous enlacer et de nous caresser. Pour ma part, j'avais aussi

l'envie d'assouvir toutes mes curiosités et de trouver les réponses à mes questions sur la sexualité avec une femme. A mon réveil, je répétai dans ma tête plusieurs fois cette phrase : "tu as couché avec une fille". Je ne sais pas pourquoi mais je pensais à la tête de ma mère si jamais elle l'apprenait un jour ! En imaginant son visage et sa réaction, je me jurai de ne jamais le lui dire. Elle est si traditionnelle que jamais elle ne pourrait le comprendre et l'accepter, c'était évident… Plus que coucher, j'avais véritablement fait l'amour avec une femme. Ce n'était pas un acte sexuel banal comme j'avais si souvent connu pendant mes boulots saisonniers. Non, au contraire, ce fut vraiment délicieux et doux. Et cela, malgré l'inconfort du couchage car nous étions à même le sol dans nos duvets, sans aucun tapis. Du coup, quelques cailloux répartis ici et là, ne manquèrent pas de faire leurs apparitions gênantes, tout au long de cette si belle nuit.

Malgré quelques cernes, nos yeux pétillaient de joie. Généralement mon cœur était une véritable pierre en matière de relation amoureuse, je ne m'attachais jamais et restais au contraire assez distante avec mes partenaires. Cette fois-ci, il semblait en être autrement. L'envie d'être tendre et câline me venait et j'avais déjà l'impression d'être amoureuse ou plutôt d'être dans la passion. Or selon un exposé que j'avais produit en philosophie quelques années auparavant, la passion signifiant la "souffrance" en latin comme en grec, était un sentiment plutôt à fuir. Roméo et Juliette en avait déjà fait les frais ! Cet exposé m'avait captivée car même si ce sentiment à l'époque m'était inconnu, il m'attirait comme toute jeune fille. J'en avais conclu que la passion amoureuse était toujours très destructrice car elle vous rend aveugle comme le célèbre dicton ; vous perdez très souvent vos sens et l'écoute de votre petite voix intérieure. Vous ne voyez alors la personne qu'en surface en occultant le dessous de l'iceberg. En fait, vous avez un certain déséquilibre psychologique, passant très souvent de l'euphorie à l'état de manque et de tristesse.

Bizarrement, c'est sans complexe que je livrai à Anita mon état intérieur. Je me sentais, bien malgré moi, déjà amoureuse, ce qui ne me ressemblait vraiment pas. "Souvent les relations entre femmes sont très fusionnelles, passionnelles et malheureusement souvent

aussi dévastatrices. Il est vrai que les lesbiennes ont tendance à emménager ensemble, à faire des projets et à se donner entièrement, le tout très rapidement. Or, c'est un véritable tort, c'est évident. Nous concernant, ne t'inquiètes pas, je suis juste ta première relation avec une femme, du coup, il est normal que tu te sentes un peu paumée émotionnellement. Après, c'est souvent lorsque nous ne sommes pas prêts à trouver l'amour que l'amour nous trouve aussi ! me dit-elle en levant les yeux au ciel.
- C'est sûr que je ne m'attendais pas à vivre une histoire amoureuse à l'autre bout du monde et en plus avec une femme ! Mon père me dit souvent qu'on rencontre une personne pour une de ces deux raisons : soit parce qu'elle est une leçon, soit parce que c'est une bénédiction.
- Il est évident que je suis une leçon alors !
- Ah oui ! Et que dois-tu m'apprendre, Madame le professeur ?
- A toi de le comprendre!"

Il était sept heures trente quand nous informâmes le responsable de l'auberge que nous allions faire l'ascension du Mont Sorrow. En effet, il était obligatoire de laisser ses coordonnées, celles de ses proches ainsi que l'heure de son départ avant toute ascension de cette montagne. Connue pour être une randonnée quelque peu dangereuse, nous dûmes nous plier à cette règle et les prévenir de notre retour. Très souvent apparemment, des touristes, non familiarisés aux randonnées et à l'orientation en forêt, se perdaient ou se blessaient. Cette règle de prévenir avant son ascension était donc devenue un impératif. Si cela me faisait sourire plus qu'autre chose, je sentis une petite inquiétude se glisser sur le visage d'Anita.
"T'inquiètes pas, tu es avec Madame Jones !" lui dis-je avec le sourire.

Il fallut trois bons quarts d'heure de stop avant de pouvoir nous retrouver au début de cette trépidante randonnée. Dès le début, la marche fut éprouvante. En réalité, la montée était très raide et la végétation abondante de la Daintree Forest, nous ralentissait énormément car le chemin ne semblait être que très rarement emprunté. L'ambiance était, il est vrai, un peu anxiogène mais excitante, surtout lors de l'écoute du célèbre chant de l'oiseau lyre, endémique d'Australie. Un panneau explicatif sur cet oiseau nous apprit qu'il

était doté de l'organe vocal le plus élaboré de tous les oiseaux. Il était capable d'imiter n'importe quels autres sons de volatiles mais aussi ceux de l'environnement humain tel une tronçonneuse, une alarme incendie, un train ou même des voix humaines. A notre passage, je crois qu'il imitait le son d'une alarme incendie prévenant ainsi toute la forêt de notre approche. Son cri était vraiment très strident et tellement semblable à une alarme. C'était absolument extraordinaire. Sa queue était élégante et les plumes la constituant imitaient la forme d'une lyre. Encore une fois la faune australienne m'épatait réellement.
Ce ne fut qu'au bout de trois heures trente de marche à crapahuter, escaladant d'imposants troncs d'arbres tombés sur le chemin, à grimper à quatre pattes tant la pente était raide et glissante avec son tapis de feuilles mortes, que nous arrivâmes au sommet de la montagne. La vue du "lookout" n'étant pas si extraordinaire, nous décidâmes de chercher un autre point de vue digne de ce nom. Ce que nous trouvâmes à deux cents mètres de là après avoir été défigurées par quelques ronces et branchages. La vue sur la vallée et sur toute la Daintree Forest était magnifique. Des kilomètres de forêts à perte de vue rendaient l'atmosphère apaisante et solennelle.
Alors que nous savourions nos sandwichs, indubitable trophée de tout randonneur arrivé au sommet convoité, Anita, si passionnée par les arbres et leur énergie, m'expliqua cette fois-ci la communication entre les végétaux. Telle une scientifique persuadée de ses propos, elle me dit que les arbres correspondaient soit par le canal des airs via leurs feuilles, soit par le canal du sol via les racines.
"D'où le symbole de l'arbre de vie, puisant sa force aussi bien dans ses racines, dans la terre que par les airs via ses feuilles ?
- Peut-être… En tout cas, c'est par des signaux chimiques, des odeurs, que les arbres s'alertent mutuellement de l'existence de prédateurs. Ainsi, quand un arbre est agressé par une chenille, il va changer sa composition chimique et ce signal, diffusé par les racines, préviendra tous ses voisins afin qu'ils se prémunissent contre ces herbivores.
- Sérieusement ? Les arbres sont en réalité des êtres intelligents.
- Oui, inutile de posséder un cerveau pour être intelligent, leurs racines sont en réalité comme notre système nerveux. Elles sont

mêmes sensibles aux ondes sonores, se dirigeant vers le bruit que fait l'eau en s'écoulant dans le sol.

- C'est fou quand même.

- J'ai lu un article qui disait aussi que la circonférence des troncs, gonfle et dégonfle deux fois par jour car les arbres sont sujets, comme les marées, à l'influence des différents passages de la lune.

- Mais les troncs grossissent beaucoup ?

- Non, de quelques centièmes de millimètres mais cela reste impressionnant.

- Vraiment oui. C'est super que tu t'intéresses à tout ça. Tu as cette attirance pour les arbres depuis longtemps ?

- Depuis toute petite. Quand j'étais enfant, apparemment, je parlais aux arbres m'a dit ma mère. A priori, je tenais de vraies conversations !

- Peut-être que tu voyais les elfes de la nature.

- Tu y crois ?

- Je m'y intéresse oui et pas simplement en regardant le Seigneur des Anneaux !

- Je n'ai aucun souvenir de ces longues conversations, dommage.

- Ton cerveau d'adulte, ton éducation ont dû tout supprimer, tout cacher, mais au regard de ta passion pour les arbres, cela reste en toi, tu dois absolument creuser là-dedans. Tu sais que plus de soixante pourcents de la population en Islande croit en l'existence d'un peuple invisible. Cet animisme est fortement présent dans les pays nordiques.

- Il est évident que toutes ces légendes en lien avec les esprits de la nature me questionnent grandement. Je suis convaincue que toutes les légendes ont une certaine véracité. D'où viennent-elles sinon ? Même les auteurs de romans fantastiques trouvent leur inspiration dans leurs rêves ; je me dis que leurs chimères sont certainement révélatrices d'autres dimensions. Ces autres plans subtils sont encore invisibles pour nous, pour les non-initiés, au regard effectivement de notre éducation et du monde très matériel dans lequel nous sommes plongés.

- J'adore notre conversation Anita. Je rebondis sur les rêves, de vraies fenêtres ouvertes sur un autre monde. Tu t'en souviens, toi, de tes rêves ?

- Tout le temps ! Les couleurs sont tellement belles et je suis justement très souvent dans des grandes forêts, dans la nature.
- Tu vas peut être me prendre pour une folle mais j'ai essayé les sorties de corps astrale sans jamais vraiment y arriver encore, certes, mais c'est extrêmement intéressant à étudier. A priori, chaque nuit nous rejoignons notre corps astral, laissant notre corps physique tranquillement au repos sur notre lit. Les deux corps sont alors reliés par ce qu'on appelle la "corde d'argent", tel le cordon ombilical, si tu veux. Tous les rêves dont nous nous souvenons sont en réalité la vie que nous avons dans notre corps astral.
- Je ne te prends pas pour une folle mais par contre, j'ai l'impression moi, d'être folle lorsque je me réveille le matin en me souvenant de mes rêves complètement incompréhensibles. Ils sont souvent très bizarres.
- C'est vrai parce que le corps physique refuse d'affronter la réalité quand le corps astral revient dans le corps physique. L'esprit est tellement obstrué par les idées préconçues dès le berceau, que nous avons besoin automatiquement de rationaliser nos rêves en y ajoutant paradoxalement des événements non vécus et complètement invraisemblables pour que le tout devienne incompréhensible. Il nous est alors très difficile de discerner le vrai du faux. Par exemple, comme il est impossible de voler dans la vie moderne, du coup notre cerveau inhibe cette partie pourtant réelle quand nous nous déplaçons dans notre corps astral. Le cerveau va alors imaginer une voiture volante. Ce qui est vrai, c'est que nous avons volé juste avec notre corps mais sans voiture, cette dernière étant inventée par la conscience du corps physique. En fait, on peut vraiment aller où nous voulons et rejoindre qui nous voulons dans notre corps astral. Mon père m'expliquait tout ça à ses retours de formations sur les sorties de corps. C'était passionnant.
- On peut apprendre à sortir de notre corps ?
- Oui, comme apprendre à magnétiser pour soigner, à parler avec les entités, à voir les auras. Il existe de plus en plus de formations sur ces sujets.
- Ah oui ? Intéressant.

- Apprendre à maîtriser ses sorties de corps est à priori très important afin d'évoluer plus facilement après notre mort. Comme si en réalité, on apprenait à mourir de son vivant.
- Pourquoi tu n'y arrives pas selon toi ?
- J'aimerai bien le savoir !! Peut-être la peur de l'inconnu, encore une fois. Même si je ne cesse de me répéter que la seule peur que nous devons ressentir est la peur d'avoir peur. C'est comme dans le sport, il faut répéter le geste technique des centaines de fois pour réussir l'exploit. A force d'entraînement, je suis certaine que j'y arriverai. Quant à toi, si tu rêves très souvent d'être plongée en plein milieu de la nature, parmi les arbres, on essaie sans doute de te dire quelque chose."

Nous étions très concentrées sur nos conversations d'une autre dimension quand une voix derrière nous m'interpella :
"Armonie !
Alors que je me demandais qui pouvait bien me connaître en haut d'une montagne complètement perdue au milieu d'une forêt tropicale, je me retournai et reconnus Herbert ! Il était très largement écorché et avait du sang sur les tibias et les avant-bras.
- Mais que t'est-il arrivé, Herbert ?
- J'ai été attaqué par un casoar gigantesque ! J'ai couru de toutes mes forces pour lui échapper !
- Mince. Tu n'as pas trop mal ? Ses écorchures semblaient superficielles.
- Non ça va j'ai surtout eu très peur ! C'est dingue de te retrouver ici !
- Effectivement le monde est vraiment petit."
Nous fîmes la descente du Mont Sorrow accompagnées d'Herbert qui nous ramena à notre auberge avec sa voiture puisqu'il voulait s'y installer aussi. Heureusement, aucune trace du casoar pendant le retour de la randonnée. Il ne cessa de parler de cette attaque qui lui avait réellement fait peur. Une émotion avait envahi tout le centre de mon corps en formant une boule très désagréable et je ne parvins à l'évacuer que lorsque Herbert décida de nous laisser pour aller se baigner. C'était déjà l'heure des adieux avec Anita, elle devait prendre son bus pour retourner à Cairns afin de prendre son service du soir. J'étais vraiment très triste et partagée entre l'idée de

la suivre pour apprendre encore plus d'elle et vivre d'autres moments émotionnellement intenses ou bien continuer à vivre en solitaire à la découverte de ce continent. Lisant certainement dans mes pensées, Anita choisit pour moi :
"Je suis une leçon Armonie et cette leçon va te permettre d'avancer sur un autre chemin de vie, le tien. Il est aussi possible qu'on se retrouve pendant notre voyage, alors laissons encore une fois la vie choisir. Nous avons échangé nos numéros de téléphones. Quand tu arriveras à Melbourne, appelle-moi. Et puis il parait qu'en amour la distance éteint les petits feux mais attisent les grands. On verra bien !"
Après la douleur dans le plexus solaire provoquée par l'angoisse d'Herbert, maintenant c'était un énorme mal de ventre qui me prenait. Mon corps réagissait à mes émotions. L'intestin grêle, symbole de "tous les choix" selon Olivier Soulier, semblait vouloir me parler. Les maux de ventre sont tellement révélateurs de nos états émotionnels qu'il est absolument vital d'en avoir conscience et d'écouter son corps. C'est Anne-Lise Dufour dans "L'intestin au cœur de la thérapie" qui utilise une métaphore que j'aime beaucoup : "dans mon ventre il y a un labyrinthe, dans ce labyrinthe les paysages se succèdent, dans ces paysages mes sentiments voyagent".
C'est donc après un dernier câlin dans notre suite nuptiale (ma tente), que nous nous quittâmes en confiant à la vie la possibilité de nous retrouver ou non.

Je passai ma soirée accompagnée d'Herbert qui n'arrêtait pas de relater à toutes les personnes de l'auberge, son attaque terrifiante du matin. Il me proposa gentiment, de reprendre la route avec lui en direction de Darwin, deux ou trois jours plus tard. Venant d'arriver de l'incroyable festival le matin même, il souhaitait découvrir la région. Je le remerciai de sa proposition mais cette fois-ci j'écoutai ma petite voix qui me conseillait de reprendre la route seule dès le lendemain. Les adieux une nouvelle fois effectués avec Herbert, je rejoignis ma tente et passai pour la première fois une nuit seule dedans. Pourtant, si mon corps physique était bien seul dans la tente, je m'endormis en rêvant que je dansais sur le bar où Anita travaillait et finis la nuit dans ses bras. Rêves ou sortie de mon corps astral ?...

UNDARA LAVA

Il était sept heures du matin quand je commençai à pointer mon doigt vers le bas, afin de trouver une voiture me rapprochant de *Port Douglas*, ville que je souhaitais visiter avant de rejoindre l'État du Nord. Seules deux minutes furent nécessaires pour trouver mon nouveau taxi. Faire du stop à l'aube, à la sortie d'un camping, semblait être le moment et l'endroit idéaux. Les touristes-campeurs toujours véhiculés, partent tôt le matin afin de rejoindre leur future destination.

C'est alors Diego, un Espagnol de vingt-cinq ans qui s'arrêta. Se dirigeant vers *Cairns*, il pouvait me déposer à *Port Douglas* qui était sur sa route. Voyageur avide de découvertes, il s'arrêta même à une petite chute d'eau qui était sur notre route et accessible après vingt minutes de marche. Génial ! Je découvrais l'Australie comme si j'avais mon propre véhicule. Diego, en sandales à l'ancienne, petite chemise et pantalon de randonnée, ressemblait à un pèlerin catholique. Il paraissait avoir reçu une éducation stricte et rigoureuse qui lui donnait certes un côté rassurant mais avec un manque évident de folie. En espagnol cette fois-ci, il m'expliquait son pèlerinage de deux mois et demi depuis le Puy-en-Velay en France jusqu'à Saint-Jacques-de-Compostelle à l'extrême ouest de l'Espagne. Sa narration était passionnante et me donna l'envie de suivre moi aussi ce chemin. Même si vous n'êtes pas croyant, cette longue marche semblait être un moment privilégié pour se retrouver seul en véritable introspection, à sillonner les vieux villages français et la montagne espagnole. Il m'expliqua que sur les sentiers, il avait croisé de nombreuses personnes âgées souhaitant réaliser ce rêve qu'ils avaient gardé pour leur retraite. C'était aussi des individus se retrouvant à des moments terribles de leur vie comme la perte d'un être cher ou en pleine acceptation d'un cancer incurable. Chacun venait ainsi en pèlerinage pour se ressourcer, trouver les réponses à ses questions et certainement un réconfort auprès de la nature divine. Diego avait ainsi passé ses deux mois de vacances estivales à

sillonner le GR56, hébergé dans des couvents, des hospices, chez l'habitant ou dans des gîtes. Il était parti avec un sac à dos de dix kilos, c'est-à-dire pratiquement rien car "tout ce que vous emmenez, vous devez le porter", me rappela-t-il. Regardant mes vingt-cinq kilos de bagages, j'eus un peu honte.
"Lorsque tu voyages, il est fondamental de partir léger, en toute simplicité, la principale éthique du pèlerin est de ne pas réserver ses logements et ne s'arrêter que lorsqu'il sent que c'est le bon village pour dormir.
- J'adore cette philosophie et j'essaie vraiment de faire la même chose en me laissant guider par les rencontres engendrées par le stop. Je pense que je n'attendrais pas ma retraite pour aller sillonner les routes de Sainte-Jacques-de-Compostelle. Merci pour cette belle publicité !
- *De nada, Armonia* !"
Je comprenais très bien l'espagnol mais l'anglais était si présent dans ma tête que je n'arrivais qu'à lui répondre en anglais. Jongler entre ces deux langues en traduisant au passage en français, était une gymnastique difficile. Après deux heures de route et une petite heure d'escale à la chute d'eau, Diego me déposa au camping de *Port Douglas*.

Tente plantée, je partis sillonner ce fameux port dominant la mer de Corail. C'était une grande station balnéaire aux boutiques et aux restaurants haut de gamme, parsemée de luxueux hôtels. Je ne me sentais aucunement dans mon élément. Au bout de deux heures de découverte, je décidai de retourner au camping pour récupérer mes affaires afin de reprendre mon avancée vers le grand Nord. Après une petite négociation avec la réceptionniste du camping, cette dernière accepta de me rembourser mes dix dollars. Mais alors que j'étais en plein démontage de tente, un homme arborant un grand sourire me dit : "Tu nous quittes déjà Armonie ?" Il s'agissait du chirurgien que nous avions rencontré avec Herbert quelques jours plus tôt. Encore une étrange coïncidence et la sensation étonnante de ne jamais ressentir le sentiment de solitude malgré cette exploration de l'autre bout du monde, seule.
Il prit une bonne dizaine de minutes pour m'expliquer par où je devais absolument passer afin de rejoindre l'État du Nord. Il me

conseilla aussi de faire escale à *Undara Lava* en plein milieu du bush australien, une région célèbre pour ses formations volcaniques dont notamment ses tunnels de lave. Sa grande gentillesse le poussa même à me déposer à la sortie de la ville avec sa voiture afin d'être certain que je puisse rejoindre la bonne route. C'était indéniablement un homme attentionné, le cœur sur la main.
"Infiniment merci ! J'aimerai tant vous aider à mon tour.
- Infiniment de rien, Armonie. Tu sais, qui aide son prochain s'aide soi-même. Je suis donc peut-être un peu égoïste. Et puis, ton sourire et ta bonne humeur me suffisent. Donner n'est pas simplement une affaire pécuniaire mais des paroles parfois, des regards peuvent tout autant enrichir autrui et lui faire du bien."
Je suis persuadée que toutes ces rencontres ne sont pas que le fruit du hasard mais de véritables rendez-vous que la vie m'impose afin de me questionner, d'évoluer. Je suis si redevable envers toutes ces personnes qu'à mon tour, je ferai tout pour aider mon prochain.

Quelques minutes plus tard, Jeff, un coiffeur conduisant torse nu, s'arrêta. Il me demanda rapidement si je n'avais pas peur en voiture car il allait certainement conduire un peu vite en raison de son retard pour se rendre au travail.
"Aucun problème, je m'accroche alors !"
Effectivement, il conduisait très vite, même les routes sinueuses de montagne de l'arrière-pays ne lui faisaient pas peur. Il dut cependant ralentir et même s'arrêter lorsque nous écrasâmes un épouvantable serpent noir particulièrement effrayant ! C'était la première fois qu'il en voyait un aussi gros. Le serpent mesurait toute la largeur de la route et avait une circonférence inimaginable ! Si gigantesque, on aurait cru avoir franchi un dos-d'âne en roulant dessus.
Jeff sortit pour le prendre en photo mais pour ma part, il était hors de question que je quitte la voiture. Franchement, même dans mes cauchemars les plus horribles sur les serpents, je n'en avais jamais vu d'aussi gros. En tout cas, je pouvais rajouter sur ma liste des animaux rencontrés en Australie, le serpent taipan ! J'en ai encore froid dans le dos. Jeff m'expliqua que c'était le serpent le plus venimeux du monde et que son venin pouvait tuer jusqu'à cent hommes.
"Et tu voulais que je sorte de la voiture !

- Non mais les serpents carnivores ne s'attaquent que très rarement aux humains, seulement quand ils se sentent menacés.
- Oui, donc lui rouler dessus n'était pas une menace pour lui ?
- Effectivement, peut-être un peu. "
Après une heure trente de route, il me déposa à un croisement au milieu de nulle part mais dans la direction d'*Undara Lava*. Je regardais aux alentours afin de vérifier qu'aucun serpent ne rôdait ! Peu rassurée, je n'attendis qu'une dizaine de minutes avant qu'un vieil homme ne s'arrête. Il semblait un peu bizarre mais l'endroit du stop m'effrayait bien plus que lui ! En ouvrant la porte côté passager j'eus l'agréable surprise de découvrir sur le sol, une bonne centaine de cannettes de coca et de bières. Mes pieds étaient surélevés au moins de vingt centimètres. La voiture, en réalité, était une vraie poubelle ! Quant à son hôte, il ressemblait à un authentique hippie complètement hors de la société voire même, hors du temps. Très sympathique, il s'arrêta plusieurs fois afin de me faire découvrir les différents points de vue magnifiques que la route nous offrait. Je dus rouler une bonne heure avec lui avant de trouver quatre autres voitures afin d'arriver, en fin de journée, à *Undara Lava*.

Je plantai ma tente pour seulement huit dollars dans le parc national. Cet "achat" était vraiment une réelle économie. Ici, plus d'auberge de jeunesse mais des gîtes ou des bungalows pour un minimum de cinquante dollars la nuit ! A peine installée et comme il me restait une bonne heure avant le coucher de soleil, je décidai de partir explorer le parc national en footing. Quelle belle idée ai-je eue. Parcourir un parc national à la tombée de la nuit était bien entendu le moment parfait pour rencontrer des kangourous. Ainsi, c'est en petite foulée que j'arrivai sur une place où plus d'une vingtaine de ces derniers s'adonnaient à un véritable championnat de boxe. Ils étaient majestueux et très solennels dans leurs attitudes. Du haut de leur mètre quatre-vingt pour pas moins de quatre-vingt-cinq kilos, assis sur leur queue formant alors un trépied, ils se frappaient avec leurs deux pattes arrière et se renvoyaient de réels crochets, directs et uppercuts. Ayant pratiquer trois ans la savate (boxe française), je reconnaissais les différents coups et esquives que nous avait enseigné notre coach. De vrais sportifs de haut niveau ces kangourous ! Si jusqu'à présent, je n'avais vu que des wallabys ou de petits kangourous, ceux-là étaient impressionnants. Je fus ravie de ces nouvelles rencontres et pus, par ailleurs, profiter d'un admirable coucher de soleil sur toute cette belle savane. Quel contraste entre ce matin à *Cap Tribulation* où j'étais en pleine forêt tropicale, ce midi à *Port Douglas* ressemblant étrangement à Saint-Tropez et ce soir, en plein milieu d'une savane vous plongeant en Afrique-du-Sud ! J'avais traversé trois continents en l'espace d'une journée et seulement cinq cents kilomètres. D'ailleurs, je n'avais jamais parcouru si facilement autant de kilomètres. Les espaces ici sont tellement vastes, les distances entre les villes si grandes que vous relativisez très vite la longueur de vos trajets.

Pendant la soirée, l'office de tourisme du parc national avait organisé une petite séance de cinéma en plein air et nous projeta un documentaire sur les animaux du parc avec un feu de camp en guise de lumière. Cette ambiance de savane mêlée à la présence des *Rangers*, me plongeât dans un des nombreux films que j'avais pu voir sur les grands parcs nationaux. Une fois couchée dans ma tente et bercée par tous les chants des animaux de cette somptueuse savane, je remerciai avec une immense gratitude mes guides et anges gardiens pour ces aventures si uniques. Le lendemain matin, après une belle randonnée de quatre heures dans le *bush*, je m'inscrivis à une petite excursion avec les *Rangers* pour découvrir les célèbres tubes de laves et leurs nombreuses chauves-souris. C'était remarquable et très intéressant géologiquement. Ce site rassemblait les plus grandes coulées de laves accessibles au monde. Par ailleurs, pendant l'excursion sous terre, je demandai aux autres touristes, dotée de mon grand sourire, s'ils ne se dirigeaient pas, à tout hasard, vers le petit village de *Georgetown* à environ deux cents kilomètres de là. C'est ainsi qu'à la fin de l'excursion, je trouvai ma nouvelle voiture...

C'était un couple très charmant d'une cinquantaine d'années, venant de *Perth*, grande ville du sud-ouest de l'Australie. En vacances pour un mois, ils voyageaient avec leur caravane qu'ils tractaient avec leur voiture. A peine étais-je installée dans la voiture que Judith me proposa une glace à manger. Du haut de son petit mètre cinquante-cinq, elle dégageait une grande bonté d'âme ; un sourire immuable était figé sur son visage et son regard plongeait en vous avec bienveillance. Sa voix, douce et réconfortante, contrastait au plus haut point avec le fort accent de son mari Norman. Grand, les cheveux grisonnants, les lunettes lui tombant sur le bout du nez toutes les deux minutes comme pour l'agacer, il nous faisait beaucoup rire. Ils étaient si attachants que je me sentis rapidement très proche d'eux, comme s'ils faisaient partie de ma famille. D'ailleurs, ce sentiment me fit penser à mes parents que je n'avais pas appelés depuis bien longtemps. Je ressentis l'espace d'un instant une petite nostalgie mais celle-ci fut rapidement balayée par les merveilleux paysages qui défilaient devant moi. Ce sable rouge, ces arbres de savane, ces moulins à vent par dizaines et les villages traversés étaient tous d'un autre temps. Comment pouvais-je alors regretter ma vie parisienne ?!

Nous arrivâmes dans ce petit village de deux cents habitants, anciennement célèbre pour sa ruée vers l'or. Aujourd'hui le secteur économique ne tourne que grâce à l'exploitation des bétails. Les touristes ne s'y arrêtent que pour faire une escale dortoir. Norman et Judith me proposèrent de me déposer le lendemain à *Normanton*, à trois cents kilomètres au nord puisque c'était sur leur chemin. Ils allaient quant à eux rejoindre des amis à soixante-dix kilomètres encore plus au nord, au bord de la mer. J'acceptai bien évidemment leur proposition avec grande joie. Ma tente fut installée à côté de leur caravane sur une aire de repos du village. Ils partagèrent leur repas et même leur vin blanc avec moi. Quelle bénédiction, cette rencontre. Je les adorais. Ils me rappelaient tant mes parents avec leurs habitudes de couple. Ils partageaient ensemble leur vie depuis trente-trois ans.

"Cela est très rare de nos jours. Quelle est votre recette de longévité de couple ? demandai-je.

Norman me répondit sans aucun détour :
- Il faut juste écouter madame et se taire !
- Normal Norman ! lui dis-je en m'esclaffant de rire.
- Non, mais tu vois l'alliance que porte Judith, je la lui ai offerte il y a donc trente-trois ans en lui jurant que mon amour serait à l'image de cet anneau. Pour moi, ce cercle représente l'infini de mon amour, il n'a donc pas de fin. Le début se mêlant à la fin et inversement.
- Mais quel romantique ton mari, Judith.
- Tu sais, il m'a demandée en mariage devant tous mes collègues de travail en débutant par la citation d'Einstein "L'amour est la quintessence de la vie" ; Judith, j'ai besoin de toi pour vivre, veux-tu bien me rendre heureux en m'épousant ?"
Elle répéta cette phrase avec une émotion si intense que je pus facilement ressentir toute la beauté et la sensibilité de cet instant, trente-trois ans auparavant.
Nous passâmes ainsi la soirée à échanger sur la vie et à plaisanter. Encore une fois, je n'étais pas seule. Je remerciai la vie, tel un mantra, pour ces nouvelles rencontres, avant de rejoindre certainement mon corps astral.

Il était bien huit heures quand Judith vint frapper à la porte de ma tente pour m'annoncer que le petit déjeuner était fraîchement servi. Effectivement, ils ressemblaient vraiment à mes parents : ils étaient aux petits soins avec moi. Pain de mie, beurre de cacahuète et V*egemite* m'attendaient sur la table. C'était adorable de leur part. Je dois néanmoins avouer que la baguette française et la bonne confiture de figues de ma mère me manquaient quelque peu. Je me dis que je pourrais mieux les savourer à mon retour. En attendant, je goûtais pour la première fois le *Vegemite*, pâte marron foncé, très collante et compacte, à l'odeur bizarre et, sans mauvaise foi, au goût vraiment atroce. Mon palais a toujours été ouvert aux différentes saveurs mais cette dernière était sincèrement très particulière. Norman et Judith, quant à eux, l'adoraient et m'informèrent que tous les Australiens mangeaient cela au petit déjeuner sur leurs tartines déjà beurrées.
"Sauf notre fille Angel ! Elle est diététicienne et nous dit sans cesse que d'un point de vue nutritionnelle, le *Vegemite* ou le beurre de cacahuète sont à prohiber.
- Tu m'étonnes, vu la dose de sucre ! Vous ne m'en voudrez pas si je prends juste du beurre sur mes tartines alors ?
- Pas le moins du monde !
- En tout cas, merci beaucoup pour cette jolie intention. C'est adorable."
Après ce petit déjeuner typiquement australien, nous reprîmes la route pour quatre cents kilomètres. En cours de route, Judith eut au téléphone l'amie chez laquelle ils se rendaient justement à midi et après avoir raccroché, elle me dit :
"Armonie, tout est arrangé !
- Ah oui ? A quel sujet Judith ? répondis-je surprise.
- Gloria veut absolument te rencontrer, elle souhaite pratiquer son français appris à l'école il y a trois décennies ! Si cela te fait plaisir, viens avec nous à *Karumba* ? A soixante-dix kilomètres près, c'est sur ton chemin et tu pourras voir comment vivent les vrais Australiens !
- Non mais je ne vais pas déranger ? Et puis après ce ne sera pas compliqué pour reprendre le chemin de *Darwin*?

- Pas le moins du monde ! En plus j'ai une petite idée là-dessus, je t'en parlerai ce soir si tu es d'accord. Pour achever de te convaincre, demain nous serons le premier mardi de novembre et pour nous, c'est un événement majeur en Australie. Tu sais ce que c'est ?
- Pas du tout.
- Et bien pour *Canberra* et *Melbourne* c'est un jour férié. Tout le monde s'arrête de travailler l'après-midi pour regarder, la *Melbourne Cup*, principale compétition hippique en Australie ! Pour nous, c'est une journée très festive nous revêtons nos plus beaux habits et portons de majestueux chapeaux. Cela vaut vraiment le coup d'œil, Armonie.
- Bon et bien je suis là pour découvrir la culture australienne … alors, avec plaisir ! Mais j'espère vraiment ne pas déranger.
- Au contraire ! En plus, tu vas pouvoir rajeunir l'assemblée car nous sommes tous des cinquantenaires !
- Si en plus je peux rendre service alors ! conclus-je."
En début d'après-midi, ils me déposèrent au camping de *Karumba* mais débourser vingt-deux dollars pour déposer ma tente m'ennuyait beaucoup. Tant pis, après tout la veille je n'avais rien payé et puis ce n'était même pas le prix d'une nuit en auberge. A peine avais-je fini de m'installer que Judith arriva avec son amie Gloria qui criait dans un français très approximatif avec un accent extrêmement drôle :
"Bonjour Armonie, bienvenue en Australie ! Enlève-moi tout de suite ta tente d'ici c'est bien trop cher, je t'emmène dans un autre camping tenu par mon ami.
- Vraiment ? Vous êtes sûre ? répondis-je en regardant ces deux étonnantes femmes bariolées aux couleurs flashy de leur tee-shirt respectif.
- On a déjà discuté avec la réceptionniste : voici tes vingt-deux dollars, allez hop, on y va !"

Je me laissai guider. Cette fois-ci, on ne me demanda que sept dollars cinquante et je me trouvais à cinq cents mètres de la maison de Gloria. Cette dernière, ancienne institutrice à la retraite, était très extravagante. Elle parlait fort et je ne pouvais m'empêcher de rire

pratiquement à chaque fois qu'elle ouvrait la bouche. Judith l'avait rencontrée au grand casino de *Canberra* alors qu'elles étaient en vacances. Depuis maintenant plus de vingt-cinq ans, elles ne cessaient de s'appeler et essayaient de se voir une fois par an. C'était donc l'heure de leurs grandes retrouvailles annuelles. Les hommes, beaucoup plus calmes finalement, s'adonnaient tranquillement à une tâche qu'ils aimaient tant, la préparation du barbecue.
"C'est dans le sang ! Une affaire d'hommes, Armonie !
- Je n'en doute pas Norman, surtout accompagné d'une bonne bière n'est-ce pas ?
- Absolument, l'un ne va pas sans l'autre."
Il était très comique de les voir avec leurs housses refroidissantes destinées à leurs bières. Chacun possédait la sienne à l'effigie de sa passion. Celle de Norman, informaticien, affichait un ordinateur, celle de Judith, passionnée par les fleurs, arborait un étui avec de la lavande ; la housse de Gloria exhibait une institutrice dotée d'une règle et faisant les gros yeux à ses élèves et sur celle de son mari dont le nom m'échappe, une moto était représentée.
"Jolie, Judith, ta lavande, j'adore !
- Tu sais, les fleurs représentent un langage à part entière, pour moi.
- C'est-à-dire ?
- Eh bien, chaque fleur exprime un sentiment et la lavande est le symbole du coup de foudre. C'est donc en l'honneur de mon amour pour Norman que j'ai choisi cette housse, me confia-t-elle en embrassant son âme sœur.
- Vous êtes fascinants tous les deux. Le langage des fleurs est très intéressant. Je ne sais jamais ce que signifie telle ou telle couleur pour les roses, ni pour les autres fleurs d'ailleurs, c'est une véritable lacune.
- Ce n'est pas compliqué pourtant, affirma-t-elle. Les roses rouges représentent l'amour absolu ; ça, tu dois le savoir j'imagine. La rose blanche, signifie que tes sentiments sont purs, la rose noire montre la passion, la rose de couleur rose, la fidélité et la douceur. Pour la déclaration d'amour, il faut offrir une tulipe ou une primevère. La jonquille, les roses jaunes ou les bégonias déclarent une amitié sincère.

- Et quand tu es en colère ou déçue d'une personne ?
- Et bien tu ne lui offres pas de fleur ! dit-elle en riant ! Non mais, il est vrai que la renoncule exprime les reproches.
- Ce langage est subtil, tout en finesse et en douceur, j'adore. Merci pour ce cours de communication florale, Judith.
- L'art floral est passionnant et me fascine énormément, acheva-t-elle."

Après avoir dégusté des sandwichs aux saucisses et à la moutarde, nous partîmes tous les cinq, telle une belle famille, nous promener sur la plage. *Karumba* était la seule ville qui bordait la côte sud du golfe de *Carpentaria.* Elle vivait exclusivement de l'industrie de la pêche, de la crevette en particulier. Nous marchâmes ainsi pendant deux heures jusqu'au moment du coucher de soleil, instant précis où Norman décida de sortir une bouteille de vin blanc et les cinq verres qu'il avait pris soin de cacher dans son sac à dos. Après l'avoir laissée refroidir dans la mer pendant un bon quart d'heure, nous pûmes la savourer tranquillement devant ce film fantastique, celui de la nature.

La veille encore, je ne connaissais aucunement Judith et Norman et ce soir-là, je me retrouvais en compagnie de leurs amis, à savourer un apéritif dans un environnement si apaisant. Personne sur la plage. Avec les cinq cents habitants de Karumba et aucun attrait réellement touristique, nous étions seuls à l'autre bout du monde. C'est certainement pour cela que je me sentais si bien. Seule mais en même temps entourée d'amitié sincère auprès de parfaits inconnus.

Après tout, pour qu'un étranger ne soit plus un étranger, il faut lui donner sa chance et apprendre à le connaître afin qu'il ne soit plus un inconnu. Je crois que mon voyage en devenait le symbole. Je n'ai jamais autant fait de connaissances qu'en partant seule et en laissant la chance à ces personnes nouvelles de devenir de véritables camarades de voyage.

A vingt heures trente, nous étions à table, à vingt-et-une heures, nous avions terminé et nous partions tous nous coucher ! J'étais abasourdie par la rapidité à laquelle le dîner s'était déroulé. Il y avait toutes les denrées sur la table, de l'entrée au dessert, tout y était installé en même temps. Si en France, nos repas entre amis

prennent deux, trois voire même parfois quatre heures, pour les Australiens, c'est une réelle perte de temps et ils n'aiment pas rester longtemps à table. Partager cette intimité avec les Australiens fut très enrichissant, je découvris ainsi leurs traditions.
Le lendemain, Norman vint me réveiller pour partager une nouvelle fois le petit déjeuner. C'était la journée de la *Melbourne Cup*. La télévision était déjà allumée, les femmes se préparaient à mettre leur plus belle robe et de somptueux chapeaux de couleurs vives, très originaux. Ils attendaient une dizaine d'amis pour le repas du midi ou plutôt pour le barbecue ! C'est donc plongée en plein cœur de la vie australienne que je regardai, sans réellement y comprendre grand-chose, la plus grande course hippique australienne. Chaque invité était habillé comme pour un mariage et les couvre-chefs de ces dames m'impressionnaient grandement. Certaines y avaient même accroché des oiseaux en guise de décoration. Il est vrai que mon look de routarde dénotait quelque peu. Pour autant, les convives venaient tour à tour discuter avec moi comme si j'étais une petite distraction. Je pus ainsi faire la connaissance de Cécile, la voisine de Gloria. Cette dernière qui semblait richissime, m'expliqua qu'elle se rendait à *Sidney* et partait pour *Mount Isa* à plus de six cents kilomètres de là dès le lendemain. Je ne savais pas du tout où se trouvait *Mount Isa* mais sans réfléchir, je lui demandai si je pouvais venir avec elle.
"Bien sûr avec plaisir, tu m'aideras ainsi à ne pas m'endormir ! Par contre, je vais partir très tôt demain matin, vers six heures, je pense. C'est d'accord pour toi ?
- Pas de problème, je suis installée au camping à cinq cents mètres de là, vous pourrez venir me chercher ?
- Le mieux est que tu viennes dormir à la maison, j'ai beaucoup de place chez moi !
- Vraiment ? Cela ne vous dérange pas ?
- Pas le moins du monde ! Au contraire ! Je vis seule depuis la mort de mon mari il y a maintenant juste un an ; ça va me faire du bien de penser à autre chose qu'à son absence…"
J'expliquais le tout à Judith qui me dit qu'elle voulait me proposer justement de repartir avec eux dans une semaine. Elle attendait de voir avec Gloria avant de me le proposer.

"Je vous remercie, c'est tellement gentil ... mais je ne sais pas pourquoi, ma petite voix me dit qu'il faut que je me rende à *Mount Isa*.
- Pas de souci, suis ton instinct, Armonie. Cela semble te réussir jusqu'à présent. En revanche, tu sais que *Mount Isa* te fait faire un petit détour de six cents kilomètres puisque tu redescends dans le sud, te rapprochant d'*Alice Springs*, du *Centre Rouge*.
- Ah, vraiment ? Je n'ai pas vu où cela se trouvait sur la carte. Tant pis, je verrai bien. Sinon je m'arrêterai dans le *Centre Rouge* avant de remonter sur *Darwin*.
- Fais attention toutefois à la saison des pluies qui arrive bientôt dans le nord.
- Exact ! Donc non, j'irai plus tard voir votre gros rocher rouge, tu as raison.
- Nous l'appelons *Ayers Rock*. Tu sais que je ne l'ai jamais vu malgré mes cinquante-six ans !
- Ah bon ? Comment est-ce possible ?
- Notre pays est si vaste qu'il nous faut bien toute une vie pour en faire le tour. Et puis c'est bien connu, on préfère visiter les pays de l'autre bout du monde plutôt que le sien ! Tu connais bien la France toi, Armonie ?
- Mille points pour toi Judith, effectivement je n'ai pas fait tout le tour de la France ni de l'Europe d'ailleurs. Il est vrai que je voulais partir loin. Je crois d'ailleurs qu'il est difficile de faire plus loin.
- Avec du recul, il me semble qu'on préfère voyager loin afin de mieux savourer son retour. C'est en pouvant comparer qu'on se rend compte de la chance qu'on a de vivre dans notre pays. Quand je pars en Asie ou en Afrique, je réalise à chaque fois la qualité de vie qui est la nôtre.
- En résumé, tu pars pour mieux revenir !
- Paradoxalement pour mieux repartir aussi après. Tu verras, le voyage est comme une drogue mais cela reste une très belle addiction. " C'est ainsi avec beaucoup de regret, que je fis, le soir venu, mes adieux à Judith et Norman. Je dus leur jurer à trois reprises que je les appellerais dès mon arrivée à *Perth* quelques semaines ou mois plus tard. Je les appelais mes parents adoptifs de voyage. Leur tendresse, ce lien familial si rapidement créé me manquait déjà.

C'est aussi avec beaucoup de peine que je remerciai Gloria et son mari pour toute leur hospitalité. Je m'attachais tellement vite à tous ces inconnus qu'il était assez difficile à chaque fois de tout recommencer. Apprendre à connaître de nouvelles personnes comme si vous entamiez finalement une nouvelle relation amoureuse. Pourtant chaque histoire vous enrichit et vous fait grandir. Vive la vie et ses inconnus ! Vive la vie et ses débuts comme ses fins, le tout formant un parfait infini où tout est possible, surtout le fait d'être heureux.

C'est donc après une courte nuit passée chez Cécile dans sa luxueuse maison que nous prîmes la route à l'aube, direction *Mount Isa*. Plus de six cents kilomètres à parcourir sous une chaleur insoutenable à travers un paysage semblant sortir d'un western des années soixante. Des paysages désertiques nous faisaient face, aucune habitation, très peu d'arbres. Nous étions dans l'*Outback* et cela durant plus de sept heures de route. Cécile me parla de son mari et de sa présence toujours forte dans sa vie. Elle me disait qu'elle le sentait sans cesse toujours autour d'elle et qu'il lui arrivait très souvent de lui poser des questions afin d'avoir ses conseils comme lorsqu'il était auprès d'elle.

"Tu sais Armonie, vivre plus de quarante-six ans avec une même personne, quand celle-ci part, c'est comme si vous perdez une partie de vous-même.

- J'imagine Cécile mais vous êtes encore jeune, vous avez encore de nombreuses années à vivre !

- Certainement mais je ne trouve plus trop de sens à cette vie sans lui.

- Vivez pour vous ! La seule personne avec qui on vit toute sa vie, c'est soi-même. Vous pouvez aussi aider les autres. Regardez, vous m'êtes d'un grand soutien. Sans vous, je serais en train de faire du stop au milieu du désert ! Rendez-vous utile, travaillez dans des associations caritatives, faites de la musique, des créations artistiques, de la couture, de la lecture ou voyagez ! Il y a tellement de choses à faire !

- Mais seule, je n'y trouve plus trop d'intérêt. Tu me vois visiter seule des capitales à l'autre bout du monde à soixante-neuf ans !

- Pourquoi pas ? Sinon, partez en groupe, avec des copines ou même avec d'autres seniors. Vous allez sans doute rencontrer des gens formidables et même retomber amoureuse mais avec une autre forme d'amour.

- Cela, il en est hors de question. Je ne le remplacerai jamais.

- Bien sûr que non, il ne sera jamais remplacé. Pour autant, vous pouvez trouver un compagnon de vie afin de partager de nouveaux instants inédits à deux et connaître à nouveau le plaisir de la vie.

Cette dernière est si magnifique. Nous avons une véritable chance de pouvoir expérimenter chaque jour de nouvelles choses, de rencontrer de nouvelles personnes. Et puis Cécile, il parait qu'en cessant d'être aimé, on cesse d'être aimable !
- Ah oui ? Tu ne me trouves pas aimable ?
- Non, pas du tout, je plaisante! Je dis cela afin que vous arrêtiez de vous endormir au volant ! Voulez-vous que je conduise ? Cela faisait déjà trois fois que Cécile somnolait au volant.
- Oui, vas-y prend le relais ! Mes yeux me jouent des tours. C'est pour cela que je dois prendre l'avion demain pour *Sidney* où je serai opérée en fin de semaine. C'est une petite opération de rien du tout mais je dois la faire afin de pouvoir continuer à conduire sans crainte justement. Imagine si à *Kurumba* je ne peux plus conduire, ce serait le début de la fin !"

Nous arrivâmes en début d'après-midi chez son amie anglaise Hariette. Encore une fois, il était hors de question que je dorme au camping : Hariette avait quatre chambres à disposition. La petite maison était de style anglais, d'époque victorienne. Les lits étaient minuscules et sur celui de ma chambre se trouvaient au moins, sans aucunement exagérer, deux cents poupées ! Leurs grands yeux noirs me faisaient affreusement peur, on aurait dit qu'elles étaient vivantes ! Je pense qu'il me fallut dix bonnes minutes pour toutes les enlever du lit afin que je puisse m'y allonger.
A peine avions nous avalé un petit sandwich que Cécile voulut à tout prix m'emmener faire les boutiques avec elle. Moi qui détestais faire du shopping à Paris, me voilà avec une mamie hyperactive proche des soixante-dix ans, en train d'essayer des robes. Elle voulait absolument que je porte une belle robe pour aller au restaurant le soir-même avec tous ses amis. Apparemment, c'était l'anniversaire d'un d'entre eux et ils allaient festoyer en ville comme il se doit. J'étais bien sûr invitée à ce club du troisième âge.
"Mais ne t'inquiètes pas, on est vieux mais on sait bien boire !
- Je n'en doute pas ! Je suis jeune et je ne tiens absolument pas l'alcool !"
Au bout d'une petite heure, je ressortis avec une superbe robe sexy, échancrée de part et d'autre de chaque jambe. Cécile m'avait offert cette robe à quatre-vingt-dix dollars ! Je ne savais vraiment pas

comment la remercier. Elle offrait une robe à une parfaite inconnue, comment était-ce possible ?

"Pourquoi êtes-vous si gentille ? Vraiment, je ne peux pas accepter.

- C'est toi qui m'as dit que je n'étais pas aimable, je te montre le contraire !

- Je vous aime beaucoup Cécile, merci. Je garderai cette robe toute ma vie en souvenir de ce doux moment partagé et de cette belle complicité intergénérationnelle."

Sans aucune transition et peut-être afin de cacher tout signe d'émotion, elle me dit qu'elle avait besoin de partir faire la sieste maintenant afin d'être en forme ce soir.

"Cela ne vous dérange pas si je visite la ville et ses alentours de mon côté ?

- Pas le moins du monde, voici l'adresse et mon numéro de téléphone si jamais tu te perds !"

Je n'arrivais toujours pas à croire que cette petite mamie qui me rappelait étrangement la mienne par son caractère fort et dur, venait de m'offrir une somptueuse robe alors qu'elle ne me connaissait que depuis la veille au soir. La visite de *Mount Isa* fut assez rapide. Ville de plus de vingt mille habitants, elle vivait par la présence sous et autour d'elle, de vastes dépôts miniers de cuivre et de zinc. La plupart des gens travaillaient dans les industries minières des alentours. La ville n'avait vraiment pas beaucoup d'intérêt. Je courus toutefois jusqu'à un point de vue culminant afin d'apercevoir la ville et ses environs. Face à moi, des dizaines de trous de forages sortaient de terre. Autour d'eux, des cheminées d'où sortaient des fumées noires parsemaient ces paysages plutôt apocalyptiques. En fait, toutes ces nuances de couleurs très sombres, gris, noir, marron, me donnaient des frissons. J'en conclus que je devais venir ici certes, mais l'objectif n'était aucunement la visite de cette ville!

Pour retrouver la petite maison au style victorien, je choisis très rapidement la facilité. Au lieu de prendre une carte et de jouer à la course d'orientation, je décidai d'arrêter une voiture, pris mon bel accent français et expliquai que j'étais perdue et à la recherche de cette adresse. Mon nouveau chauffeur, sympathique, brancha son GPS et, en dix minutes, je me retrouvai à boire le thé avec Cé-

cile et son amie. A dix-huit heures, nous étions toutes trois pimpantes et prêtes à rejoindre le restaurant le plus attrayant de tout le nord-ouest du *Queensland* selon les dires de mes hôtes.
Une fois arrivées, nous gagnâmes une longue table sur laquelle je comptais vingt-trois couverts. Hariette embrassa la serveuse qui était en réalité sa petite fille. Cécile, qui présidait la table à son bout, souhaita absolument que je m'assisse à côté d'elle. Tous les convives, certes âgés de soixante à quatre-vingt-dix ans, étaient très gentils. Ils arrivèrent tous avec d'imposants cadeaux et fleurs qu'ils offrirent à Cécile.
"Mais Cécile, l'anniversaire de ce soir, c'est le tien en réalité ?
- C'est peut-être le mien oui mais on s'en fiche !
- Tu aurais quand même pu me le dire, Cécile ! Tu as donc soixante-dix ans aujourd'hui ?
- Non, tu te trompes je les aurai demain ! Mais je voulais absolument les fêter avant mon opération. Imagine que je ne vois plus rien après, je voulais être sûr de voir de mes propres yeux tous mes amis.
- Tes amis sont tous ici et non à *Karumba* ?
- J'ai vécu toute ma vie ici, mon mari et moi-même avons travaillé dans l'exploitation minière durant toute notre carrière. Je suis partie vivre à *Kurumba* après son décès afin de respirer le grand air frais, voir le bleu de la mer et fuir toute la grisaille de cette ville industrielle. Nous avons gagné beaucoup d'argent mais à quel prix…"
Je passai la soirée à essayer de comprendre les différentes conversations mais finalement, ce n'était pas le plus important. Les regarder était déjà fantastique. Ils riaient, parfois même pleuraient en se remémorant des anecdotes avec le mari de Cécile ; ils se disputaient aussi sur la politique actuelle. Toutes les émotions étaient présentes ce soir-là. Et lors de l'arrivée du gâteau, Cécile qui soufflait pour la première fois ses bougies sans son mari, s'écroula en pleurs. Même si elle essayait de sourire, ses larmes coulaient à flots. Une main sur sa cuisse et l'autre lui tenant fermement la main, j'essayais de lui sourire, de la réconforter comme je pouvais sans succomber à mon tour aux larmes. Je ressentais tellement sa tristesse, le centre de ma poitrine était alors en feu.

"Allez Cécile, souffle toute la tristesse qui est en toi et inspire la joie de tes amis, le bonheur d'être ici tous ensemble. Quand tu es prête, on souffle tous avec toi !" C'est ainsi, qu'à *Mount Isa*, j'aidai à souffler les soixante-dix bougies d'une grand-mère éperdument triste de la perte de son défunt mari. Pour autant, selon un proverbe britannique : "mieux vaut souffrir d'avoir aimé que de souffrir de ne jamais avoir aimé".

Cela faisait maintenant deux-mois-et-demi que je voyageais en sac à dos et j'avais l'impression qu'il s'était écoulé au moins deux ans. Le lendemain, je quitterais le fabuleux état du *Queensland* afin de rencontrer celui du Nord. J'avais l'impression qu'une page de mon voyage se tournait afin que je pusse en écrire une nouvelle encore plus exaltante ! J'avais tellement appris sur moi-même grâce à toutes ces rencontres si improbables. La vie me conduisait vers un chemin jusqu'alors jamais emprunté. Je lui faisais confiance, je ne prévoyais jamais rien, ne pensant jamais au futur, seulement à mon présent. Je m'affranchissais de tous les codes afin de mieux assouvir cette quête de liberté, cette joie de vivre. En quête d'identité, de vérité, sans être sûre de trouver les réponses, j'étais à la poursuite d'interrogations existentielles. Ma "pirogue" était bien lancée, prête à descendre de nombreux courants et à s'y laisser entraîner. Elle était maintenant beaucoup plus légère qu'à son départ. Renonçant à tous les superflus, j'étais prête pour voler, pour grandir. Dans cette tranche de vie, je n'étais aucunement capable de m'enraciner quelque part, j'avais juste soif de continuer à découvrir, à vivre comme mon intuition me le demandait. Vivement le lendemain pour vivre de nouvelles aventures !

Vive la vie !

CHAPITRE 3
LE TERRITOIRE DU NORD

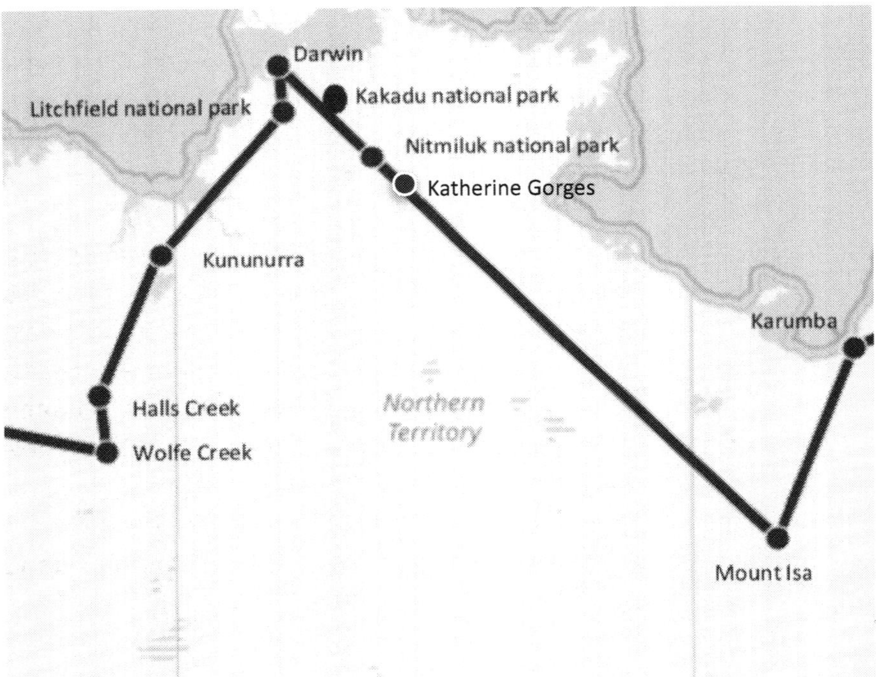

Il était six heures du matin quand mon réveil sonna. Je voulais absolument partir très tôt car, selon mon guide de voyage, j'avais plus de mille trois cents kilomètres à parcourir afin de rejoindre *Katherine Gorges* située tout à fait au nord de l'Australie. Aux dires des convives de la veille au soir, il n'y avait pratiquement aucune ville entre *Mount Isa* et ma destination. Comment imaginer plus de mille kilomètres sans ville ! Eh bien, en Australie, cela semble chose commune. Hariette m'avait conseillé pendant le dîner de commencer le stop à la station de ravitaillement des poids lourds située à la sortie de la ville, endroit privilégié selon elle, afin de trouver le bon véhicule. J'étais toutefois un peu anxieuse. Combien de jours cela allait-il me prendre pour parcourir toute cette distance, où allais-je dormir le soir-même ? En plein milieu du désert ? Je me répétai alors une phrase de mon coach de boxe française : "Le timide a peur avant le combat, le lâche pendant le combat et le courageux après le combat !" Du coup, même pas peur !
Sortie discrètement de la maison afin de ne pas réveiller mes hôtes, je commençai ma course d'orientation en direction de la zone des poids lourds, munie de ma tente, de ma valise et de mon sac à dos. Je n'étais vraiment pas une pèlerine sur le chemin de Saint-Jacques-de-Compostelle! Heureusement, après avoir marché seulement cinq minutes, une voiture que je reconnus très rapidement, s'arrêta à ma hauteur :
"Alors vous partez sans nous dire au revoir, jeune fille !
- Je ne voulais pas vous réveiller, Cécile. Je vous avais dit que je voulais partir tôt.
- Allez, monte, je te dépose à la sortie de la ville.
- Vous prenez l'avion à quelle heure ?
- A onze heures, j'ai encore le temps !
- Je vous ai réveillée, je suis désolée.
- Mais non, à soixante-dix ans on se réveille toujours aux aurores ! Tu verras quand tu auras dépassé la trentaine, tu comprendras !"
La station de ravitaillement était immense, tout comme les dizaines de camions qui faisaient le plein d'essence.

"Je déteste les adieux, je te laisse. Et ne t'inquiètes pas, je suis sûre que tu trouveras rapidement quelqu'un ; de toute façon, ils vont soit à *Alice Springs* soit en direction du nord.
- Infiniment merci Cécile et encore bon anniversaire. Vous êtes une très belle personne, merci pour la robe et pour tous ces moments de partage gravés à jamais dans ma mémoire.
- Arrête de me remercier, ce fut un réel plaisir pour moi. Je t'aime gros comme l'univers, Armonie."
Ces paroles donnaient l'impression qu'une grand-mère s'adressait à sa petite fille. "Parfois une seule parole qui fait du bien est bien meilleure que cent mille discours qui ne servent à rien !" (Bouddha)

Je me retrouvai en plein milieu d'un univers d'hommes. Mini short, bandana sur la tête et armée toujours d'un grand sourire, je fis le tour des camions en demandant aux chauffeurs leur destination finale. Au bout d'une quarantaine de minutes j'en trouvai enfin un qui allait vers le nord. Bizarrement, il ne m'inspirait aucunement confiance. Malgré les trente degrés alors qu'il n'était que sept heures trente, je refusai au dernier moment de monter dans son véhicule préférant écouter ma petite voix intérieure, mon instinct. Il me fallut attendre encore une bonne heure avant de tomber sur une âme, une énergie qui m'attirait beaucoup, il s'appelait, Aaron. Semblant tout droit sorti d'un western, il était le stéréotype même du cow-boy ! Âgé d'une trentaine d'années, brun énigmatique, il portait un grand chapeau, une chemise à carreau rouge, comme tout cow-boy qui se respecte, un jean plutôt moulant et des bottes ! Sans oublier le morceau de bois dans la bouche. Cette singularité m'interpellait grandement. De surcroît, il transportait dans son petit *pick-up*, sept chiens, répartis dans sept cages différentes à l'arrière du camion, les oreilles flottant au vent et les langues pendantes.
Nous commençâmes notre voyage en direction de *Katherine Gorges*, ville où il me déposerait avant de bifurquer pour le grand ouest. Aaron revenait de *Brisbane* où il avait réussi un casting.
"Quel genre de casting ?
- Mes chiens vont tourner dans le film *Australia* avec Nicole Kidman, on commence le tournage dans deux mois. Pendant six mois je vais gagner deux mille dollars par jour!

- Tu es dresseur de chiens ? Les sept chiens vont jouer dedans ?
- J'ai un ranch dans l'ouest avec un grand nombre de bétails, surtout des vaches. J'y rentre là, d'ailleurs. Disons que je comprends bien les animaux et ils m'écoutent assez facilement. Et oui, les sept joueront dedans.
- Tu es l'homme qui parle aux oreilles des animaux en fait ! lui dis-je en riant.
- Je ne leur parle pas beaucoup en réalité, c'est plutôt dans le regard, c'est de la télépathie si tu veux.
Encore une fois j'étais abasourdie sur le fait de rencontrer quelqu'un complètement en accord avec mes pensées et sur mes questionnements au sujet de l'inexplicable...
- La télépathie animale, j'en ai déjà entendu parler mais cela reste complètement flou, invraisemblable mais grandement intéressant et attrayant. Tu pourrais m'expliquer un peu ? Tu dresses tes animaux par la télépathie ?
- En réalité, je ne les dresse pas vraiment. Ils restent toujours libres et cela est à la base de tout. Ce sont eux, mes chiens qui m'ont choisi.
- Comment te choisissent-ils?
- Ils perçoivent nos énergies et s'adaptent à nos vibrations, s'ils le veulent. Pour faire simple, une fois qu'ils se sont mis sur notre fréquence, alors nous, humains, nous sommes attirés aussi par eux. Afin d'entendre l'animal, il faut déjà être en capacité de l'écouter et n'avoir aucun sentiment de supériorité à son égard. Il s'agit donc de communiquer avec un être vivant qui s'est incarné différemment de nous. Avec la répétition, le travail, je me connecte à son âme afin de trouver le canal télépathique.
- Mais il te parle en mots ?
- Pas exactement. Si tu veux, c'est un langage sensitif que ma conscience traduit par des mots. C'est une communication intuitive en réalité.
- C'est passionnant ! Et après avoir établi la communication, tu peux leur demander tout ce que tu veux ?
- Tout ce qu'ils aiment faire, oui. Quand ils voient aussi que ce qu'ils font, me fait plaisir alors ils acceptent aussi plus facilement.
- Donc, ces sept chiens vont être bientôt de véritables stars ?

- Ils le sont déjà à mes yeux mais pour le grand public, à priori oui, bientôt !"
Aaron paraissait très excité lors de l'énonciation de ces dernières paroles. Sa vie semblait pouvoir enfin prendre un autre tournant. Vu l'état de son *pick-up*, il ne devait pas rouler sur l'or mais semblait avoir l'essentiel, il était heureux avec ses chiens. Il paraissait à la fois très proche mais aussi très distant d'eux, comme s'il souhaitait leur laisser leur propre énergie, leur liberté animale. Je ressentis un lien très fort et respectueux entre eux mais cela ne ressemblait aucunement à la fusion que ma mère entretenait avec notre chien qu'elle appelait son fils.
Ainsi, durant cette journée, nous nous arrêtâmes environ toutes les deux heures afin de permettre à chacun des chiens de se promener dans le désert australien et ses cinquante-cinq degrés si difficiles à supporter. Alors que nous roulions à environ cent Kilomètres à l'heure, la chaleur était si forte qu'un pneu éclata ! Aaron réagit tout à fait sereinement. Malgré l'embardée de la voiture en direction du fossé, il rattrapa la direction par un coup de volant sec et rapide, gardant son sang-froid malgré la situation délicate dans laquelle nous étions, au milieu du désert, sous une chaleur écrasante. Il changea le pneu en une bonne demi-heure et nous repartîmes avec le pneu de secours. Pendant que je le regardais faire, ne sachant pas comment changer une roue, je m'évertuai à essayer d'éloigner la centaine de mouches qui volait autour de nous. C'était absolument exaspérant. Je devais laisser constamment une main en activité devant mon visage afin d'éviter d'en avoir sur les yeux ou la bouche. Si au début cela s'avérait plutôt distrayant, au bout d'un quart d'heure, cet amusement se transforma en un agacement véritable. Les joies du désert australien, me disait-il, et de l'État du Nord.
C'est en début d'après-midi que nous passâmes le mémorable panneau de l'État du Nord. Aaron recula alors sa montre d'une demi-heure. En effet, en Australie il existe trois fuseaux horaires et de surcroît, m'expliqua-t-il, certains états passent en heure d'été en octobre et d'autres non. Cela engendre par conséquent une grande complexité. Les paysages traversés étaient toujours très désertiques mais quelle ne fut pas ma surprise quand, soudainement au loin, j'aperçus une effrayante tornade ! Je criai alors en français :

"Un tourbillon Aaron, faisons demi-tour !!!
Il ne comprenait absolument rien bien sûr, mais comprit le sens de ma phrase en regardant mon bras qui indiquait la direction de cet énorme cyclone arrivant droit sur nous, lentement mais sûrement.
- Ne t'inquiètes pas, ce sont des *Willy-Willy*, des petits typhons de sable qui ne sont pas dangereux même quand nous les traversons. Cela va juste nous secouer un peu.
-T'es pas sérieux ! On va passer dedans ?
- Si on a de la chance, oui ! m'annonça-t-il, sourire paisible et son cure-dent dépassant de sa bouche si désirable..."
Ce *willy-willy*, nom donné par les aborigènes, était très impressionnant. Il devait mesurer sept ou huit mètres de diamètre et soixante mètres de haut. J'eus l'étrange sensation de me retrouver dans le film *Twister* réalisé par Jan de Bont. Par chance ou par malchance, je ne sais pas, nous passâmes en plein cœur de ce tourbillon. Les chiens aboyèrent, moi je criai et Aaron rît. La voiture quant à elle, tangua de droite à gauche pendant deux ou trois secondes. Aaron avait appuyé sur l'accélérateur, montant environ à cent-quarante kilomètres à l'heure. Avec du recul, c'était plutôt drôle et très excitant.
La nature australienne était fascinante. Aaron me révéla que ces tourbillons étaient très fréquents dans le désert surtout par beau temps, comme c'était le cas ce jour-là. Nous roulâmes jusqu'à la nuit tombante avant d'arriver chez un ami d'Aaron qui possédait un ranch, me replongeant quelques mois en arrière chez Sue. Il y avait deux maisons, comme chez elle : une somptueuse, certainement celle des propriétaires et une plus petite pour les ouvriers. C'est dans cette dernière que nous entrâmes tout d'abord. Un homme et une femme de mon âge nous ouvrirent. Après avoir parlé avec eux pendant quelques minutes dans un anglais très rapide et pratiquement incompréhensible avec son accent, Aaron me proposa de manger ce que je voulais avec eux ; quant à lui, il reviendrait plus tard. Surprise et étonnée, je m'exécutai. La jeune femme me proposa d'aller me servir dans le frigidaire et partit dehors avec son ami, certainement pour nourrir les bêtes.
L'ambiance de la pièce était assez déroutante. J'avais tellement faim en revanche. Nous n'avions croisé depuis le matin que deux

stations-service où nous avions fait le plein d'essence, pris quelques barres de céréales et de l'eau. J'engloutis du pain, du jambon et deux pommes avant de partir rejoindre les deux apprentis nourrissant le troupeau de vaches. Ils ne m'adressèrent pratiquement pas la parole malgré mes différentes tentatives d'engager la discussion avec eux. Je n'insistai pas et respectai leur besoin de silence et de concentration. Selon un proverbe tibétain, "n'ouvre la bouche que lorsque tu es sûr que ce que tu vas dire est plus beau que le silence". Par conséquent, il est parfois préférable de se taire et de contempler afin de mieux apprendre et d'apprécier le moment à sa juste valeur. Alors que je les regardais silencieusement vaquer à leurs occupations de fermiers en observant leurs gestes sûrs et leur savoir-faire, mon regard s'arrêta sur un horrible crapaud posté non loin de moi. Il était absolument répugnant avec ses verrues recouvrant l'ensemble de son corps de couleur gris jaunâtre. Je me rapprochai quelque peu afin de mieux analyser, avec un certain dégoût certes, cette curiosité de mère nature. J'étais en pleine observation de cet animal, quand la jeune femme blonde me sortit de mes songes en me criant :
"Surtout ne le touche pas, c'est un crapaud buffle, un véritable nuisible ici. Si l'un des chiens d'Aaron le lèche, il peut être paralysé en quinze minutes !
- Vraiment! C'est dingue toutes ces espèces dangereuses en Australie !
- Pour le coup, ce crapaud n'est pas australien. Ce sont les Américains qui l'ont importé d'*Hawaï*, afin de combattre une invasion de scarabée dans le *Queensland*. Véritable échec en plus. Ces crapauds ne sautaient pas assez haut pour manger les scarabées. En revanche, aujourd'hui, c'est un réel prédateur pour nos serpents, les marsupiaux, les lézards et même les crocodiles. Les autorités ne savent toujours pas comment l'éradiquer.
- Comment est-ce possible ? Ses verrues contiennent une espèce de venin ?
- En fait, dès sa naissance c'est un tueur ; têtard, il tue même les poissons qui le mangent. Quand il arrive à l'âge adulte effectivement, c'est par ses glandes remplies de venin qu'il tue ses proies.

- C'est fou, ce sont les Américains qui ont importé cet animal dangereux ?
- Oui, ils ont emmené avec eux des chiens, des chats mais aussi des chameaux et bien d'autres encore. Malheureusement, beaucoup de ces animaux expatriés sont responsables de la disparition de dizaines d'espèces de mammifères endémiques.
- J'ai l'impression de parler avec une véritable scientifique. Tes connaissances encyclopédiques m'impressionnent grandement.
- J'ai un master en sciences animales. Je fais ce travail à la ferme pour payer mes études.
Nous étions donc en plein cours de zoologie quand Aaron arriva enfin. Il semblait contrarié.
- Tout va bien, Aaron ?
- Oui, allez, on s'en va !"

Moi qui pensais que j'allais planter ma tente dans ce champ de crapauds-buffle, j'étais finalement non mécontente de repartir mais me demandais toutefois où nous allions dormir cette nuit-là. Il était déjà vint-et-une heures passées. Certainement télépathe avec les humains aussi, Aaron m'expliqua qu'il devait rejoindre sa ferme le lendemain après-midi au plus tard et que par conséquent, nous serions sur la route toute la nuit.
- Tu vas tenir ? Nous sommes partis depuis huit heures ce matin tout de même !
- *No worries mat* ! lança-t-il. Réponse par excellence de tout Australien.
- Je peux conduire si tu veux aussi ?"
Son silence et son sourire furent sa réponse à ma question. Il est vrai qu'un silence est souvent un argument très difficile à réfuter.
Sans musique puisque le poste de radio ne fonctionnait pas, fenêtres ouvertes en l'absence de climatisation dans son *pick-up*, nous avons avalé les kilomètres sereinement pendant toute la nuit. J'adorais ce voyage qui ressemblait étrangement à une grande méditation. Nous n'avions croisé que très peu de voitures depuis le matin, plongés au milieu de cette immensité ; les longs silences d'Aaron me rapprochaient paradoxalement de lui. Souvent certains couples ont peur des silences pendant les repas ou pendant leurs journées de temps libre partagé. Or, si certains silences sont assu-

rément pesants, d'autres, comme ceux naissants très souvent avec Aaron, semblaient énergétiques, relaxants et apaisants. Quelles sensations étranges, j'étais avec un parfait inconnu et pourtant, je me sentais en totale sécurité en sa compagnie. Quant à lui, à l'image de sa relation avec ses chiens, il ne me montrait rien et semblait même distant. Seuls ses sourires et son énergie témoignaient du contraire. En effet qu'importe la langue utilisée, un sourire exprimera toujours la même chose. L'amitié ou même l'amour se manifestent beaucoup plus intensément en n'usant d'aucun mot.

Il était trois heures du matin quand nous arrivâmes enfin à *Katherine Gorges*. Le *pick-up* garé sur un terrain vague à l'entrée de la ville, il me demanda de sortir mon duvet et de m'installer à côté du camion pour dormir quelques heures. L'herbe était plutôt moelleuse, sans trop de cailloux et au regard de la température douce, je n'avais pas nécessité de sortir ma tente. Je m'installai ainsi à la belle étoile à côté des sept chiens, incontestables gardes du corps contre tout prédateur éventuel. Aaron quant à lui, était resté sur son siège conducteur, jambes tendues sur l'espace passager, chapeau abaissé sur les yeux et cure-dents toujours en place. Ce personnage me fascinait et me charmait malgré lui. Après des remerciements à mon ange gardien, je pense qu'il ne me fallut que quelques secondes avant de plonger dans un appréciable sommeil récupérateur.

Il était six heures précises quand Aaron me secoua l'épaule d'une manière très peu délicate. Une bonne minute me fut nécessaire pour comprendre où je me trouvais et pour réaliser que j'étais dans mon duvet à côté de sept chiens, allongée sur un petit parking. Je pris conscience que j'avais atteint mon objectif de la veille. J'étais arrivée en pratiquement vingt-quatre heures à *Katherine Gorges* ! Soit à plus de mille trois cents kilomètres de *Mount Isa*.

Aaron me fit signe de monter dans le *pick-up*.

"Je dois reprendre la route pour l'ouest Armonie, je te dépose si tu veux, au camping de la ville, c'est mon cousin qui est le patron. Ça te dit d'aller poser ton sac là-bas ? Il pourra t'expliquer ce qu'il y a à faire et à voir dans les alentours.

- Parfait ! C'est ton cousin, le patron ?

- Oui mais nous ne sommes pas très proches, on ne se parle pas beaucoup."
A priori cela ne me surprenait pas vraiment qu'Aaron ne soit pas très bavard, même avec sa famille. Cela faisait partie du personnage...

Le camping ressemblait à un vaste parc. Le bureau d'accueil n'ouvrant qu'à huit heures, Aaron me montra un endroit fort agréable où poser ma tente, qui donnait sur une vue mêlant savane et désert. Le lever du soleil venait certainement de se terminer car la lueur de l'aube était encore admirable, chargée d'un nuancé de couleurs allant du jaune-feu au rouge passionnel. L'atmosphère chargée encore une fois d'un silence envoûtant, nous fixâmes tous deux l'horizon, comme hypnotisés par mère nature. Malgré moi, je brisai cet instant en tournant légèrement ma tête vers lui afin de capter son regard et à cet instant précis, le son d'une cigale retentit.
"*Katherine Gorges* t'accueille, Armonie !
- Pourquoi me dis-tu ça, Aaron ?
- Parce que *Katherine Gorges* n'est qu'à quelques kilomètres du célèbre parc national *Nitmiluk* signifiant en aborigène, "l'endroit des cigales". Tu vas pouvoir visiter ses dizaines de gorges grandioses, ses cascades majestueuses, sa flore et sa faune abondante.
- L'endroit des cigales est un très joli nom.
- Effectivement, la cigale pour les aborigènes, est associée au changement complet de l'être et véhicule un message de nouveauté. Elle nous encourage à renaître et à nous envoler vers notre véritable destinée.
- Belle métaphore. Je dois avouer que je n'ai pas beaucoup de connaissances sur les cigales qui sont présentes surtout dans le sud-est de la France et donc bien loin de la région parisienne.
- De tous les insectes, la cigale est celui qui vit le plus longtemps, soit entre quatre et dix-sept ans et de ce fait, elle est aussi un symbole de longévité.
- Dix-sept ans ! Stupéfiant! C'est pourtant si petit. Comment fait-elle pour vivre si longtemps ?
- En réalité, elle vit pratiquement toute sa vie sous terre et c'est seulement à l'âge adulte, au stade dit de maturation, de sagesse,

qu'elle peut rejoindre l'air, pour environ quatre à six semaines afin de se reproduire et chanter l'été avant de s'éteindre.
- C'est fort poétique. C'est surprenant comment les aphorismes de la nature sont multiples pour qui veut bien prêter attention à tous ces clins d'œil qu'elle nous adresse en permanence.
- Tu as raison, c'est pour cela que je prends beaucoup plus de plaisir à communiquer avec les animaux qu'avec certains êtres humains me répondit-il, avec un grand sourire et un regard si troublant que des frissons m'envahirent. Il se rapprocha de moi tout en continuant de me transmettre ses connaissances sur la cigale. Les aborigènes aiment à dire qu'écouter une cigale nous aiderait à mieux entendre et surtout mieux comprendre notre propre voix intérieure, notre sixième sens, afin de nous aider à réaliser nos désirs les plus sincères.
- Tu as un désir ou un rêve qui te tient à cœur, Aaron ?
- Oui, celui de rendre heureux mes chiens."
A vrai dire je ne m'attendais pas à cette réponse mais encore une fois, venant d'Aaron, c'était un rêve tout à fait en adéquation avec sa vie. Son rêve dévorait sa vie à chaque instant alors que pour la plupart des êtres humains, c'est usuellement et malheureusement la vie qui dévore leurs rêves.
- Tu vois Armonie, j'aime beaucoup la dichotomie de la cigale. Elle chante son amour le jour lors des chaudes journées ensoleillées et alterne avec un silence profond la nuit où elle en profite pour méditer sur cet amour de la lumière et de la chaleur si intense mais qui causera pourtant sa perte quelques semaines plus tard. Son passage de la terre à l'air, symbole du passage à l'âge adulte a pour conséquence un profond bouleversement physique, véritable changement de paradigme qui la conduira à l'amour mais à la mort aussi.
- Tu me fais un remake de Shakespeare !
- En réalité, je pense que tout animal peut être la source d'une grande philosophie. Juste pour terminer ma pensée et on file à la douche car je pense qu'on sent aussi mauvais que mes chiens ! Consciente du parfum que dégageaient mes vêtements, j'acquiesçai en éclatant de rire. Pour conclure, les aborigènes font de la cigale un animal totem, symbole des couples complémentaires lumière-obscurité, soleil-lune ou le fameux bien-mal.

- Je suis gémeaux cela pourrait coïncider avec la cigale !
- Allez, à la douche puis petit-déjeuner et neuf cents kilomètres m'attendent pour rejoindre *Halls Creek* où tu seras la bienvenue, bien sûr si tu veux, quand tu rejoindras le grand ouest, Armonie.
- Mais avec un grand plaisir, Aaron !"
C'est après une merveilleuse douche chaude et un café qu'Aaron prit le temps de me faire avec son réchaud (même si habituellement, je n'aimais pas le café), accompagné de trois superbes mangues fraîchement cueillies par nos soins, que nous rejoignîmes le hall d'accueil toujours fermé. Nous passâmes alors par l'arrière où Aaron sonna à la porte. Ce fut son cousin qui ouvrit, je le compris à leurs nombreux traits communs. Aaron me présenta comme une amie proche et lui demanda de m'aider à découvrir les environs. Ce cousin ne m'inspirait pas du tout confiance. Son regard aussi perçant que celui d'Aaron suscitait pourtant, à l'antithèse de lui, crainte et méfiance.
Il était sept heures trente quand je fis mes dernières caresses aux sept chiens et mes adieux à Aaron. Je le remerciai pour son aide, ces nombreux partages d'instants trépidants et les connaissances apportées.
"Je remercie encore le hasard de la vie pour t'avoir mis sur mon chemin, Aaron. Tu mérites d'avoir décroché ce casting. Ton amour pour les animaux est unique et cette communication "magique" est extraordinaire. J'espère sincèrement pouvoir te revoir dans l'Ouest.
-Je ne crois pas au hasard, Armonie. Mon ami aborigène me dit souvent que le hasard serait le surnom de dieu quand il ne veut pas signer. En tout cas, voici mon numéro, n'hésite surtout pas à m'appeler un jour ou deux avant d'arriver à *Halls Creek*. Cette ville sera forcément sur ton chemin si tu comptes rejoindre notre merveilleuse côte ouest."
Il me donna une longue accolade comme de coutume en Australie que je me permis de transformer en bises amicales à la française. J'obtins en retour une petite rougeur sur ses joues qui me fit sourire et les miennes prirent aussitôt cette même couleur passionnelle. Alors que je regardais le *pick-up* partir, un pincement au cœur, chargé d'une réelle nostalgie envahie tout mon être. En vingt-

quatre heures, j'avais réussi à m'attacher à lui, à sa personnalité et à sa bulle de vie. Encore une fois et comme à chacune de mes rencontres, j'avais l'impression d'approcher des personnes uniques et d'une gentillesse qu'il me serait impossible de retrouver. Chacune de ses personnes était adorable, attachante et le plus déroutant, semblait tournée vers la spiritualité, les énergies ou ce que l'on appelle communément le monde invisible, si intéressant à mes yeux. Ce qui était aussi étonnant, c'était la nonchalance de leur approche face à cette puissance qui malgré nous, se trouve à l'intérieur de chacun de notre être. Si à Paris il était très fréquent de croiser en soirée des gens qui se disaient spirituels sous prétexte de lire des œuvres sur la spiritualité, ici, j'avais l'impression de faire connaissance avec des personnes mystiques dont la vie reflétait aussi leurs croyances, leurs actions étant beaucoup plus convaincantes que n'importe quel discours si souvent soporifique.
De retour à ma tente, je m'accordai une petite demi-heure de méditation afin de récupérer de cette nuit peu commune. Il me fut très difficile de ne penser à rien. Faire le vide m'était impossible, le visage d'Aaron envahissait ma tête. J'avais réussi à avoir un réel coup de cœur pour lui alors que quelques jours auparavant j'étais plongée dans les douces caresses d'Anita. Était-il possible d'enchaîner ainsi les passions, qui plus est de sexe opposé ? A priori, j'arrivais à éprouver des sentiments qui semblaient encore au-delà de l'amitié pour un homme. Je dois avouer que cela n'était pas pour me déplaire ! J'en conclus que la passion et même certainement l'amour ne devait pas s'arrêter au frontière d'un sexe.

Il était aux alentours de neuf heures quand je décidai de partir du camping afin de rejoindre le parc national de *Nitmiluk* plus communément appelé les gorges de *Katherine*. Je n'avais pas eu l'envie de repasser voir le cousin d'Aaron pour prendre des informations : son énergie incommodait bizarrement mon plexus solaire. Je ne me l'expliquai pas mais comme il n'était pas dans mes habitudes de faire des choses que je n'ai pas envie de faire, je partis juste armée de mon sac à dos, d'un maillot de bain, de bonnes baskets et de mon fameux *Lonely planet*. Apparemment, le parc se situait à une trentaine de kilomètres de la ville. Il me fallut trouver une voiture pour sortir de *Katherine* puis une autre pour me déposer à l'intersection de la route menant au parc et une dernière pour traverser les dix derniers kilomètres plongés dans la forêt, avant de me retrouver devant l'embarcadère de location de kayaks. En effet, découvrir les treize gorges de *Katherine* en kayak me paraissait être le moyen le plus efficace pour m'éloigner des foules et surtout la manière la plus authentique afin d'admirer la splendeur de ce site. Le propriétaire des kayaks m'informa qu'il y avait des crocodiles d'eaux douces mais qu'ils étaient tout à fait inoffensifs.

"Vous pouvez vous baigner mais toutefois, ne vous amusez pas à aller les toucher.

- Je crois sincèrement que je ne vais pas me baigner, monsieur!"

Courageuse, certes mais pas téméraire la fille de banlieue parisienne face à un crocodile ! Cela signifiait-il que j'allais peut être enfin voir un crocodile dans son élément naturel ? Pendant environ trois heures, je pus m'exalter devant les trois premières gorges de *Katherine* sur son fleuve éponyme. Entre chacune des gorges, il me fallut porter mon kayak pendant quelques mètres afin de passer les barrières rocheuses naturelles. C'était physique mais très récréatif et grandiose. Qui plus est, il n'y avait que très peu de monde sur la rivière : le paradis ! Si je ne voulais pas voir d'êtres humains, je cherchais en revanche désespérément quelques écailles ou yeux globuleux mais en vain. Je crois en réalité que j'avais certes l'intention forte d'en apercevoir un mais sans doute, ma peur de retrouver à côté de mon kayak une de ces créatures du temps des dinosaures était-elle beaucoup plus forte et empêchait mon souhait de se réaliser. En effet, en comparaison avec mes demandes auprès de mon guide ou mon ange gardien, même si je souhaite ardemment les entendre ou même les voir, tant que la peur instillée par tous les films d'horreurs visionnés avec les copines quand j'étais petite, hantera toujours mon esprit, je pense qu'ils ne voudront pas se présenter à moi par crainte de m'effrayer. Pourtant, refuser d'affronter ses peurs marque assurément nos propres limites. Pour cette raison, je m'obstinais délibérément à scruter les berges et notamment celles remplies de nénuphars, paradis aquatiques pour ces derniers. Ces nénuphars d'ailleurs me fascinaient. J'avais beaucoup lu sur eux en m'instruisant sur l'hindouisme pendant mes cours d'histoire au lycée. Cette religion m'attirait, je ne sais pourquoi si l'on considère la

cruauté de ses castes. Symbole de l'Inde, la fleur nationale était habituellement donnée en offrande aux multiples dieux. Si on prend le temps de découper le mot NE NU PHAR, on constate que celui-ci signifie "né pour guider".
Alors que je contemplais sa magnifique fleur rose en forme de lotus, un chant de cigale vint se mêler à cet instant d'une beauté indescriptible magnifiant une énergie palpable. Cette cigale poétisait le nénuphar et semblait être son homologue symbolique. En effet, à l'image de la cigale, cette plante aquatique, célébrée par Claude Monet dans plus de trois cents toiles, après avoir puisé les ressources de son épanouissement dans la boue des eaux troubles marécageuses, fait jaillir sa fleur au-dessus de l'eau, tel l'éveil de l'âme ou des corps subtils au-dessus du corps physique. C'est donc le passage à l'accomplissement de l'être qui fait évoluer la cigale ou le nénuphar à l'élément air. C'est étonnant comme cette métaphore avec la faune et la flore correspond strictement à l'évolution de l'être humain qui, une fois enraciné, peut espérer s'élever et atteindre enfin son accomplissement personnel.
Je fus sortie de mes songes par un bateau électrique conduit par un garde de la réserve. Je lui fis signe de s'approcher de mon humble embarcation. En effet, en ayant loué le kayak pour trois heures et n'étant seulement qu'à la troisième gorge, je souhaitais lui demander si la quatrième était d'un accès facile et quelle heure il était exactement.
"En quoi puis-je vous aider mademoiselle ?" me demanda-t-il.
L'homme d'une quarantaine d'années était un aborigène à la peau noire très foncée et aux yeux enfoncés ; il avait les cheveux longs et raides. Il m'expliqua d'un ton agacé mais courtois que la quatrième gorge était accessible après un bon quart d'heure de marche avec son kayak. Il ajouta également qu'il était déjà presque quatorze heures. Dommage, c'était l'heure à laquelle je devais rendre mon kayak sous peine de devoir payer quinze dollars de supplément. L'air ennuyée, je lui demandai avec un sourire aussi grand que le chat de *Cheshire* dans Alice aux pays des Merveilles de Lewis Caroll, s'il pouvait me remorquer jusqu'à l'embarcadère des kayaks. A priori, habitué à ce type de question, il acquiesça d'un

signe de tête et m'envoya une corde afin d'amarrer mon kayak à son bateau.
Une fois à ses côtés, j'essayai d'engager la conversation mais à ma grande déception, il n'était pas du tout réceptif à mes questions. J'avais réellement l'impression de l'ennuyer. Son regard était déstabilisant : il mêlait la froideur à l'agacement et à la colère malgré une gentillesse qu'il ne semblait pas contrôler. Je compris alors que cela ne servait à rien d'insister et espérai que la vie mit un jour sur mon chemin un aborigène qui acceptât de m'expliquer sa culture et surtout sa vision sur les Australiens, colons exterminateurs de leur population. Cette première rencontre m'incitait toutefois à penser que leur relation à l'homme blanc ne devait pas être très fusionnelle et j'imagine, à juste titre.

Malgré trente minutes de retard, le loueur de kayak fut très clément et ne me demanda aucun dollar supplémentaire. J'abusai encore de sa gentillesse en lui demandant de me conseiller la partie du parc la plus agréable à visiter à pied. Il m'indiqua la direction des chutes d'eau *d'Édith*, célèbres pour leurs bassins et leurs cascades. A priori, je n'avais qu'une dizaine de kilomètres à parcourir à pied pour y accéder. Il me suggéra fortement toutefois de me munir d'au moins trois litres d'eau, au regard des températures dépassant très largement les quarante degrés au soleil. Il est vrai que si je ne souffrais habituellement pas des fortes chaleurs, je devais m'avouer qu'il faisait excessivement chaud. En possession de trois bouteilles d'eau, mon bandana judicieusement mouillé dans le lavabo des toilettes, j'empruntai le sentier du nord, menant aux *Ediths Falls* et à sa *sweetwater pool.*
Le balisage uniquement marqué sur la végétation souvent peu visible, la randonnée s'avérait difficile à suivre. Il était très facile de se perdre dans cette immensité rocailleuse, sous ce soleil accablant. Après une heure d'ascension ou je mêlais course sur les zones plates et marche dans les nombreuses montées, un hélicoptère sorti de nulle part s'approcha étrangement de moi. "Ce n'est pas possible, il ne me cherche pas, quand même ?" pensais-je. Au bout de quelques minutes d'approche, je compris qu'il voulait réellement rentrer en communication avec moi. Le pouce levé, le passager de l'avion tentait de me demander si tout allait bien. J'étais tellement

étonnée que je mis quelques secondes à comprendre pour finalement lui répondre pouce levé à mon tour, que oui. Il repartit ensuite sillonner de nouveau l'immense parc. Hallucinant, ils prennent des nouvelles des gens par hélico... Il est vrai que je n'avais croisé personne sur le sentier. Novembre, l'un des mois les plus chauds dans le nord où les températures pouvaient atteindre cinquante degrés, devait probablement décourager de nombreux touristes.
Après une heure trente de balade, j'atteignis une vaste piscine naturelle. Le paradis ! Il y avait juste une famille aborigène dont les deux enfants s'amusaient avec une chambre à air de camion. Leur père que je rejoignis très rapidement, escaladait les parois de la cascade et s'amusait à sauter et plonger. Je passai tout le reste de l'après-midi avec lui, à expérimenter de nombreux sauts jusqu'à une hauteur de douze mètres. Le rêve !
Quand ils décidèrent de partir, mon intuition me poussa à leur demander s'ils ne retournaient pas en direction de *Katherine*. Encore une fois, écouter pleinement mes sens, me permit de rentrer en voiture d'*Edith Falls* à mon camping. A l'intérieur de leur 4x4, un drapeau sur le rétroviseur m'interpella. Je ne pus m'empêcher de leur demander quel pays il représentait. C'est alors le jeune garçon, âgé d'une dizaine d'années qui me répondit en premier que c'était le drapeau des aborigènes. Le père acquiesça en m'expliquant que le bandeau noir dans la partie supérieure représentait le peuple aborigène. Le bandeau rouge dans la partie inférieure traduisait l'image de la terre sur laquelle les aborigènes marchent et enfin, le disque jaune en plein centre était l'allégorie du soleil, l'élément qui donne la vie. Il ajouta que ce drapeau était le symbole de la lutte pour leur droit à la terre, ce bien qu'on leur avait volé jadis. Je n'osai donc plus poser d'autres questions sentant un malaise se glisser au sein de la voiture. Je changeai rapidement de sujet en le remerciant de m'avoir montré tous les plongeons qu'il était possible de faire dans le bassin.
Ainsi peu avant le coucher de soleil, je rejoignis ma petite demeure, ma chère tente. Le monde de la nuit s'offrit rapidement à moi après avoir savouré un maigre repas et remercier mon guide spirituel que je sentais chaque jour de plus en plus présent à mes côtés. Je crois que vivre en pleine conscience avec mes cinq sens me permettait

d'activer mon sixième sens, celui de la perception, véritable porte d'entrée vers le monde invisible, beaucoup plus grand que notre monde matériel.

DARWIN

Je fus réveillée très tôt par la pluie battante sur ma tente qui n'était pas équipée d'un sur-toit et qui par conséquent, était parfaitement perméable ! Avant que toutes mes affaires ne soient trempées et moi-même par la même occasion, je décidai de me lever et de ranger tous mes sacs. Si la veille, le thermomètre avait dû atteindre certainement les cinquante degrés au soleil, ce jour-là ressemblait à une autre saison. C'était ma première expérience de pluie en Australie et je dois avouer que cette sensation de fraîcheur n'était pas pour me déplaire. La veille, je n'avais pas réussi à me décider quant au prolongement de mon séjour dans les gorges de *Katherine* mais cette météo arbitrait pour moi. Ainsi, après mon petit déjeuner très succinct, se résumant à un bol de thé et une barre de céréale, je décidai de reprendre le stop, direction le nord et sa célèbre capitale aborigène, *Darwin*. D'après mon *Lonely planet*, je n'étais qu'à trois cents kilomètres de cette ville la plus peuplée du territoire du nord mais paradoxalement, l'une des plus petites. Nous étions mi-novembre et le début de la saison des pluies arriverait deux ou trois semaines plus tard, il était donc impératif que je découvre cette fascinante région avant l'apparition des pluies diluviennes dont je venais d'avoir un petit aperçu ce matin.

Alors qu'il pleuvait sur la route nationale principale de *Katherine* et que huit heures venaient à peine de sonner au clocher de l'église, se déroula devant mes yeux, un marathon ! C'était très amusant, je faisais du stop, accompagnée de ma valise rouge, ma tente et mon sac à dos, entourée de coureurs faisant des allers-retours de dix kilomètres dans la ville. Après de longues minutes d'observation des coureurs et sans aucun arrêt de voiture, complètement trempée, je décidai d'arrêter abruptement une voiture en me positionnant en plein milieu de la voie. C'était osé mais attendre sous cette pluie battante était très inconfortable. Un *pick-up* blanc s'arrêta devant

moi. La fenêtre côté passager s'ouvrit, laissant apparaître un couple d'une bonne soixante d'années.
"Maman, qu'est-ce qu'elle veut la jeune fille ? prononcé en français.
- Vous êtes Français ! Enchantée !
Je n'avais pas fini ma phrase que la petite dame descendit de son immense 4x4 et m'ouvrit la porte en m'aidant à installer tout mon bazar sur la plage arrière. A côté de moi, deux gros chiens très mignons exhalant le délicat parfum du chien mouillé, étaient tranquillement allongés.
- Bonjour jeune fille ! Alors une Française qui choisit de faire du stop un jour de pluie, c'est assez peu commun. Enchanté, moi c'est Roger.
- Roger, comme le prénom de mon grand-père. Enchantée ! Merci de m'avoir ramassée et désolée de m'être postée en plein milieu de la route. Je n'en pouvais vraiment plus de cette pluie !
- A vrai dire, on pensait vu de loin, que vous étiez une supporter des coureurs. Vous voulez aller où ?
- En direction de *Darwin*, je pense.
- Vous pensez, vous n'en êtes pas sûre ?
- Disons que c'est un objectif mais je laisse la vie décider du temps qu'il me faudra pour y aller. Je ne savais absolument pas pourquoi ces mots étaient sortis de ma bouche et il me semblait ne pas avoir décidé de les prononcer.
- Écoute, nous rentrons chez nous à environ deux heures d'ici dans la région de *Daily river*, c'est sur le chemin de *Darwin*, on peut donc te déposer là-bas si tu veux.
- Super, merci infiniment !"
Comme l'indiquait leur accent, ce couple était originaire de Bretagne, plus précisément du Morbihan, région de mes grands-parents. Quelle coïncidence. Nos conversations tournèrent tout d'abord sur les différentes villes et villages que nous connaissions en commun en Bretagne. Cela faisait plus de dix ans qu'ils avaient quitté la France.
"Elle ne vous manque pas cette France après dix longues années ?
- A part le fromage, pas du tout ! Ma femme cuisine tellement bien, nous avons notre pain maison, nos pâtisseries bretonnes, même nos

amis sont venus nous rejoindre il y a maintenant un an, pour leur retraite. Ils sont désormais nos voisins. Nous possédons donc l'amitié, la bonne nourriture et pour ma part, j'ai l'amour de ma vie à mes côtés ! dit-il en regardant sa femme, un grand sourire aux lèvres.
- En Bretagne vous n'aviez pas cela ? Quelle est la différence entre vivre en Australie et habiter en France ?
- La différence, c'est qu'ici, il n'y pas de Bretons aussi têtus que nous ! dit-elle en s'esclaffant. Non, plus sérieusement, c'est de ma faute ou plutôt c'est grâce à moi. C'était mon rêve de jeune femme de venir explorer l'Australie. Pour mes cinquante ans, Roger m'a offert un mois d'exploration en camping-car autour de cet immense continent et nous sommes tombés littéralement amoureux de cette région du nord. De plus nous aimons beaucoup l'Asie et *Darwin* se trouve aux portes de ce continent fabuleux."
Après deux heures de route qui passèrent à vive allure et face au panneau *Darwin* annoncé à cent kilomètres, Odile et Roger m'invitèrent à venir découvrir leur habitat qui n'était qu'à vingt minutes de détour de mon chemin. Selon leurs descriptions, leur maison était plongée au cœur de l'*Outback* du grand nord. C'est naturellement avec joie, que j'acceptai leur proposition. Effectivement, ils ne m'avaient pas menti. Leur demeure ou plutôt leur hangar réaménagé en bâtisse chaleureuse, était spectaculaire. Pour autant, le plus impressionnant était leur terrain de cinq cents hectares.
La pluie s'étant arrêtée, Roger me fit découvrir sa parcelle de terre ou plutôt son terrain de jeu, en *pick-up* ! Une vraie partie de rodéo au regard de la multitude de trous jonchant le sol. C'était très divertissant. Il me proposa ensuite de l'aider à mettre de l'engrais au pied de ses manguiers. Il en avait deux mille cinq cents. Il conduisit le camion tandis que, de l'arrière du pick-up, je balançai l'engrais à l'aide d'une pelle. Ce travail de fermier était intéressant mais très physique. Aucunement besoin ensuite d'une séance de sport. En fin d'après-midi, Roger me présenta un voisin d'origine grecque chez lequel il allait chercher ses citrons et ses fruits de la passion. Tout le monde, dans les environs, semblait vivre de ses propres productions agricoles. Comme en Bretagne d'ailleurs.

Il était l'heure de l'apéritif quand nous retrouvâmes Odile qui nous servit très rapidement des bières, du saucisson et des olives.
"J'ai préparé ton lit, Armonie. Tu ne vas pas retourner faire du stop sur les routes à cette heure-ci !
- Merci Odile, c'est très gentil de votre part. Infiniment merci."
Après une dizaine de minutes, leurs voisins mais surtout amis bretons, vinrent nous rejoindre pour dîner. Ils étaient accompagnés de leurs amis du sud, venus passer leurs vacances en terre australienne. Nous étions alors sept convives à festoyer comme le remarqua Odile qui adorait ce nombre, représentant nos sept chakras.
"Tu t'intéresses aux chakras, Odile ? lui demandai-je en sautant sur l'occasion. Tout le monde sourit à ma remarque.
- Oui, je m'y intéresse beaucoup, je coupe le feu et suis guérisseuse à mes heures perdues."
Je n'arrivais pas à y croire, comment était-ce possible ! Cette nouvelle rencontre m'aiguillait encore sur ce monde invisible qui m'interrogeait tant.
Alors que je lui relatais succinctement toutes mes rencontres et leurs points communs, elle m'expliqua que tant que je vibrerais sur cette fréquence de quête d'énergie et de réponses, la vie mettrait de plus en plus souvent sur mon chemin, des personnes pouvant m'aider à trouver ce que je cherche.
"Dans un voyage, ce n'est pas tant la destination qui compte, Armonie, que le chemin parcouru et surtout tous ses détours. Tu pourras réaliser dix fois le tour du monde mais tant que tu n'auras pas fait le tour de toi-même, que tu ne seras pas descendue au plus profond de toi, tu ne pourras pas t'élever. Voltaire et Gandhi que j'affectionne tant, expliquent tout cela dans leurs nombreux ouvrages.
- C'est très beau ce que tu dis Odile. Je suis entièrement d'accord avec toi mais je ne sais pas pourquoi, j'ai une telle soif de découvrir ce pays ou surtout de rencontrer sa population, c'est plus fort que moi, cela devient même un besoin, une passion. Je me nourris tellement de toutes ces rencontres si irréelles parfois. Même mes rêves n'arrivent pas à créer de si belles rencontres. Alors oui, je pense qu'il n'est pas nécessaire de voyager à l'autre bout du monde

pour se découvrir mais, pour ma part, j'ai vraiment l'impression que je dois le faire.
- C'est normal, tu es jeune, tu as besoin d'apprendre. La vie reste le meilleur de tous les professeurs. Alors continue. Écoute ton cœur qui seul, sait. Écoute le silence quand tu fais du stop, ce silence qui te permettra d'aimer être en ta propre compagnie. Cette solitude, dont tu sembles avoir besoin, me souffle-t-on, t'es nécessaire afin d'entendre penser ton âme.
- Qui te souffle ? Tes mots sont percutants Odile et résonnent justement en touchant mon âme.
Roger ne permit pas à sa femme de répondre et me kidnappa de la table en prétextant que c'était l'heure idéale, vingt-trois heures, pour partir à la chasse.
- A la chasse à quoi ?
- A la chasse aux cochons, Armonie. Ceux qui veulent venir, suivez-nous !"

Seul l'ami de ses voisins bretons vint avec nous. Les deux hommes étaient à l'avant du *pick-up* ; quand moi, debout derrière, je m'agrippais fermement d'une main tout en tenant de l'autre, un énorme spot afin d'éclairer le champ. C'était une expérience hors du commun. Nous allions de surcroît très vite. Si Roger avait soixante ans largement passés, on aurait dit un jeune adulte de mon âge. Ainsi, seuls ceux qui ont peur de vieillir deviennent vieux. Malgré les quelques verres de vin rouge, il restait très concentré et agile. Il connaissait bien entendu les moindres trous, les moindres manguiers délicats à contourner et sa conduite experte était impressionnante.
Soudain, il s'arrêta net, pris son fusil déjà chargé et tira sur une famille de cochons sauvages courant à vive allure. Je fis une prière pour qu'ils les manquent mais cette dernière ne fut point écoutée. Vraiment très adroit, il avait tiré au centre de la tête du plus gros cochon qui à cause de son obésité, courrait sans doute plus lentement que les autres. Ils le portèrent à l'arrière du *pick-up*. Roger s'était toutefois assuré auparavant de sa mort, en lui frappant un violent coup à la tête avec sa matraque. C'était horrible. Je ne pus observer que la phase d'élan du bras préférant tourner la tête pour l'atterrissage. Nous rentrâmes au hangar, les hommes fiers de leur

butin et d'eux-mêmes. Le cochon fut entreposé au sous-sol où l'air était frais, avant d'être dépecé le lendemain, congelé et partagé avec les voisins de Roger.
Il était minuit passé quand je rejoignis la salle de bain. Quelle ne fut pas ma surprise quand, à l'intérieur de la douche, je vis une petite grenouille vert fluo aux pattes rouges. Vêtue alors simplement d'une serviette, je sortis rapidement rejoindre mes hôtes. Odile m'expliqua que c'était une rainette. Inoffensive, elle sortait surtout la nuit pour chasser les insectes. Novembre étant une saison très chaude, elle cherchait la fraîcheur dans les douches et parfois même dans les toilettes. En effet, s'ils oubliaient de rabaisser la cuvette, ils leur arrivaient très souvent de retrouver ces petits êtres verts dans leurs toilettes.
Quelle journée riche en émotions, pensais-je encore une fois en me couchant. J'effectuai une nouvelle gratitude envers la vie avant de sombrer rapidement dans un sommeil profond.

Le lendemain, à l'aube, j'entendis Roger et Odile dans la cuisine savourant leur petit déjeuner. Alléchée par le doux parfum du pain, je sortis de ce lit si confortable. Odile avait préparé du pain et des brioches. Quelle gentillesse. Elle me rappelait tant la douceur de ma grand-mère. Pour tout dire, j'avais l'impression d'être plongé dix années en arrière chez mes grands-parents. Ces instants étaient savoureux. Je me sentais en famille. Cela me rappela qu'il y avait près d'un mois que je n'avais pas eu mon père au téléphone. Il faudrait absolument que je l'appelle de *Darwin* car même si je donnais très régulièrement des nouvelles via mon blog de voyage créé avant de partir, il serait bon que j'appelle ma famille un peu plus souvent. Je devais m'avouer pourtant que je n'en ressentais pas le besoin. Cela était peut être la conséquence de toutes ces rencontres amicales si fortes, m'apportant un lien familial de substitution. En effet, ces amitiés pourtant éphémères, semblaient nourrir mon âme en laissant des empreintes éternelles au fond de mon cœur.
"Armonie, si tu veux ce matin, on t'emmène découvrir les célèbres sources chaudes de la région, les *Douglas Hot Spring*. Elles sont à dix minutes d'ici. Nous y allons très souvent car elles auraient de très bonnes vertus pour les os et la circulation du sang.

- C’est vrai que j’ai lu quelque chose sur cela dans mon guide. Allez feu ! Génial ! Mais je ne veux pas abuser de votre gentillesse.
- Écoute, on te propose, si tu veux, de passer encore une journée avec nous. Je peux te laver ton linge, tu te reposes encore cette nuit et demain matin on te rend ta liberté en te déposant sur la route dans la direction de *Darwin*.
- Super programme, j’adore. Merci beaucoup."

Nous évoluâmes une bonne matinée dans ces "magiques" sources chaudes, dépassant les soixante degrés ! Nous y restâmes plusieurs heures jusqu’à ce que nos peaux deviennent toutes fripées.

L’après-midi, Roger me fit essayer son fusil de chasse à cochons. Je n’avais jamais tiré avec un véritable fusil et une vraie cartouche. Elle était énorme d’ailleurs.

"C’est une cartouche pour cochon c’est pour cela qu’elle est grosse."

Il me conseilla de me gainer et de bloquer ma respiration lorsque j’allais tirer en l’air. Ainsi, un pied en avant, un pied en arrière, j’appuyai sur la gâchette du fusil. Quel ne fut pas mon étonnement ! Le coup de fusil me propulsa un bon pas en arrière et Roger dut me retenir pour m’éviter de tomber. Le coup fut si violent qu’il m’avait fait mal aux pectoraux.

"Je pense que je vais avoir un bleu à la poitrine Roger ! lui dis-je en riant.
- C’est possible !"

C’était plus que possible car j’eus effectivement une énorme ecchymose pendant plus de deux semaines sur le haut des pectoraux. Quelle expérience. Il me proposa de tirer une nouvelle fois mais je déclinai toutefois son offre.

"N’abusons pas des bonnes choses ! lui dis-je avec une certaine ironie."

Nous passâmes, le reste de la journée à dépecer le cochon de la veille que nous dégustâmes tous trois, le soir venu. Pendant le repas, Odile insista pour m’offrir un présent. Ce cadeau était surprenant. C’était un bijou de forme géométrique constitué entièrement de cercles. Cela ressemblait étrangement aux rosaces que j’adorais créer avec mon compas quand j’étais petite.

Voyant ma perplexité devant cet objet, Odile m'expliqua que c'était une fleur de vie, constituée de treize sphères contenant plusieurs lois mathématiques et géométriques. Elle était un symbole sacré représentant l'univers. "En l'a portant, elle te servira à augmenter ton taux vibratoire, accélérera ton énergie et te guidera sur ton chemin de vie", me dit-elle. Je me jetai alors à son cou avec émotion. Alors que je suis rarement sensible, les larmes me vinrent aux yeux. Elle me l'accrocha autour du cou et m'embrassa tendrement en citant une phrase de Saint-Exupéry que j'affectionnais aussi beaucoup : "Fais de ta vie un rêve et d'un rêve une réalité, Armonie".

Le lendemain matin aux aurores, les adieux réalisés furent doux et chargés de conseils protecteurs.

"Continue d'oser vivre ta vie. Ta façon de voyager semble te procurer beaucoup de bonheur alors fonce et tant que tu seras en accord avec ton cœur, ta vie se composera toujours de notes que tu considères comme magiques.

- Je ne sais pas comment vous remerciez, Odile et Roger. Ces deux jours ont été de réels instants de joie et de bonheur.

-Le bonheur se double s'il se partage ; alors merci à toi aussi. Il émane de par ton sourire et ta joie de vivre, une énergie si spéciale que lorsqu'on te côtoie, on devient aussi heureux que toi, me dit Roger en m'embrassant tendrement."

Ils s'assurèrent qu'une voiture accepte de me prendre avant de repartir paisiblement vivre leur vie en toute simplicité, tenant le bonheur au bout de leurs bras. Deux voitures me suffirent pour atterrir en plein cœur de cette capitale du territoire du nord, *Darwin*. Après avoir visité trois auberges différentes, je choisis de jeter mon dévolu sur celle possédant une piscine. Elle semblait de surcroît, la plus propice pour faire la fête au regard de son imposant bar et des impressionnantes baffles réparties de part et d'autre de la piscine. Mon dortoir de huit personnes baignait encore dans le noir total, accueillant les ronflements de ses locataires et cela malgré l'heure avancée de la matinée. Sacs juste posés sur mon lit, je partis explorer cette petite ville après avoir pris quelques informations au bureau d'accueil de l'auberge. Très vite, je ressentis l'atmosphère très décontractée de la ville et surtout de ses habitants. A l'image de la

population des tropiques, les gens semblaient vivre au ralenti afin de supporter la chaleur qui, je devais le concéder, était très incommodante.
Le long des rives de la mer de Timor, il était interdit de se baigner car apparemment, nous étions déjà entrés dans la saison humide, synonyme de l'apparition des méduses mortelles ! De grands panneaux jaunes avec le dessin de méduses possédant de gigantesques tentacules, avaient été postés à l'entrée de toutes les plages. L'interdiction de se baigner était très claire et, bizarrement, personne n'essayait d'enfreindre cette restriction. Par ailleurs, si parfois les panneaux n'affichaient pas de méduses, c'était un crocodile ouvrant fièrement sa gueule qui se pavanait sur l'écriteau. Autant dire que choisir une auberge de jeunesse avec piscine avait été une sage décision. Si les habitants semblaient décontractés, la faune quant à elle, surprenait par son hyperactivité et sa dangerosité !

Je passai trois jours à visiter tous les petits quartiers de *Darwin* : temples chinois, églises anglicanes, catholiques, petits marchés et boutiques aux cultures aborigènes. On y vendait des peintures locales et des instruments de musique, tels que le célèbre didgeridoo. Il est évident que je ne partirais pas d'Australie sans avoir fait l'acquisition de ce joli instrument à vent. De la famille des cuivres, bien qu'en bois, il était, plus précisément ici dans le nord, fabriqué en eucalyptus. Néanmoins, au vu de la taille de cet instrument, je devais admettre qu'il me serait impossible de faire du stop chargé d'un didgeridoo. Le musée de *Darwin* était aussi très intéressant. J'y appris que la ville fut complètement détruite pendant les bombardements japonais de la Seconde Guerre mondiale en 1942 et le fut également une seconde fois par le cyclone Tracy, le jour de Noël 1974. Dans ce musée, je pus m'adonner à la confection de paniers tressés en compagnie d'une femme aborigène. Je dus accepter de ne pouvoir échanger aucun mot avec elle. La communication fut absolument impossible et il était évident que ses yeux trahissaient une énorme tristesse mêlée à un profond mal être. Il est vrai que pendant ces quelques jours à *Darwin*, je pus remarquer comment vivaient les aborigènes au sein de cette ville. Quelle déception et pincements au cœur je ressentis quand je finis par réaliser qu'une multitude d'aborigènes passaient leurs journées à mendier et à boire de l'alcool. J'assistai même à une scène très alarmante : il était environ dix heures du matin quand j'aperçus une dizaine d'aborigènes faisant la queue afin de retirer de l'argent devant une banque. Étonnée par la situation, je demandais à l'un d'entre eux ce qui se passait exactement et pourquoi tant de monde souhaitait à ce point retirer de l'argent. Il me répondit qu'ils venaient d'être payés. Je les regardai donc faire, tous très impatients et réalisai qu'une fois l'argent en main, ils partaient directement acheter des bières alors qu'il était encore l'heure du café ! C'était malheureusement affligeant... En faisant le soir plusieurs fois mon footing dans l'un des somptueux jardins botaniques mêlant palmiers, baobabs et palétuviers des mangroves, je pus même assister à des bagarres très violentes entre eux. Complètement saouls, ils ne contrôlaient alors plus rien. J'avais l'impression que l'alcoolisme avait gagné une grande majorité de la population aborigène. C'était absolument consternant. Le plus désespérant, il me semble, était le regard des Australiens, à la fois choqués mais si habitués à ces scènes de violence, ils ne tentaient rien pour les aider.

Le dernier jour à *Darwin*, je compris réellement la situation alarmante des aborigènes. Alors que je faisais du stop afin de me rendre à la cours suprême de justice sur les conseils du patron de l'auberge, une femme de trente-cinq ans s'arrêta. Elle était avocate et se rendait justement à un plaidoyer à la cour. Vêtue d'un tailleur très élégant, cheveux crépus et mates, elle paraissait aborigène. J'en eus la certitude lorsque je vis le petit drapeau aux couleurs aborigènes étendu sur la plage arrière. C'était le moment idéal pour lui poser toutes les questions qui se bousculaient dans ma tête concernant la vie des Aborigènes.

"Excusez mon manque de délicatesse, Madame, mais pouvez-vous m'expliquer pourquoi il y a tant d'Aborigènes mendiants et sous l'influence de l'alcool ? demandai-je.

- Ne vous excusez pas. Je vais justement défendre un Aborigène qui, sous l'emprise de l'alcool, a cassé la vitrine d'un magasin. La cause est indéfendable mais je suis là pour soutenir mes confrères. Tu sais, si l'Australie est notre terre originelle, nous ne représentons désormais plus que deux pourcents de la population.

- Seulement ?

- Oui, nous avons été décimés et malheureusement, en règle générale, notre espérance de vie est d'environ de dix ans inférieure au reste de la population.
- Comment est-ce possible ?
- C'est la conséquence directe de la consommation de tabac et d'alcool à outrance. De plus, la mortalité infantile dues aux violences physiques et sexuelles nombreuses à *Darwin* et *Alice Spring*, seconde ville principale où nous vivons, est très élevée.
- Des violences sexuelles envers les enfants ? On laisse les gens faire ?
- La plupart du temps oui. Heureusement, depuis les années 2000, une nouvelle politique d'aide envers notre population a fait enfin son apparition et tente d'endiguer tout cela. Désormais aussi, depuis 2008 exactement, la scolarité est entièrement gratuite et chaque mois, des aides financières nous aident à payer notre logement et notre nourriture. Nous bénéficions aussi d'une aide pour acheter nos voitures.
- Cela arrive trop tard, c'est ça ? Comment avez-vous fait, vous, pour devenir avocate ?
- Trop tard, c'est évident ! Il nous a fallu attendre les années soixante pour être reconnus comme des êtres humains et pour pouvoir accéder à la propriété de nos terres ancestrales. Imagine comme la tâche est compliquée pour faire disparaître cette haine profonde qui ronge les Aborigènes contre l'homme blanc.
- Difficile d'imaginer effectivement.
- Maintenant, la difficulté est de faire comprendre aux Aborigènes que l'argent versé par l'État australien ne doit pas servir à acheter de l'alcool ou autres produits néfastes. Surtout que nous réagissons très mal à ces produits très toxiques pour nous.
- Pour nous aussi, je vous assure !
- Notre organisme réagit particulièrement mal ; il est prouvé scientifiquement que nous éliminons difficilement l'alcool. Et lors de la colonisation, les blancs ont très vite compris cela, utilisant l'alcool comme une véritable monnaie d'échange.
- Je ne savais pas cela.
- Pour ma part, je suis née et j'ai grandi à *Darwin*. Je suis allée au collège, à l'université et j'ai toujours était poussée pas mes parents

afin d'obtenir une situation professionnelle que j'aime et dont je suis fière.
- Avocate … j'imagine la fierté de vos parents…
-Oui et je suis très fière de moi aussi et ravie de pouvoir aider les Aborigènes qui n'ont pas eu la chance d'avoir des parents aussi ambitieux que les miens. C'est pourquoi je m'occupe principalement de la défense des Aborigènes.
-Je comprends bien évidemment vos motivations. C'est tout à votre honneur.
-Nous arrivons à la cour. Si tu le souhaites, tu peux assister au début de mon audience, celle-ci est ouverte au public.
-Vraiment ? J'ai le droit d'y assister ?
-Oui, tu te mets au fond, il y a quelques bancs réservés pour vous. Tu peux ensuite partir quand tu le souhaiteras.
- Merci, j'adorerais ! Je tiens aussi à vous remercier d'avoir accepté de répondre à toutes mes questions. Je dois avouer que jusqu'à présent, je n'avais pas réussi à engager une véritable conversation avec un Aborigène.
- C'était avec plaisir, il est important de comprendre la culture des villes que l'on visite. De plus, tu ne pourras rencontrer principalement des Aborigènes qu'à *Darwin* ou *Alice Springs,* au centre rouge du pays, donc profites-en !
- Oui et je compte bien visiter également ce célèbre *Ayers Rock*, si symbolique dans votre culture.
- Effectivement si tu es sensible à mère nature et à ses trésors, tu comprendras une fois sur place, pourquoi ce rocher, de couleur rouge comme notre drapeau, a toute son importance pour nous.
Je dois vraiment te laisser, je te souhaite de réaliser un métier qui te passionne et qui, par tes actions, tes paroles, te rende fière de toi. Deviens ce que tu penses être."
Je répondis à ces mots très puissants par un simple sourire et un regard rempli de gratitude. Je n'étais pas sa mère mais j'étais pourtant extrêmement fière d'elle et en parfaite admiration.

La salle d'audience était impressionnante. Les bancs en bois massif semblaient être cirés à la perfection. Le plafond extrêmement haut, donnait une prestance considérable au lieu. Je dus attendre une petite demi-heure avant de voir enfin la jeune avocate habillée de la robe si prestigieuse du barreau. Cheveux attachés désormais, son visage était fermé, exprimant une concentration extrême. Néanmoins, son regard ne tarda pas à croiser le mien et elle me sourit chaleureusement. Mon anglais de baroudeuse ne me permettait pas de comprendre tous les propos tenus par les différentes parties, mais la mise en scène seule, me satisfit amplement. J'avais l'impression d'être plongée en plein cœur d'un film policier. L'accusé, un Aborigène d'une cinquantaine d'années était debout à côté de son avocate d'une assurance sans égale. Le juge quant à lui, coiffé d'une perruque quelque peu ridicule, cachait un regard strict et froid derrière ses lunettes. Le banc de l'accusation, de l'autre côté de la salle, semblait tout autant austère avec un avocat intransigeant à l'intonation aigre. Je restai jusqu'au verdict et je vis l'Aborigène s'effondrer de tout son être dans les bras de son avocate. Cette scène bouleversante me fit littéralement ressentir une pression très désagréable au centre de mon corps. Je décidai par conséquent de partir de la salle en cherchant une dernière fois le regard de l'avocate. Trop occupée à soutenir son client, elle ne vit pas que je souhaitais la saluer une dernière fois. C'était sans doute mieux ainsi.

Quand on perd une audience, j'imagine que l'avocat doit toujours avoir au fond de lui, tel un médecin perdant un malade, une certaine tristesse difficile à contrôler.

La vie m'avait encore offert un incroyable présent, une expérience très enrichissante. Chaque journée vécue, semblait m'apporter un puits de nouvelles connaissances. Toutes ces rencontres fortuites ou non, semblaient être de véritables expérimentations dont j'aimais me nourrir à foison.

De retour à l'auberge, alors que je rentrais dans mon dortoir, je pus observer les parties intimes de l'un de mes colocataires se baladant complètement nu dans la chambre. Tous deux très gênés, j'étais intimement toutefois, très amusée par la situation. Ce fut le prétexte pour faire connaissance avec ce bel étalon, originaire d'*Adelaïde*, venu passer ses deux semaines de vacances à *Darwin* pour visiter les différents parcs nationaux de la région. Il m'expliqua qu'il avait dégoté un tour de cinq jours pour explorer en toute

sécurité, les célèbres *Kakadu et Litchfiel National Park.* Il partait dès le lendemain aux aurores avec six autres jeunes baroudeurs.
"Crois-tu qu'il reste de la place ? Cela pourrait m'intéresser car je pense que faire du stop dans ces parcs nationaux me sera difficile.
- Je ne sais pas, demande à la réception de l'auberge, c'est avec eux que j'ai pris ma réservation ce matin."
C'est ainsi que je me retrouvais le lendemain matin, en compagnie de jeunes touristes de mon âge, en direction du plus grand parc national d'Australie, le *Kakadu Park.* Classé au patrimoine mondial de l'Unesco, pour son paysage naturel et culturel, c'était un site incontournable à explorer.

Il nous fallut trois jours pour explorer ce parc aux panoramas si diversifiés. Arpentant les multiples gorges et piscines naturelles, nous passâmes de nombreuses heures à réaliser un de mes passe-temps favoris : des sauts de plus de dix mètres de haut. Le guide, à peine âgé d'une trentaine d'années, était un vrai Indiana Jones. Semblant n'avoir peur de rien, il n'hésitait pas à nous emmener en dehors des sentiers touristiques. Après avoir exploré les célèbres *Jim Jim* et *Twin Falls*, Indiana, comme j'aimais le surnommer, nous conduisit aux nombreuses peintures rupestres, vestiges des chasseurs et pêcheurs du néolithique et toujours peintes par les Aborigènes actuels. Cette concentration de peintures était impressionnante.

L'autre partie du séjour fut consacrée à la découverte de *Litchfield National park.* Son exploration me permit de me confronter à une de mes peurs, celle de voir des crocodiles dans leur environnement naturel. En effet, aux portes de ce parc, se trouvait *Adelaïde River*, réputée pour ses milliers de crocodiles envahissant ses berges. Au lieu de prendre un simple bateau pour espérer croiser quelques crocodiles, nous arrivâmes dans l'un des célèbres *Crocodiles Jump* !
Cette excursion restera gravée dans ma mémoire. Tout d'abord, le guide nous demanda de signer une décharge, sur laquelle était inscrit que "la perte d'un membre du corps ou la perte de sa vie ne pourra être lié à la responsabilité de l'organisme" ! Connaissez-vous une excursion où vous devez signer une telle décharge ? Une fois ce papier signé, je pus m'installer avec le groupe, dans une petite embarcation à fleur d'eau. Après seulement une dizaine de mi-

nutes, j'aperçus enfin, pour la première fois de ma vie, un crocodile dans son habitat. Ce dernier se trouvait à une bonne centaine de mètres. La Ranger, en position sur la proue du bateau, sortie un long bâton au bout duquel, elle fixa une colossale tranche de viande rouge. Flirtant avec la surface de l'eau, la chair appâta très rapidement l'animal. Le crocodile arrivant juste à côté de notre petite embarcation, la guide leva très haut son bâton. La suite fut extraordinaire. Le crocodile, pourtant faramineux, sauta de tout son poids pour attraper le morceau de viande. J'étais aux premières loges pour contempler ses énormes canines et son physique si impressionnant. Recouvert d'écailles, son corps très imposant, était pourtant plus court que sa queue. Sa réception à plat dans l'eau, me trempa littéralement.

Nous passâmes ainsi une heure à faire connaissance avec de nombreux crocodiles. Les sauts de ces créatures, pourtant si massives, étaient d'une hauteur digne de celle d'un athlète de haut niveau. Comment parvenaient-ils à sortir tout leur corps de l'eau ? Quelle détente impressionnante ! J'étais ravie d'avoir pu enfin, affronter cette peur du crocodile.

Litchfield Park était aussi intéressant que *Kakadu Park* à mes yeux. Ce parc, également composé de dizaines de cascades et de piscines naturelles, était l'endroit idéal pour se rafraîchir des températures extrêmes de ce territoire du nord. La dernière singularité de ce parc était la présence de termitières mesurant jusqu'à huit mètres de haut. Fabriquées entièrement par les termites à l'aide de leur salive, d'herbe et de sable, elles ressemblaient étrangement à de gigantesques menhirs. Certaines, âgées de plus de quatre-vingt ans, avaient une circonférence pouvant atteindre trente mètres. Ces champs de termitières façonnaient un décor hors norme et mon cerveau avait réellement du mal à concevoir que de si petites bêtes parvinssent à construire de si spectaculaires demeures. Ces cinq jours d'explorations des parcs furent très instructifs, nous permettant d'approcher une faune riche et surtout très dangereuse.

Le retour à l'auberge fut assez folklorique. En effet, devant cette dernière, un camion de pompier était garé. Quelle ne fut pas notre surprise quand nous constatâmes qu'un petit crocodile se baignait tranquillement dans la piscine de l'auberge ! A mon grand étonnement, je n'eus pas peur et contemplai le sauvetage de cette jolie petite bestiole. Ainsi, affronter ses peurs, semble le seul moyen de les vaincre.

Après plus de quinze jours à sillonner la région, il était temps pour moi de retrouver les joies du stop et de reprendre la route. J'avais pourtant une vraie interrogation sur le futur parcours à emprunter. Devais-je continuer sur le territoire du nord en descendant jusqu'à *Alice Springs* afin de contempler le célèbre rocher rouge ? Ou était-il préférable de partir rejoindre directement la côte ouest, laissant la visite du rocher accessible par le sud ? En levant les yeux devant moi, j'avais une réponse très claire de la vie à ma question. J'étais juste devant la *West Bank.* J'en conclus donc que mon guide ou mon intuition, souhaitait me diriger, vers le grand ouest.

CHAPITRE 4
L'OUEST

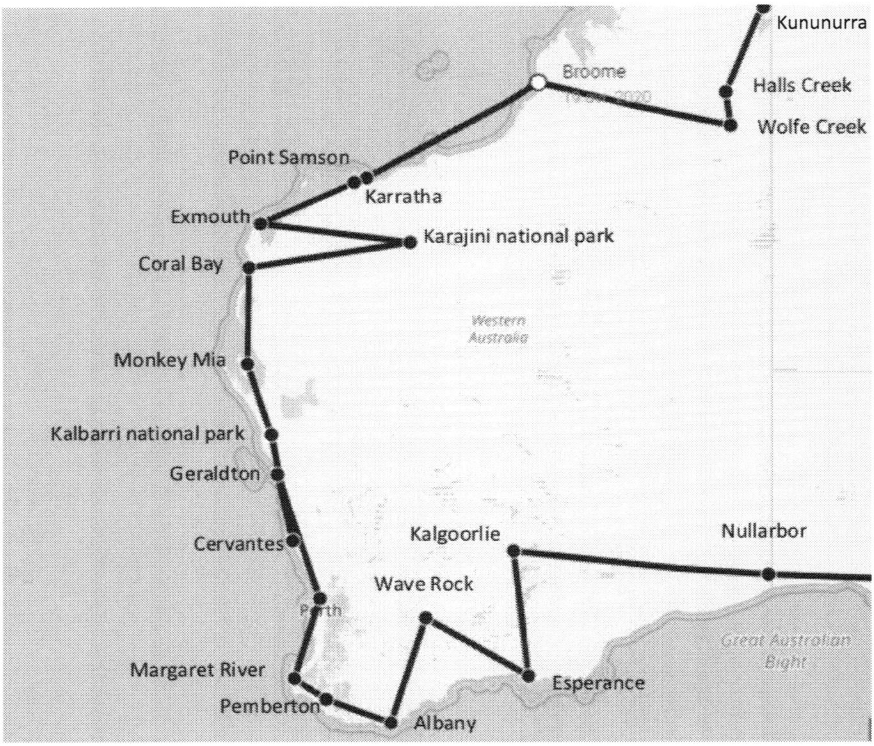

Aux aurores, je commençai ma nouvelle journée en direction de *Kununurra* située à neuf cents kilomètres de *Darwin.* J'avais cherché en vain une ville plus proche à visiter entre ces deux sites. A priori, j'allais encore traverser d'immenses champs de désert australien. Il me fallut tout d'abord deux voitures pour me sortir de l'épicentre de *Darwin* avant de me retrouver dans une station essence, le lieu toujours idéal à mes yeux afin de trouver mes compagnons de voyage. Un Italien, installé en Australie depuis deux ans me déposa idéalement à la sortie de *Katherine* en direction de l'ouest. Pendant les trois cents kilomètres partagés, il m'expliqua qu'il avait monté sa pizzeria à *Darwin.* Âgé seulement de vingt-cinq ans, il avait tout plaqué afin de se lancer dans son rêve de gosse.

"Ton rêve était de monter ta boîte en Australie ?

- Pas exactement, mon rêve était de vivre entouré de crocodiles au milieu d'une faune palpitante.

- Sérieusement ?

- Oui, je fais partie d'une association de *Katherine Gorges* au sein de laquelle on apprivoise les animaux les plus dangereux de la planète.

- Mais pour quelle raison faites-vous cela ? dis-je en grimaçant.

- Justement afin de mettre un terme à ce sentiment de rejet que tu as eu quand je t'ai parlé d'animaux dangereux. Notre but est de faire découvrir ces bêtes très intelligentes. Généralement, le grand public a toujours peur de ce qu'il ne connaît pas. Nous habituons les gens à porter et à caresser ces animaux.

- Allez, fais-moi rêver, quelles espèces élevez-vous ?

- On apprivoise les cobras royaux, les vipères, les mygales et scorpions. Moi, je m'occupe des alligators.

- Comment fais-tu pour dresser un alligator ?

- Le tout est d'être patient et d'y aller progressivement avec l'animal. Cela passe donc par des mois et des années de communication avec lui.

-J'ai pu affronter ma peur des crocodiles en naviguant sur l'*Adelaïde River* dernièrement et il est vrai que ma crainte de ces ani-

maux a quelque peu diminué. En revanche, les serpents et scorpions me répugnent toujours.
- Tiens, pour te faire rêver un peu sur ces reptiles, dis-toi que le cobra a quatre pénis ! me confia-t-il avec malice.
- Je ne savais pas, effectivement cela me laisse songeuse… "
Il n'était pas loin de onze heures quand il me laissa sous un panneau indiquant : "*West state 500 kms*".

Il me fallut attendre près d'une heure sous ce panneau avant que Narelle, âgée de quarante-trois ans, accepte de me faire monter dans son véhicule. Elle portait des lunettes de soleil qui dissimulaient très mal un imposant bleu sur sa joue gauche. Il ne lui fallut que dix minutes avant de me résumer toute sa vie du moment. Elle se dirigeait vers *Broome*, la première ville de la côte ouest de l'Australie, afin de s'y installer et prendre un nouveau départ. Elle venait de quitter son conjoint qu'elle aimait passionnément mais qui la frappait trop souvent. Sa voiture chargée de quelques cartons, contenait toute sa vie en biens matériels.
"Tu vois, ma voiture est bien vide comme à l'image de ma vie, constata-t-elle.
- Êtes-vous prête maintenant pour écrire une vie que vous considérez comme pleine ?
Elle prit quelques instants avant de me répondre :
- Suis-je prête pour devenir la romancière de ma vie ? Il le faut, je crois.
- Arrêtez les péripéties, foncez directement à l'apothéose de votre histoire."
Ces mots vinrent à moi très facilement et dans un anglais dont j'étais de plus en plus fière.
Après plus de cinq heures de route, nous arrivâmes à la frontière de l'ouest. Je fus alors assez surprise car, à la différence du passage à l'État du Nord, symbolisé uniquement par un panneau, cette fois-ci, nous étions face à une véritable frontière peuplée de policiers. Nous dûmes descendre de la voiture afin de permettre à deux agents de fouiller intégralement tous les cartons de la voiture. Ils confisquèrent les quelques fruits que Narelle possédait car c'était justement la cause de ces fouilles approfondies. La douane frontalière souhaitait éviter la propagation des grenouilles brunes que j'avais

pu croiser au ranch des amis d'Aaron. Apparemment, c'était un fléau très menaçant qui inquiétait fortement l'État australien. La douane passée, nous dûmes reculer nos montres d'une heure trente. Quelle bonne nouvelle ! Ainsi, comme par magie, la journée gagnait en temps. Ce dernier, devenait à mes yeux, le moyen de rencontrer de nouvelles âmes dont les personnalités me permettaient d'apprendre, de mûrir. J'utilisais ce temps libre, cette liberté, pour apprendre par les autres, pour comprendre mon être intérieur afin d'aider à mon tour. Recevoir pour apprendre à donner ? Ou faut-il avant tout donner, afin d'espérer recevoir, comme le suggère les différents textes religieux moralisateurs ?

C'est vers l'heure du goûter que Narelle me déposa à ma destination. Quant à elle, souhaitant conduire jusqu'à la nuit tombante, elle continua sa route.

"Merci beaucoup Narelle. Servez-vous maintenant de votre passé comme d'une rampe de lancement afin de trouver enfin votre bonheur.

- Oui je vais essayer de retrouver l'amour.

- Si je peux me permettre, aller surtout à la recherche de la vie, elle se chargera de trouver l'amour pour vous."

Kununurra, région abritant de grands lacs, signifie "grandes eaux" en aborigène. Trois jours me furent nécessaires pour découvrir cette première province de l'ouest. Aux portes de la région des *Kimberley*, abritant les célèbres falaises de grès de plus de trois-cents-cinquante millions d'années, la chaîne des *Bungles Bungles* fut l'occasion de m'adonner à une journée de randonnée très intéressante. Cette chaîne de dômes appartenant au *Purnululu National Park*, inscrit au patrimoine de l'Unesco, ressemblait à d'imposantes ruches d'abeilles rayées. Localisés au milieu d'un *Outback* rougeoyant, rappelant encore une fois le drapeau des Aborigènes, ces centaines de dômes de couleurs anthracite et orangé semblaient être façonnés par le pinceau d'un artiste. Coloriés par un dégradé impeccable de couleurs chaudes, ils représentaient une œuvre d'art, provenant de l'imagination d'un de nos plus grands artistes, mère nature. Cette dernière étant certainement la plus talentueuse de tous.

S'il me fallut plus de quatre heures pour rejoindre ce parc, à une dizaine de minutes seulement de *Kununurra*, se trouvait un autre parc national, surnommé le mini *Bungles Bungles*. Après quelques heures d'exploration de son réseau de gorges labyrinthiques aux eaux claires, habitées par de nombreux wallabys, reptiles et oiseaux, j'en conclus que ce petit parc très accessible était aussi époustouflant que celui de la veille. Je ne manquai pas de m'interroger sur la raison pour laquelle tout le monde préférait aller s'aventurer à plusieurs heures d'ici avec une route chaotique plutôt que d'aller visiter cet incroyable parc déserté par les touristes et pourtant si facile d'accès. Allégorie sans doute de la vie ! Il est indéniable que l'être humain préfère trop souvent se confronter aux difficultés plutôt que de se diriger directement sur le chemin le plus simple et le plus beau.

HALLS CREEK

C'est encore une fois à l'aube, que je commençai mon stop en direction de *Halls Creek*. La veille au matin, j'avais prévenu Aaron, l'homme au sept chiens, de mon arrivée. A priori, il était ravi de m'accueillir dans son ranch pour déjeuner. A l'aide de seulement deux voitures et après quatre cents kilomètres parcourus, j'arrivai à midi précise dans cette ville devenue célèbre au XIXème siècle pour sa ruée vers l'or. Aaron vint me chercher au centre-ville et m'emmena directement savourer un "puissant" bifteck. Puissant était vraiment le bon terme : mes papilles étaient en effervescence. La viande, provenant de son propre bétail, était savoureuse, tendre et d'un goût exceptionnel. Aaron me raconta que selon lui, la nourriture était l'un des médicaments le plus efficace pour être heureux. Sans le savoir, il rejoignait alors les propos d'Hippocrate.

"Il est bien connu que nous sommes ce que nous mangeons. Alors dégustons de bons produits.

- Je suis entièrement d'accord avec toi Aaron, mais je dois avouer que depuis quelques mois avec ma vie de vagabonde et surtout ma bourse de voyageuse, la qualité des produits que j'ai ingurgités est très discutable.

- Ce n'est que passager, tu savoureras d'autant plus de bons produits quand tu pourras le faire.
- J'en suis persuadée."
Après la découverte de son immense ranch et de son bétail, Aaron, toujours accompagné de ses sept chiens que j'avais pris beaucoup de plaisir à retrouver, m'emmena à *Palm Springs* avec sa paisible piscine naturelle d'eau douce; tout le monde en profita pour se baigner et en premier lieu, les chiens. Toujours le cure-dent aux lèvres, Aaron saisit l'occasion de faire une petite sieste tandis que j'en profitai pour nager avec ses compagnons.
Le soir venu, Aaron, voulait absolument me montrer un film qu'il trouvait passionnant et très interrogateur, *Da Vinci Code*, tiré du roman de Dan Brown. J'en avais bien sûr entendu parler mais n'étant pas une grande amatrice de films, je ne l'avais jamais vu. Je mis un peu de temps à m'imprégner du scénario du début mais, alors que le film devenait enfin intéressant à mes yeux, Aaron, commença à me caresser derrière la nuque. Le film me parut tout de suite moins captivant. Ses caresses me donnèrent des frissons tout le long du dos, jusqu'à envahir mon cœur de palpitations de plus en plus accélérées. N'osant tourner la tête, je fis mine de m'intéresser au film même si je n'y comprenais absolument plus rien. Sa main, puis ses mains, descendirent tour à tour délicatement le long de ma poitrine. Je ne pouvais plus faire semblant d'ignorer ce qui se déroulait et me laissai aller sous l'emprise de cette fréquence émotionnelle. C'était une série de vibrations étranges. Il n'y avait pas d'amour au sens strict du terme mais une alchimie magnétique créant une union de corps harmonieuse. Le va-et-vient de nos chairs, provoquait un plaisir physique indéniable mais l'extase psychique semblait encore plus intense. Était-ce alors l'orgasme physique qui provoquait cette béatitude mentale ou bien l'inverse ?

Le lendemain, Aaron me conduisit à *Wolfe Creek* où se trouvait un cratère creusé par une météorite. Il mesurait plus de neuf cents mètres de diamètre et soixante mètres de profondeur. Il m'expliqua que ce cratère était mondialement connu grâce au film d'horreur qui portait son nom.
"As-tu vu *Wolfe Creek*, Armonie ?
- Pas du tout !

- Tu devrais peut être le regarder.
- Pour quelles raisons ? Je n'aime pas vraiment les films d'horreurs.
- En fait, ce film relate l'histoire vraie d'auto-stoppeurs assassinés non loin du cratère alors qu'ils faisaient du stop.
- Penses-tu réellement que ce serait une bonne idée que je le regarde ? m'exclamai-je, très surprise.
- Peut-être pour te mettre plus en garde. C'est dangereux le stop et c'est d'ailleurs interdit depuis cette histoire à *Wolfe Creek*.
- C'est donc pour cela qu'il est interdit de faire du stop en Australie.
- Oui et tu pourrais avoir une amende.
- Concernant les risques à faire du stop, je sais évidemment qu'il y en a, mais dès lors que je n'y pense pas, que la peur n'existe pas, je reste persuadée que le danger non plus. C'est la science de l'intention, science à laquelle je crois fermement.
- Je crois pour ma part Armonie, que du haut de tes vingt ans tu restes encore très naïve.
- En tout cas Aaron, ma naïveté m'a permis de te rencontrer."

Il esquissa alors un sourire qui coupa net la conversation. Nous passâmes le reste de la journée à nous occuper de tous les animaux de son ranch. Après une dernière nuit passée à ses côtés et de doux baisers remplis d'un sentiment d'unicité, il me déposa le lendemain matin aux aurores sur la route de la côte ouest.

Cette rencontre encore si singulière, unique et cosmique, m'interrogeait une nouvelle fois, sur son utilité. Quel apprentissage devais-je en tirer ? Je comprenais qu'il semblait possible d'aimer aussi bien faire l'amour avec un homme qu'avec une femme. Le sexe, le corps, n'avaient finalement plus grande importance, seule l'énergie de la personne me semblait primordiale. Une phrase de Shakespeare prenait désormais tout son sens : "L'amour ne voit pas avec les yeux mais avec l'âme".

BROOME

Il me fallut plus d'une heure trente avant de trouver la voiture qui me déposerait sept cents kilomètres plus loin au premier oasis de la côte ouest, *Broome*. Si j'avais auparavant comme trait de caractère principal, l'impatience, il était désormais flagrant, qu'attendre sur le bord de la route m'apprenait cette merveilleuse qualité, la patience. C'est donc avec un calme et une sérénité qui me surprenaient moi-même que j'apprenais à être patiente. Je confirmai ainsi la maxime énonçant que "la patience ne peut s'apprendre qu'avec de la patience".

C'est un jeune homme travaillant dans la construction des routes qui me récupéra. Il rentrait chez lui à *Perth* alors qu'il venait de finir un gros chantier situé à *Katherine*. Cela signifiait que son travail se situait à environ trois mille sept cents kilomètres de chez lui.

"Prendre l'avion n'était-il pas plus rapide ?

- Plus rapide certainement mais j'avais besoin de tout mon matériel avec moi car la location sur place pendant les deux mois de travaux n'était pas intéressante financièrement.

- Cela fait deux mois que vous êtes partis de chez vous ? Pas trop difficile ?

- Pas du tout ! C'est juste pour ma copine que c'était un peu plus dur. Après, je dois avouer que je n'ai pas été très fidèle pendant ces quelques semaines. De toute façon, je peux te le dire puisque tu ne pourras pas le lui répéter.

- Non c'est évident. Vous n'avez aucun remord ?

- Pourquoi en aurais-je ? Ça ne comptait pas, c'était juste pour m'amuser un peu. Elle n'en saura jamais rien. Je reste partisan du fait qu'un petit mensonge reste toujours préférable à une grande dispute."

Les sept cents kilomètres passèrent très rapidement. Mis à part le désert, il n'y avait rien d'autre. Pratiquement aucun habitant ne résidait dans cette partie du territoire. D'ailleurs, la côte ouest est l'une des parties de l'Australie les moins peuplées mais c'est justement ce côté très sauvage qui fait toute son authenticité et son unicité. *Broome* paraissait ainsi une véritable oasis après ces centaines de kilomètres traversés en plein cœur du désert. Une fois dé-

posée très gentiment par mon hôte devant ma nouvelle auberge de jeunesse, je fonçai à la célèbre plage, *Cable Beach.* Au bord de l'océan indien, cette plage de vingt-deux kilomètres de long était admirable. La roche rouge des abords contrastait avec le blanc immaculé du sable. Ce dernier, en parfaite dissonance harmonique avec la couleur turquoise de l'océan, formait un tout idyllique. Bizarrement, il n'y avait personne sur la plage, j'en profitai pour me divertir tranquillement dans les immenses vagues de l'océan. Après une bonne dizaine de minutes, un homme sur la plage, me fit signe de revenir. Je m'exécutai, curieuse de savoir ce qu'il voulait bien me dire.
"Vous n'avez pas peur, mademoiselle ?
- Pourquoi devrais-je avoir peur, monsieur ?
- Ce matin il y a eu deux attaques de requins sur un surfeur. Il est donc vivement conseillé d'éviter de se baigner en ce moment.
- Des requins ! Je n'étais pas au courant, je n'ai vu aucun panneau signalant cela.
- Ils sont pourtant postés à l'entrée de la plage."
Il est vrai que, si pressée de retrouver l'océan, j'avais coupé à travers les roches rouges afin de me retrouver plus directement sur la plage. Je quittais le monde des crocodiles pour celui des requins. L'Australie semblait le pays rassemblant le plus d'animaux dangereux.
Revenue à l'auberge, j'aperçus deux annonces de travail qui m'intéressaient. L'une consistait à laver la vaisselle dans l'un des restaurants de la ville et l'autre du jardinage. Après deux appels, je décrochai deux nouveaux jobs ! Malgré mes neuf heures de route de la journée, j'enchaînai dans la soirée, trois heures de vaisselle très ennuyeuses certes, mais les soixante dollars empochés allaient pouvoir me payer quatre nuits d'auberge. Ma tente s'ennuyait mais aucun camping n'existait à *Broome.*
Le lendemain, aux aurores, un monsieur, plutôt bel homme vint directement me chercher pour nettoyer le jardin de sa grand-mère. Son terrain, très grand, était dans un état lamentable. Il me fallut quatre matinées pour en venir à bout mais quatre cents dollars vinrent gonfler ma bourse. Ainsi, en quatre jours, entre la vaisselle du soir et le jardin en matinée, j'avais pu gagner plus de six cents

dollars. J'avais l'impression qu'il était très facile de trouver un travail par ici, ce qui contrastait fortement avec la côte est. De surcroît, j'étais surprise par les tarifs de rémunération élevés.

Tous les soirs, avant de rejoindre le restaurant, je profitais du coucher de soleil sur la plage, pour contempler des dizaines de chameaux. Les uns derrières les autres, ils transportaient les quelques touristes de la plage. Si leurs pas nonchalants étaient agréables à regarder, à côté d'eux marchaient, tout aussi tranquillement, des dizaines de nudistes ! En effet, *Cable Beach* était la plage la plus célèbre d'Australie pour son naturisme.
A l'auberge, je fis connaissance de Matthew, un Anglais qui revenait tout juste de deux mois de travail en plein océan.
"Deux mois sur l'océan indien. Quelle chance ! Tu as dû voir des centaines d'animaux marins ? Quel était ton job ?
- Nous sommes partis à la recherche de perles.
- Les perles que l'on trouve dans les huîtres ? Comme dans la petite sirène, lui demandai-je en riant.
- Exact ! Il y en a des centaines. *Broome* est la capitale mondiale de l'industrie perlière.
- Tu devais plonger des heures pour les trouver et ouvrir des centaines d'huîtres ?
- Maintenant il existe de nombreuses fermes perlières où on les cultive. Par conséquent, le travail se trouve un peu simplifié et surtout moins dangereux qu'au début du XIXème siècle.
- Dangereux ?
- Avant, ces perles attiraient des milliers de plongeurs mais des dizaines d'entre eux périssaient en se faisant attaquer par les requins, les alligators ou même piquer par les méduses mortelles. Et s'ils survivaient, ils avaient encore les cyclones des moussons à affronter.
- Le dilemme était donc de gagner des milliers de dollars mais en encourant le risque de perdre la vie.
- Exactement !
- Si tu n'es pas mort, tu es donc riche !
- Pas faux, j'ai gagné cinq mille dollars en l'espace de deux mois, me révéla-t-il fièrement et sans aucune gêne.

Il est vrai que j'avais plusieurs fois remarqué la facilité avec laquelle les Australiens parlaient du montant de leur salaire sans aucune pudeur. On était en parfait décalage avec les coutumes de la France. Les gens semblaient fiers de leur réussite et saluaient celle des autres. Aucune notion de jalousie n'était ressentie.
- Crois-tu que je pourrais postuler ?
- Impossible, ils ne prennent que des hommes.
- Sérieusement !
- Si tu veux, avec ce machisme, je peux t'offrir une sublime bière à la mangue, spécialité de la région.
- Avec plaisir."
Pour la savourer, il me proposa de contempler à *Cable Beach*, les célèbres empruntes de dinosaures datant de plus de cent-vingt millions d'années et visibles uniquement à marée basse. Elles étaient massives. Quelle difficulté d'imaginer ces créatures contemplant elles-mêmes ces fabuleux couchers de soleil.

Le lendemain matin, l'un des colocataires de mon dortoir me réveilla à cinq heures trente pour me demander si cela m'intéressait de remplacer sa copine qui ne se sentait pas bien afin d'aller ramasser des mangues. Cela me rapporterait cent-vingt dollars en travaillant de six à treize heures.
"Ok ça marche ! Qu'est-ce qu'elle a ta copine ?
- Elle doit aller à l'hôpital car le liquide blanchâtre des mangues lorsque tu leur coupes la queue, peut être très irritant et provoquer gonflements et irritations.
A ce moment-là, j'aperçus sa copine le visage complètement boursouflé. Elle ne pouvait absolument plus ouvrir l'œil droit et ses mains ressemblaient à celles d'*Elephant man*. C'était affreux.
- Mais comment peut-on se protéger de cela ? demandai-je assez inquiète.
- Je te conseille de mettre des gants, de te protéger le visage et toute ta peau en réalité."
J'acceptais la proposition.
Un pick-up vint nous chercher à six heures quarante-cinq précises. Nous étions plus d'une dizaine de jeunes assis à l'arrière de celui-ci, prêts à aller au combat ! Les têtes fatiguées de chacun n'enlevaient rien à la bonne humeur qui régnait. Ainsi, muni de mon K-

Way, d'un bandana et de mes gants en laine, je passai la matinée, malgré trente-sept degrés affichés au thermomètre de la ferme, emmitouflée dans toutes ces protections. Le job consistait tout d'abord à ramasser des kilos de mangues pour ensuite les équeuter et les ranger dans des caisses, prêtes à être envoyées dans les supermarchés. Ce fut vraiment une expérience singulière et qui, de surcroît, venait grossir ma bourse. Le soir venu, je décidai de repartir sur les routes dès le lendemain en direction d'*Exmouth*. Située à plus de mille quatre cents kilomètres de là, il était évident que je ne pourrais pas réaliser la traversée d'une seule traite. Pourtant, en consultant mon *Lonely planet*, je ne voyais aucun lieu intéressant à visiter sur le chemin. "Pas grave, pensais-je, la vie décidera pour moi… "

EXMOUTH

Aux aurores, seulement après cinq minutes d'attente, une voiture accepta de me déposer sur la route principale en direction du sud. Je tombai ensuite sur le chauffeur idéal pour rejoindre ma destination : un conducteur de poids lourd, plus exactement un conducteur de *Road train*, littéralement, "train de la route". On les appelait ainsi de par leur taille incommensurable. Celui-ci mit plus de cinq cents mètres pour s'arrêter. Chargée de tous mes bagages, quelques minutes me furent nécessaires afin d'arriver à sa hauteur. Le camion devait mesurer cinquante mètres de long et était constitué de cinq remorques. Riley, non loin de la soixantaine, se dirigeait vers *Perth* à plus de deux mille kilomètres de là. Pour lui, c'était un réel plaisir de trouver une compagnie afin de passer le temps plus rapidement. Il m'aida non sans mal, à rentrer toute ma petite cargaison dans sa cabine de conduite ou plutôt, dans sa maison. La hauteur à gravir pour y accéder était presque vertigineuse. Il y avait cinq marches très hautes avant d'atteindre sa demeure. Cette dernière avait une superbe énergie. Des photos, des peluches, des colliers à fleurs et même un bouddha décoraient la cabine. Une grande glacière trônait en plein milieu et je découvris rapidement qu'elle était remplie de canettes de toutes sortes et même de bières ! Chose très étrange, devant le pare-brise était fixé un avant-bras en plastique qui basculait de droite à gauche sans s'arrêter. Riley, m'expliqua que les conducteurs de *Road train* avaient pour habitude de saluer tous les automobilistes. Par conséquent, son bras automatique réalisait cette tâche pour lui. C'était très amusant à observer. Le tout était égayé par une musique country agréable à écouter. J'étais aux anges! La vue du haut de la cabine était impressionnante. Les voitures paraissaient si petites, les paysages pouvaient être contemplés au loin et savourés avec un léger parfum de puissance. Ce sentiment de domination sur le monde était sans doute lié à la prise de hauteur sur le tout. Ainsi, le point de vue, qu'il soit littéraire, spirituel ou plus physique comme ici, semblait être vecteur de beaucoup de choses. Les expressions "prendre de la hauteur ou du recul sur la vie" prenaient tout leur sens ici. Riley m'apprit qu'il transportait une cargaison de carburant et que son camion pesait près de deux cents tonnes contre trente-huit tonnes généralement pour les camions habituels de marchandises, de véritables poids-plumes en comparaison.

Après sept heures de route au cours desquelles les paysages désertiques se succédèrent, nous nous arrêtâmes à une station essence pour *Road train*. Il fallut quarante-cinq minutes pour faire le plein, soit mille cents litres, pour deux mille cents dollars. Pendant qu'il donnait à boire à ce monstre, je contemplai les innombrables roues. J'en comptais trente-et-une sur un côté soit logiquement, soixante-deux roues au total. Une véritable mine d'or pour tout fournisseur de pneumatiques. Avant de repartir, il alluma sa petite télé posée en plein milieu de la cabine et nous inséra un dvd. Ainsi, alors qu'il conduisait, il regardait en même temps le film. Je ne sais pas si cela était très réglementaire mais au regard du nombre de personnes que nous croisâmes sur la route c'est-à-dire zéro, je pense qu'il y avait très peu de chance de rencontrer un policier. En fin d'après-midi, Riley me proposa de faire un petit détour de vingt minutes afin de me montrer le *Point Samson*. Cette presqu'île méritait effectivement le détour. Nous nous y baladâmes pendant plus d'une heure. Les quelques plages de cette bourgade étaient idylliques. La plénitude de l'horizon fut un délice à contempler jusqu'au crépuscule. Nous reprîmes la route les batteries d'oxygène frais rechargées. Une heure plus tard, nous arrivions à *Karratha*, la nuit largement tombée ; mon chauffeur m'offrit la possibilité de dormir avec lui dans son camion. Même s'il y avait deux couchettes et une gentillesse sans égale, je ne pus me résoudre à accepter sa proposition. Il me déposa adorablement au camping de la ville et m'expliqua que les alentours méritaient une petite visite d'une journée. J'écoutai ses conseils et décidai de rester le lendemain afin de découvrir les environs. Je lui souhaitai une belle route jusqu'à *Perth* en le remerciant de son amabilité. Il me salua en retour tout en me donnant son numéro de téléphone pour le cas où je changerais d'avis ; il pourrait revenir me chercher le lendemain matin pour me déposer sur la route d'*Exmouth*. Je déclinai une nouvelle fois son offre tout en soulignant sa remarquable bonté. C'est ainsi qu'une fois dans mon duvet, je réalisai que j'étais déjà à plus de huit cents kilomètres de *Broome*.

Au petit matin, je fis la connaissance de la responsable du camping passionnée d'oiseaux. Elle en portait justement un sur son épaule et m'expliqua que tous les gens de la ville, lui apportait ces petits êtres à soigner. Elle m'indiqua sur une carte les principaux sites à sillonner et m'offrit un petit déjeuner digne de ce nom. Je fis du stop afin de rejoindre la presqu'île de *Dampier* et plus précisément sa célèbre *Hearson's Cave,* une plage à voir, semblait-il. C'est alors Tony, au style de biker, qui s'arrêta. Il allait faire son marché au village d'*Hearson* et m'apprit par la même occasion que nous étions dimanche. J'avais complètement perdu la notion des jours de la semaine depuis pas mal de temps. Il me proposa de faire le marché avec lui et de l'accompagner ensuite pour une baignade à la plage. J'acceptai volontiers car son dégagement était très positif.
Après quelques heures à la plage à explorer les splendides coraux, il prit le temps de me faire découvrir les principaux attraits des environs tel le *Deep Gorge Aboriginal*, immenses rochers rouges et le R*ed dog memorial.* Ce mémorial était celui d'un chien qui avait parcouru l'Australie en stop. Tony pensa que cela pouvait m'intéresser. Effectivement c'est un monument à ne pas rater. Ce chien était devenu célèbre dans le pays tout entier. Cela lui avait demandé plus de deux ans afin de réaliser le tour de l'Australie. Ainsi, de nombreux articles de journaux avaient publié son histoire en soulignant que le point de départ de son périple était là, à *Dampier*.

"Quelle coïncidence de croiser ce mémorial", pensais-je. Avant de me déposer à mon camping, Tony me proposa d'essayer sa moto et de faire un tour dans le désert de l'*Outback* derrière chez lui. Âgé d'une quarantaine d'années, même si très gentil, j'avais quand même une petite gêne quant à la confiance que je pouvais lui accorder. Après quelques secondes de réflexion, étant une motarde passionnée, j'acceptai son offre.
Il m'emmena chez lui et quelle ne fut pas ma surprise quand je compris qu'il habitait une caravane à l'extérieur de la ville ! Il avait fabriqué un enclos autour de celle-ci, matérialisant ainsi sa propriété. Après m'avoir offert le café, il me fit essayer son trail Susuki qui semblait coûter le prix de sa caravane. Il n'hésita aucunement à me passer les commandes bien que le véhicule fût quasiment neuf. Pour ma part, je ne pense pas que j'aurais prêté ma moto à une parfaite inconnue. Pourtant, sans aucune hésitation, il me laissa faire un petit tour. Je revins après quelques minutes d'extase à sillonner derrière chez lui, les routes sablonneuses, cheveux au vent. Dès mon retour, nous partîmes cette fois-ci, tous les deux, jusqu'à *Withnell Bay.* C'était une baie accessible uniquement en 4x4 ou en moto. Traverser l'*Outback* en moto était fabuleux. Une sensation de liberté s'offrait à moi. Quelle récompense quand seulement vingt minutes plus tard nous nous arrêtâmes face à cette baie si captivante. Elle semblait surtout spectaculaire par son aspect de bout du monde, engendré par son accessibilité si difficile. Juste après le coucher de soleil, Tony me raccompagna en moto à mon camping où m'attendait avec un grand sourire la dame aux oiseaux qui connaissait à priori très bien Tony. Ce dernier insista pour venir me récupérer le lendemain à l'aube avant d'aller à son travail, afin de me déposer sur la route principale à une quinzaine de kilomètres de là. Quelle gentillesse ! A la fin de cette journée encore si improbable, je n'en revenais toujours pas. Je remerciai une nouvelle fois avec une grande gratitude la vie pour les formidables moments vécus ce jour-là.

Tony vint me récupérer à six heures et me déposa à une station essence en direction d'*Exmouth*. Je n'avais plus que cinq cents kilomètres à parcourir avant d'atteindre mon objectif. Il me fallut attendre cette fois-ci pratiquement deux heures avant de trouver un

nouveau conducteur de *Road Train*. J'avais l'impression que c'était les seuls véhicules qui circulaient sur cette côte. Mon hôte me semblait plutôt bizarre à la première impression. Mais au vu du temps déjà passé à attendre, je ne pouvais pas faire la difficile. Son accent rendait son langage difficile à comprendre ; suivre la conversation était ainsi particulièrement ardu. Par ailleurs, il souffrait d'un "toc" assez flagrant qui me rappelait celui du maître-nageur près des *Whitesundays* : il ne cessait de renifler et sa mâchoire avait tendance à partir de manière importante sur le côté. Je fis mine de l'ignorer ; il était très attentionné et me proposa même un des nombreux sandwichs de sa glacière accompagné d'un coca-cola. Après la collation du midi, il m'invita à essayer de conduire son train des routes. Même si ce dernier ne possédait que trois remorques cette fois-ci, il restait toutefois très impressionnant. Alors que nous roulions, nous échangeâmes nos places ! Auparavant, afin de ne pas être ennuyée par les dix-huit vitesses présentes, il appuya sur un bouton qui faisait passer la conduite en vitesse automatique. Je compris pourquoi il me proposait de prendre le volant en voyant un panneau où il était inscrit soixante kilomètres de ligne droite. Effectivement, pendant tous ces kilomètres, il n'y eut pas un seul virage. La route filait à perte de vue, très loin à l'horizon. Pendant cinq minutes durant lesquelles je ne fus pas rassurée de tenir ce volant visiblement plus grand que moi, mon hôte, après avoir pris le temps de me prendre en photo avec mon appareil, inhala devant moi deux rails de cocaïne. Je fus soudainement très inquiète.
"Pourquoi faites-vous cela ? Cela est très dangereux pour la conduite.
- Au contraire, jeune fille, cela me permet de ne pas m'endormir. Chaque kilomètre avalé c'est de l'argent gagné. Je suis payé aux kilomètres parcourus, par conséquent, moins je dors, plus je gagne des sous rapidement.
- Si vous mettez cinq jours au lieu de quatre cela vous fait perdre seulement une journée mais gagner en confort de sommeil et donc de vie.
- Si je veux qu'on me donne des courses, je dois montrer que je suis plus rapide, plus efficace que les autres. Nous sommes des centaines de conducteurs, ils choisissent les meilleurs pour les plus

longs trajets. Et tout le monde sait que plus c'est long plus c'est bon ! lança-t-il en riant."
Après avoir repris le volant, il engloutit le reste des kilomètres très rapidement et me déposa quelques heures plus tard à l'embranchement qui me conduirait vingt kilomètres plus loin, à *Exmouth.*

Après une heure trente d'attente, c'est une Jeep rouge américaine datant de la Seconde Guerre mondiale qui s'arrêta. A son bord, un monsieur d'au moins soixante-dix ans au sourire éclatant s'arrêta. Une telle joie de vivre émanait de lui qu'elle m'emplit en quelques minutes d'un bonheur intense inexplicable. Elle me contaminait sans que je puisse la contrôler. Son sourire me faisait sourire également et même s'il racontait des blagues que je ne comprenais pas, je riais avec lui. Était-il fou ou juste différent ? En tout cas, il était attachant et cette différence me marqua à jamais. Nous prîmes une photo ensemble en dessous du panneau du tropique du cancer, le parallèle le plus au sud du globe terrestre. Je compris mieux la phrase de Diderot étudiée en philosophie au bac blanc, quelques années auparavant: "L'homme le plus heureux est celui qui fait le bonheur d'un plus grand nombre". Le vieil homme me déposa à mon nouveau camping à *Exmouth*, un paradis terrestre.

Je pense que s'il y a un endroit à visiter en Australie, c'est bien celui-ci, petite bourgade de pêche au bord du célèbre *Ningaloo Reef.* Cette barrière de corail était fantastique. Située seulement à deux cents mètres de la plage d'*Exmouth*, elle était facilement accessible à la nage.
Je passai plus d'une semaine à nager parmi les gigantesques raies mantas qui dépassaient parfois les sept mètres d'envergure. Elles étaient tellement grandes que lorsque qu'elles passaient au-dessus de moi, j'avais l'impression de me retrouver en pleine nuit. Certaines avaient des points bleus sur leurs nageoires qui leur donnaient un côté assez burlesque. A priori, il n'y avait aucun danger à nager auprès d'elles. Il fallait juste se méfier de leur queue qui, chez certaines, pouvaient délivrer un venin mortel pour l'homme, si elles se sentaient agressées. Aucun soupçon de peur ne me vint pendant tout ces temps de contemplation de ce "diable de mer" comme on l'appelait ici. Je fis aussi la connaissance, et cela juste

encore une fois à l'aide de mon masque et d'un tuba, de plus d'une dizaine de petits requins ! Mon autre grande peur… Ils étaient terrifiants même si tous petits. De couleur noire, leurs yeux globuleux m'effrayaient atrocement. Ce n'est qu'accompagnée de Sian, mon voisin de tente, un Australien passionné de surf, que je pus affronter cette peur.

Cette barrière de corail était un aquarium géant. Si elle était riche de milliers de poissons exotiques, elle était aussi parsemée de coraux exceptionnellement bariolés de mille couleurs. Je n'avais jamais vu un site marin aussi beau. Selon les plongeurs des environs, ce site de *snorkeling* dépassait largement ceux de la mer rouge. Pour eux, c'était l'endroit de plongée le plus beau au monde. J'en suis encore aujourd'hui convaincue.

Sian avait un souci : il était connu des services de police du village en tant que récidiviste de conduite en état d'ivresse. Il n'avait donc plus le droit de conduire. Pour cette raison, pendant la durée de mon séjour à *Exmouth*, il me demanda de le déposer tous les matins à son travail et de revenir le chercher le soir. En échange, j'avais le droit d'utiliser sa voiture durant la journée en faisant le plein d'essence naturellement. Il me sollicita également une matinée pour venir l'aider sur son chantier. Je devais juste poncer des murs et l'assister à mettre du plâtre. Cela me rapporta cent dollars.

Exmouth était réputée également pour son parc national le *Cape Range.* C'est donc accompagnée d'un Italien et d'un Canadien rencontrés eux-aussi au camping que j'explorai ce fabuleux parc à l'aide de la voiture de Sian. L'un des spots les plus fabuleux fut *Turquoise Bay* qui, comme son nom l'indiquait, possédait des eaux turquoises et un fond marin exceptionnel. Nous fîmes également une très belle randonnée dans les gorges de *Mandu Mandu,* complètement asséchées mais très belles. Cette journée fut exceptionnelle et nous rentrâmes à plus de dix-neuf heures, ce qui me valut une belle réprimande de Sian qui s'inquiétait de ne pas me voir revenir avec sa voiture. Je réussis à me faire pardonner en lui offrant un beau steak de kangourou que je lui cuisinai sur l'un des nombreux barbecues électriques disponibles au camping. Ce fut mon dernier repas dans ce lieu qui reste l'un des plus beaux au monde à mes yeux.

Sur la route dès sept heures trente, je ne fus accueillie par mes nouveaux hôtes qu'à dix heures trente ! Pendant tout ce temps, je me demandai comment distinguer la perte de temps et le travail de la patience ? A défaut de trouver une réponse, je profitai de cette attente forcée pour contempler quelques émeus dépassant facilement les deux mètres. Alors que je remarquai que leurs pattes ne possédaient que trois doigts, un van très extravagant sur lequel était inscrit en gros "WICKED", soit "MÉCHANT", s'arrêta à ma hauteur. A son bord, trois jeunes français venus explorer la côte occidentale pour trois semaines. Alors que je souhaitais rejoindre *Coral Bay* à juste deux cents kilomètres au sud d'*Exmouth*, eux se dirigeaient à l'intérieur des terres, vers le parc national de *Karajini* situé à plus de sept cents kilomètres de là.
"J'ai pourtant rencontré un couple qui m'a dit que le parc était fermé depuis plus d'un mois maintenant à cause des feux de forêt, m'étonnai-je.
- On sait, mais à priori en allant sur internet au cyber-café, on a vu qu'il avait rouvert depuis hier.
- Ah oui ? Vous êtes sûrs ?
- Pas vraiment, mais mieux vaut rater sa chance que ne pas l'avoir tentée !"
En regardant le joli petit minois du conducteur et en écoutant ma voix intérieure, je décidai de partir avec eux tenter cette chance. Direction ce célèbre parc de la côte ouest ! Assise sur la banquette à l'arrière, je fis connaissance avec ces trois phénomènes. Ils étaient très divertissants. Mathieu, surnommé Mammouth par ses copains en raison de son obésité flagrante, était le plus amusant mais semblait toujours insatisfait de tout. Olivier, de petite taille, n'avait aucun filtre et semblait dire tout haut ce que tout le monde pensait tout bas. Enfin, Hugo, le conducteur, très bel homme, semblait être le moins sympathique.
En ne dépassant pas les quatre-vingt kilomètres/heure, dans un souci d'économie d'essence, il nous fallut toute la journée pour rejoindre le parc. Le temps passa toutefois très vite face aux paysages de l'*Outback* et surtout, grâce à ces trois bout-en-train. Arrivés à

notre destination à la tombée de la nuit, nous eûmes la confirmation par l'office du tourisme que celui-ci avait rouvert depuis la veille au soir. En revanche, si le parc était de nouveau accessible, les campings étaient toujours fermés. Nous installâmes ainsi notre petit campement au milieu de nulle part et surtout, dans un endroit où il y avait énormément de cailloux. Le souvenir des pierres contre mon dos pendant la nuit reste effectivement toujours intact dans ma mémoire. D'ailleurs, comme leur lit prévu pour trois était trop petit, j'accueillis dans ma chère demeure, Mammouth qui me fit énormément rire même si ses ronflements eux, s'avérèrent pénibles...
Nous passèrent ensemble trois jours à explorer ce parc formidable. Second plus grand parc national de l'ouest, il nous avait éblouis par toutes ses gorges, ses piscines naturelles, et ses chutes d'eaux saisissantes. Il s'étendait sur plus de six mille deux cents kilomètres carrés soit l'équivalent du département de la Seine-Maritime. Ces quelques jours furent nécessaires afin d'en réaliser le tour. Pendant la journée, nous passions notre temps à escalader et sauter des falaises. Nous nous adonnions ainsi à de nombreuses cessions de canyoning improvisées couronnées par des séances de natation dans les vastes piscines naturelles. La paroi des falaises, de couleur rouge, n'avait rien à envier aux grands parcs américains. Complètement seuls au monde puisque la plupart des gens devaient penser que le parc était toujours fermé, mes trois nouveaux amis, sillonnèrent les gorges entièrement nus ! Ils sautaient et grimpaient le long des parois, les fesses blanches à l'air. Je pus réaliser de nombreuses photos très originales sans aucune gêne de la part de mes modèles qui me facilitaient au contraire avec grande joie, la tâche.
Nous conclûmes notre séjour par l'ascension du plus haut sommet de l'ouest qui culminait à mille-deux-cent-trente-cinq mètres, bien en deçà de nos chers majestueux sommets français. Il nous fallut toutefois pratiquement cinq heures aller-retour pour en venir à bout. Je craignis que nous perdissions Mammouth mais celui-ci s'accrocha en racontant des blagues d'autodérision à longueur de temps. Me destinant à enseigner le sport, je restai avec lui pour l'encourager en lui donnant des conseils mais en réalité, son humour était son moyen de se surpasser. Ces plaisanteries constantes au sujet de son poids lui permettaient paradoxalement, d'accepter son handi-

cap. Je compris qu'exprimer à haute voix ses faiblesses, les difficultés qu'il éprouvait et les émotions ressenties, était finalement son remède pour les dépasser. Ce mécanisme d'auto-guérison par cette autodérision semblait être sa thérapie afin de ne pas être rongé de l'intérieur par ses angoisses. "Rien n'est plus sérieux, Armonie, qu'une bonne tranche de rire !" aimait-il me répéter. En tant que futur enseignante, je réalisai qu'il était évident que je serai souvent confrontée à l'obésité de certains de mes élèves. Mon principal défi serait de leur faire prendre conscience de leurs capacités infinies afin de leur permettre de s'accepter tels qu'ils sont, sans avoir peur du regard des autres.

Ce soir-là, nous pûmes prendre notre unique douche de ce séjour, à la piscine municipale de la ville la plus proche du parc, *Newman*. Pour ma dernière nuit auprès d'eux, j'héritais dans ma tente du beau gosse de la troupe. Il tenta quelques approches déguisées afin d'essayer de m'embrasser mais, malgré son corps d'Apollon, je ne ressentis aucunement le désir d'accueillir ses baisers. Peut-être que je mûrissais enfin en comprenant que le physique ne faisait pas tout. Il est vrai qu'il était attirant mais son attitude souvent hautaine dévoilait l'assurance de la connaissance de sa beauté, construisant un tout qui me repoussait fortement.

Le lendemain, alors qu'ils reprenaient la route en direction de *Darwin* afin de prendre leur avion pour la France, je m'adonnais de nouveau au stop, direction l'océan, *Coral Bay.* Je les remerciai grandement de m'avoir permis de découvrir ce joyau naturel. Au fin fond de l'Australie occidentale, le détour de plus de mille quatre cents kilomètres pour visiter ce parc avait été amplement justifié.

Après une première heure de stop, seule une voiture s'arrêta et parvint à faire naître en moi une certaine colère. Ce sentiment pourtant inexistant depuis mon arrivée en Australie, fut causé par un couple d'une soixantaine d'années. Une fois arrivés à ma hauteur, ils se mirent à me parler en allemand ou en flamand, certainement en raison de mon tee-shirt sur lequel était inscrit en gros la marque "Von Dutch". Je leur répondis en anglais que j'étais française. A peine le mot "french" fut-il prononcé que la voiture redémarra dans un vacarme assourdissant. Ils ne me donnèrent aucune explication mais les grimaces sur leurs visages exprimaient un réel dégoût, tout à fait incompréhensible. J'étais sidérée !
Il n'y a pas que les coups qui font mal, parfois, certaines réactions comme celle-ci, s'avèrent beaucoup plus violentes. Si à Paris, je les aurais volontiers traités de tous les noms d'oiseaux, cette fois-ci, ma seule réponse fut un silence consterné face à la stupidité de ces gens.
Les huit cents kilomètres qui me séparaient désormais de *Coral Bay* furent très difficiles à parcourir. Je pense qu'il me fallut l'aide de plus d'une quinzaine de voitures afin de pouvoir enfin planter ma tente au camping de *Coral Bay* à la nuit tombante. Cette journée avait été compliquée pour le transport en stop : je dus attendre de nombreuses heures en plein soleil, sous quarante degrés, agacée par des milliers de mouches. Ces dernières m'obligeaient à toujours garder une main auprès de mon visage pour les empêcher de se poser quand l'autre main était consacrée à arrêter les voitures. Je crois que je devais ressembler à une folle, gesticulant dans tous les sens, ce qui expliquait peut être pourquoi peu de voitures acceptaient de s'arrêter. Si les différents conducteurs étaient toujours plutôt sympathiques, il me fallut attendre la fin de journée avant de m'installer dans la voiture aménagée d'Antonio, un Italien se rendant lui-aussi à *Coral Bay*.

Nous passâmes quelques jours ensemble à explorer les coraux marins magnifiques de ce petit village d'une centaine d'habitants qui portait si bien son nom : les coraux semblaient tout droit sortir de l'imagination d'un artiste peintre. Leurs couleurs étaient encore plus étincelantes et plus brillantes qu'à *Exmouth*. En revanche, il n'y avait pratiquement pas de faune marine. Seule, toutefois, existait une nurserie à requins. Si l'envie vous prenait, vous pouviez aller marcher au milieu de centaines de petits requins. Ainsi, alors que l'eau arrivait à la hauteur des genoux, tous ces minis squales nageaient autour de vous, touchant parfois vos pieds ou vos mollets. De couleur noire, les yeux perçants, ils me paraissaient effrayants malgré leur toute petite taille. Je ne pus demeurer que quelques minutes ou peut-être même, secondes, la notion du temps étant difficilement vérifiable parmi ces bébés requins. Antonio resta tout à fait stoïque et ne sembla éprouver aucune angoisse. Je décidai le lendemain de réaliser une plongée en bouteille dans ce site mondialement connu, pour aller rencontrer les requins. Ayant gagné un peu d'argent, je pouvais me le permettre.

Nous étions une dizaine dans la petite embarcation. Elle nous mena aux larges des côtes afin d'avoir le plus de chance de découvrir ces créatures que je redoutais tant. A côté de moi, se trouvait un homme d'au moins soixante-dix ans.

"Vous avez déjà plongé avec des requins, monsieur ? demandai-je naïvement.

Bizarrement tout le monde se mit à rire sur le bateau. Ne comprenant pas mon désarroi face à ces rires, il me répondit rapidement :

- Oui j'ai eu la chance de le faire des milliers de fois.

- Des milliers de fois ? m'exclamai-je au comble de la surprise."

La femme se trouvant en face de moi, m'expliqua que le vieil homme était un chercheur très célèbre en Australie. Auteur de centaines d'articles dans les plus grandes revues sur les poissons, il avait passé sa vie à plonger parmi les requins afin d'essayer de les comprendre. En poursuivant mon sondage sur le reste de l'équipage, je compris que j'étais la seule à n'avoir jamais plongé parmi les requins et de loin la plus jeune puisque tous étaient âgés de plus de cinquante ans !

La plongée dura plus de quarante minutes à vingt mètres de profondeur. Après une dizaine de minutes et alors que nous traversions une grotte sous-marine, le moniteur mit sa main à la verticale sur sa tête afin de nous avertir qu'un requin était en approche. Mon cœur s'accéléra très rapidement et à la sortie de la grotte, j'aperçus un

requin gris de deux mètres de long. Au-dessus de lui, un autre requin plus petit le suivait. Ils formaient tous deux une très belle famille. Au lieu d'avoir peur, je fus attendrie par cette scène. Alors que mes camarades de plongée commençaient déjà à vouloir sillonner d'autres endroits, je voulus prendre une photo de ce requin si paisible. Je sortis mon appareil jetable waterproof et rattrapai le requin afin de nager à ses côtés et prendre ma photo de plus près. Mais après seulement quelques clichés, je sentis une énorme pression en arrière. C'était l'instructeur qui m'avait attrapée et me faisait signe que j'étais folle en tournant son index sur sa tempe. A travers son masque, je voyais son regard furieux et angoissé. Ce fut le seul requin que nous vîmes pendant la plongée. Le reste de la sortie nous permit néanmoins de nager avec des tortues géantes et des raies mantas spectaculaires.
De retour sur le bateau, l'instructeur et le vieil homme me dirent que le requin était particulièrement dangereux. Il avait été inconscient de ma part de m'être approchée de lui aussi près car ces requins gris sont souvent impliqués dans les attaques sur l'homme lorsqu'ils se sentent en danger.
"Avez-vous déjà subi une attaque de requin ? demandais-je au vieil homme.
- Je me suis déjà fait peur de nombreuses fois en plongeant, effectivement.
- Vos proches doivent être terrifiés à chaque fois que vous plongez.
- Ils l'étaient, oui, mais ils ont compris que c'était ma passion, mon travail et ce qui me rendait profondément heureux. Ils ont donc fini par accepter.
- Vous avez toujours un peu peur lors de vos plongées encore aujourd'hui malgré toutes ces années ?
- La peur ne t'empêchera pas de mourir mais elle t'empêche en revanche de vivre pleinement. Je pense que c'est plutôt une tension positive plutôt que de la peur. Cela m'empêche d'agir inconsciemment comme tu l'as fait, jeune demoiselle ! me dit-il avec un joli sourire moralisateur."
J'en conclus que je garderais secrète cette petite escapade sous-marine qui ne devait absolument pas venir aux oreilles de ma mère avant mon retour. Nous étions d'ailleurs à moins de trois semaines

de Noël et seuls les quelques chants de Noël diffusés par les interphones des campings me rappelèrent que cet événement approchait. Je décidai d'envoyer par courrier un petit kangourou en peluche à mes parents en guise de cadeau de Noël.

MONKEY MIA

Je repartis sur les routes avec Antonio qui souhaitait arriver fin décembre à *Perth* afin de revendre sa voiture pour repartir en Italie mi-janvier. Achetée un an plus tôt cinq mille dollars, il espérait la revendre au même prix, voire même plus cher. Il avait pris une année sabbatique alors qu'il exerçait le métier d'infirmier. Nous mîmes finalement deux jours pour rejoindre *Monkey Mia* située à six cents kilomètres de là. Pendant ce trajet, nous nous arrêtâmes dans tous les endroits qui nous semblaient intéressants à découvrir. C'est ainsi que nous passâmes une bonne partie de notre première après-midi de vagabonds à nous baigner dans une piscine naturelle*, Rocky Pool,* nouvel oasis au cœur du désert. Nous fîmes connaissance avec un vieux monsieur très maigre et aux cheveux dépassant largement le milieu du dos. Il avait construit une grande cabane dans un arbre, et semblait s'y être installé pour quelques jours.
"Vous vivez ici monsieur ?
- Juste pour une semaine ou deux. Je me repose avant de repartir sur les routes.
- Vous voyagez à vélo? lui demandais-je sans détour en voyant un vélo à l'entrée de sa demeure de fortune.
- Exactement, à vélo. Il me montra ainsi fièrement sa très belle monture. Son véhicule était équipé de nombreuses sacoches et le tout était ingénieusement attaché.
- Vous allez jusqu'où ?
- Je suis parti de *Melbourne* il y a maintenant cinq ans de cela. Je fais le tour du pays à vélo.
Moi qui pensais réaliser une chose hors du commun en faisant le tour de l'Australie en stop, je me sentis ridicule face à ce grand monsieur.
- Vous sillonner les routes seul ?

- Effectivement, car en reprenant les propos d'Einstein, marcher seul ou plutôt, dans le cas présent, rouler seul, permettrait d'atteindre des lieux que personne n'a encore atteint.
- Pensez-vous avoir atteint ces lieux, monsieur ?
- Je le crois, oui. Tout dépend en réalité de ce que l'on comprend derrière le terme de lieu.
- Qu'entendez-vous derrière ce mot ?
- Mon être intérieur. J'essaie de comprendre qui je suis afin d'accomplir mon plus grand devoir dans cette vie, celui d'être heureux.
- Selon vous, on ne peut être heureux que seul ?
- En tout cas, afin d'être heureux à deux, il te faut impérativement atteindre le bonheur seul. Ainsi depuis toutes ces années, je n'en fais désormais qu'à mon cœur !"
Il fut très enrichissant d'écouter toutes ses anecdotes et c'est pourquoi, savourant ses expériences, Antonio et moi, restâmes quelques heures en sa compagnie.

Le soir venu, mon infirmier personnel installa avec une organisation et une rigueur sans faille, notre campement. Minutieux, soigneux et rompu au montage de sa maison ambulante, je ne pus que le contempler élaborer notre gîte pour le soir. L'arrière de la voiture fut transformé en lit confortable pour deux personnes. En dessous de ce dernier, un coin cuisine parfaitement emboîté fut installé. Table, chaises, réchaud, il avait tout l'équipement nécessaire pour camper. J'étais fascinée et admirative devant une telle organisation et face à ce mode de vie nomade qui me plaisait tant. Je me promis intérieurement d'avoir un jour mon propre van afin de découvrir la France et pourquoi pas même, l'Europe.

Après un petit massage remarquable au cours duquel Antonio avait réussi à détendre les quelques points de tension présents sur ma nuque et dans mon dos, nous nous endormîmes blottis l'un contre l'autre dans une tendresse amicale. Enfin, à mes yeux, elle semblait amicale mais le lendemain matin, le changement d'attitude d'Antonio me fit comprendre qu'elle n'était pas uniquement amicale pour lui. Finalement l'amitié homme-femme était-elle réellement possible? Au gré de mes différentes expériences, je crois qu'il est compliqué de trouver cette parfaite harmonie. L'impression d'un

éternel déséquilibre dans les sentiments de l'un ou de l'autre crée, semble-t-il, une amitié entre sexe opposé difficile à atteindre.
Quoiqu'il en soit, les sujets de conversations se faisaient plus rares et l'atmosphère était devenue assez pesante dans la voiture. En début d'après-midi, nous fûmes ravis tous les deux d'arriver à notre destination, *Monkey Mia*. Cette petite bourgade faisait partie d'un parc naturel classé au patrimoine de l'Unesco. En effet, depuis les années soixante, tous les matins à sept heures trente précises, une dizaine de dauphins venaient délibérément sur la plage de *Monkey Mia* pour recevoir du poisson frais des touristes. Cinquante ans auparavant, cette habitude avait été créée par une petite fille de douze ans qui nourrissait à chaque lever du jour son ami le dauphin. Après quoi, la nouvelle s'était répandue dans tout le pays : un dauphin puis de nombreux autres venaient tous les jours à la même heure, récupérer leur petit déjeuner.

Mon objectif profond était d'être tirée au sort par l'un des bénévoles s'occupant de ce parc afin de déposer un poisson dans la gueule de l'un de ces dauphins. Chaque jour, seule une poignée de touristes obtenait cette opportunité. Ainsi, pendant la seconde matinée, après que je ne fus pas choisie, je décidai d'engager la conversation avec l'une des bénévoles qui était Espagnole. J'usais de mon plus bel accent espagnol et appris qu'elle travaillait là depuis quatorze ans. Considérant ce lieu comme le plus bel endroit du monde, elle y avait fondé sa famille et exerçait sa passion, celle de s'occuper de dauphins.
Le lendemain matin, je décidai d'aller nager vers sept heures en ayant l'espoir d'apercevoir les magnifiques cétacés. Après une petite dizaine de minutes, je pus réaliser un de mes rêves, nager avec eux. Une maman dauphin accompagnée de son petit s'était mise à me suivre jusqu'au bord de la plage. Au loin, je voyais des dizaines de touristes nous prenant tous trois en photos ! Ces quelques minutes de nage commune furent vraiment exceptionnelles. Nous nous regardions mutuellement et j'avais même l'impression qu'ils me souriaient sous l'eau. De leur regard jaillissaient une réelle sympathie et une gentillesse indéfinissable. Je me sentais en sécurité à leurs côtés. Ils me suivirent jusqu'à la plage afin d'aller récupérer leur collation du matin. A peine étais-je sortie de l'eau que l'Es-

pagnole de la veille vint directement à moi avec un poisson, sourire aux lèvres.
"Profite bien de cet instant, il est unique, me dit-elle en espagnol."
Mon regard, mon sourire, tout mon être la remercièrent infiniment. C'est ainsi que, juste à mes pieds, la maman poussa un cri bien connu des dauphins et se laissa mettre dans la gueule le poisson que je venais de recueillir dans mes mains. Cet instant de tendresse remplit le centre de ma poitrine d'une intense chaleur et, paradoxalement, malgré cette sensation étouffante, des frissons envahirent l'ensemble de mon corps. Enfin, de véritables larmes de joie incontrôlables, couronnèrent ce sentiment de bonheur immense. Après avoir enlacée l'Espagnole pour la remercier de son geste, je restai plus d'une heure assise sur la plage à contempler l'horizon et à savourer cette énergie de béatitude remplissant mon corps et surtout mon esprit.
Le soir venu, Antonio m'apprit qu'il repartait dès le lendemain et me proposait de l'accompagner si je le souhaitais. Je déclinai son offre même si cette dernière aurait été beaucoup plus simple pour moi mais je préférai rester une autre journée dans ce parc naturel. Il comprit tout à fait et me fit le présent de me montrer les photos qu'il avait prises de moi avec les dauphins. Il me promit de me les envoyer par mail dès qu'il le pourrait. Néanmoins, je savais pertinemment qu'aucune photo ne serait nécessaire pour me remettre en mémoire cette merveilleuse rencontre gravée à jamais dans mon cœur.
Le jour suivant, je réitérais la nage avec ces créatures de mes rêves. Je revis la même mère avec son petit. L'Espagnole m'apprit que les dauphins avaient pour usage d'être bisexuels et possédaient une gestation de douze mois. Ils chassaient généralement en groupe serré mais étaient plutôt solitaires hormis bien sûr, pendant l'éducation des petits et la période de reproduction. Ainsi, les animaux ont finalement peut-être quelques pas d'avance sur l'homme.... C'est d'ailleurs sans doute la raison pour laquelle Jean de La Fontaine adorait utiliser les animaux pour "instruire les hommes".

De retour sur les routes, je souhaitai rejoindre la ville de *Kalbarri*, réputée pour son parc national. Après une bonne heure d'affrontement avec les mouches, un couple venu de *Perth* avec leur fille de vingt-trois ans, m'accueillit dans leur voiture. La jeune femme à l'arrière me salua en avançant sa main vers moi mais étrangement, son regard resta fixe et ne croisa pas le mien. Ses yeux étaient d'un bleu clair magnifique. Ils semblaient de la même couleur que l'océan Indien à nos côtés. Je compris qu'en réalité, elle était aveugle.
"Salut, moi c'est Carry, lança-t-elle.
- Enchantée Carry. Heureuse de faire ta connaissance. Vous êtes en vacances par ici ?
- Oui, nous rentrons de quinze jours de vacances. Je commence enfin mon travail la semaine prochaine. Elle prononça cette phrase avec une joie intense et un sourire sincère.
- Dans quel domaine travailles-tu, Carry ?
- Je vais être enseignante pour les jeunes aveugles.
- Super ! Tu vas leurs apprendre à lire et écrire ?
- Dans un premier temps, on leur apprend à se débrouiller seuls pour s'habiller, manger, marcher sans danger, puis, bien sûr, ils apprendront le braille.
- C'est super !
- Oui j'ai hâte de commencer. En fait, c'est mon enseignant qui m'a donné envie de faire la même chose que lui. Il m'a prise sous son aile il y a maintenant quatre ans lorsque je suis devenue aveugle après un accident de la route.
- J'en suis désolée
- Ne le sois pas et je refuse vraiment toute sorte de pitié. Je l'ai accepté maintenant. Il est vrai qu'au début ma vie s'est écroulée, je pensais même à vrai dire, qu'elle était finie. J'ai été accablée et anéantie pendant des semaines jusqu'à la rencontre avec cet enseignant devenu aujourd'hui mon compagnon.
- Super ! Tu sors avec ton prof, le fantasme de toutes femmes ! lui dis-je en riant.

- Oui c'est vrai. En plus, il est vraiment très beau ! D'ailleurs puis-je te regarder, Armonie ?
Surprise par sa question, je lui répondis que bien sûr, elle le pouvait. C'est alors qu'elle passa délicatement ses mains sur mon visage, partant de mon front, elle s'arrêta ensuite sur mes yeux dont elle fit soigneusement le tour. Elle descendit ensuite au niveau de mon nez qu'elle suivait en aller-retour avec ses deux index puis ma bouche fut pour elle, la partie du visage qui lui demanda le plus de temps à contourner. Enfin, elle termina de visualiser mon visage par mon menton. Elle me demanda ensuite quelle était la couleur de mes cheveux.
- Je suis brune.
- Merci, maintenant je vois précisément à quoi tu ressembles et mes mains me disent que tu es très jolie.
-Pas autant que toi, Carry !"
En effet, c'était une jeune femme magnifique ; sa chevelure blonde et son visage ressemblaient à celui d'une poupée. Sa voix était d'une douceur exquise qui lui donnait un charme irrésistible à mes yeux. Nous passâmes les quatre cents kilomètres qui nous séparaient de *Kalbarri*, à discuter d'elle et de son apprentissage à accepter cette nouvelle vie qui lui permettait en réalité, de réaliser ce qui la passionnait : enseigner.
"En fait, la perte de ce sens, la vue, m'a permis de développer les autres et surtout de les utiliser, de les écouter pleinement. Maintenant, tout me prend beaucoup de temps mais, paradoxalement, cela me permet de vivre plus intensément ma vie. C'est pourquoi j'aime dire à mes amis qu'il est préférable de boîter sur son bon chemin de vie plutôt que de courir sur la mauvaise route !" me confia-telle.
J'étais en totale admiration devant cette femme. Si au début, en prenant conscience de son handicap, un soupçon de tristesse m'avait envahie, je compris finalement que ce dernier lui avait permis de voir la vie. Comme le soulignait justement Théodore Roethke, "c'est dans les moments d'obscurité que l'œil commence à voir".
Ils prirent soin gentiment de me trouver un camping très bien situé avant de reprendre leur route. Ce fut une fois encore, une rencontre édifiante.

La ville de *Kalbarri* au bord de l'océan, était bordée de falaises très impressionnantes, étrangement semblables à celles de Bonifacio en Corse. La balade d'une dizaine de kilomètres qui les surplombait donnait le sentiment d'être tout petit face à cette nature si massive. Le parc naturel quant à lui, était à une trentaine de kilomètres de la ville. J'y accédai le lendemain en m'imposant quelque peu dans le van de mes voisins de tente. J'avais compris au petit matin que ces Allemands âgés d'une trentaine d'années se rendaient au parc national. Je dus insister pour qu'ils acceptent de me laisser monter à bord. Au début, il fut vraiment difficile d'engager la conversation puis finalement, après que nous eûmes fait connaissance, ils se détendirent enfin et me proposèrent même, une fois arrivés sur place, de randonner avec eux.

Au sein du parc, le fleuve *Murchinson* serpentait entre des gorges de plus de quatre-vingt kilomètres de longs. Nous prîmes le temps de nous baigner et de savourer ce décor digne d'un très bon western américain. La journée passée, je réalisai que nous n'avions croisé absolument personne. Ainsi, même s'il avait été très osé de ma part d'avoir insisté le matin auprès d'eux, je savais intérieurement que je devais accompagner ces derniers. C'est d'ailleurs ce que je leur expliquai sur le chemin du retour, en m'excusant de les avoir quelque peu contraints. Ils en rirent et m'invitèrent à savourer le dîner en leur compagnie.

Couple de fermiers vivant dans la campagne allemande, ils avaient pris leur seul mois de vacances de l'année pour visiter l'ouest de l'Australie en van. C'était un moment très important pour eux et pour leur couple me semblait-il. La jeune femme confirma mon impression en expliquant qu'ils devaient prendre la décision, soit de continuer à mener cette vie de fermiers qui ne leur laissait pas assez de temps et ne leur rapportait pas suffisamment d'argent, soit de vendre cet héritage familial au cadre idyllique.

"Qu'avez-vous choisi ?

- Nous rentrons dans trois jours et nous ne sommes toujours pas sûrs de notre décision. Un peu éloignée de son mari, la jeune femme m'expliqua que selon elle, le temps libre était la plus belle des richesses. Malheureusement depuis quatre ans, c'étaient leurs

premières vacances et leur couple commençait à pâtir de ce manque d'égards.
- Et vous, que souhaitez-vous réellement ?
- J'aspire à avoir du temps, à avoir des enfants et à utiliser ce temps pour les élever. Mon mari est d'accord avec cela mais tout recommencer, chercher du travail, déménager lui fait peur.
- Le premier pas pour obtenir ce que vous voulez, c'est tout d'abord d'avoir le courage de quitter ce que vous ne voulez plus. A trente ans, dites-lui qu'on retrouve facilement du travail surtout avec une expérience de chef d'entreprise. Arrêtons de fuir nos peurs, affrontons-les !"
Je pense que lorsque nous sommes confrontés aux changements comme un bouleversement de vie, cela nous permet toujours de grandir, d'avancer sur notre chemin de vie. Nous débattîmes ensemble pendant une bonne partie de la nuit avant d'aller nous coucher. Le lendemain matin, la jeune fermière vint frapper à ma tente à sept heures pour demander si cela m'intéressait de les accompagner, direction *Geralton* à deux cents kilomètres au sud. J'acceptai bien évidemment la proposition puisque je souhaitais me diriger vers *Cervantes*, deux cents kilomètres encore plus au sud de *Geralton.* Ils me permettraient ainsi d'être à mi-chemin. La journée commençait à merveille.

CERVANTES

En chemin, nous nous arrêtâmes au célèbre *Pink lake*, lac rose près de *Port Grégory*. La couleur de ce lac était due à une très haute salinité de l'eau causant la formation d'une algue, créatrice de ma couleur préférée, le rose ! Nous arrivâmes en milieu de matinée à *Géralton*, grande ville portuaire dont la principale source de revenu provient de la pêche au homard. Pour cette raison, nous partîmes vêtus d'uniformes blancs et de calottes ridicules sur la tête, à la découverte d'une grande industrie de homards. Pendant la visite guidée, je retrouvai une hollandaise dont j'avais fait la connaissance au camping la veille au soir devant les douches. Directrice d'école, elle avait obtenu un mi-temps annualisé afin de partir ex-

plorer l'Australie en van avec son mari et ses deux enfants. Elle m'expliqua qu'ils se rendaient ce soir-là à *Cervantes*. Avec le petit sourire dont j'usais très souvent désormais, je lui demandai très innocemment s'il ne restait pas une petite place pour une passagère clandestine. Après avoir demandé à toute sa famille, elle me proposa de les retrouver après le repas vers quatorze heures, au centre-ville de *Géralton,* devant le monument au mort de la Seconde Guerre mondiale.
J'expliquai ainsi mon nouveau programme au jeune couple de fermier qui souhaitait rester une nuit dans cette ville. Avant de nous dire adieu, nous décidâmes de partager un dernier déjeuner ensemble et, alors que nous commencions à installer le van face à la plage, un pêcheur de retour de sa pêche, amarra son bateau. Il nous proposa de nous donner deux langoustes si on acceptait de l'aider à vider sa cargaison dans son camion. Ce fut avec plaisir !
Ainsi, après une bonne demi-heure à porter de lourdes caisses blanches exhalant un doux parfum de poissons, nous pûmes mettre à cuire nos deux belles langoustes. En attendant, nous discutâmes avec le pêcheur autour d'une délicieuse bière. Il nous expliqua qu'il avait l'habitude de réaliser ce troc chaque jour car cela arrangeait finalement tout le monde. Effectivement, cela combla mes papilles qui n'étaient aucunement habituées à goûter ce produit de luxe. Extrêmement fraîches, ces langoustes furent un vrai délice. Après ce dernier repas, je fis mes adieux à mes hôtes en les remerciant pour leur gentillesse. Je leur souhaitai bonne chance pour prendre leur décision si importante. Sans vouloir les influencer, je leur conseillai de prendre la décision qui leur permettrait d'atteindre le devoir d'une vie, celui d'être heureux.

En me rendant au centre-ville de *Geralton*, j'aperçus sur mon chemin un phare rouge et blanc ressemblant étrangement au damier de couleurs de la fusée de Tintin. Le monument au mort était un globe terrestre accompagné de plusieurs mouettes. Ces dernières symbolisaient les nombreux soldats australiens morts pendant la Seconde Guerre mondiale. La mouette était une magnifique allégorie de la mort de ces soldats qui, disparus en mer pour leur patrie, montaient directement au ciel. J'étais en pleine contempla-

tion de cette magnifique parabole quand je vis arriver le camping-car de mes nouveaux hôtes, pile à l'heure.
Marie et Hans formaient un couple très charmant dont l'amour et le bonheur semblaient inonder leur vie. Leurs enfants, âgés de sept et treize ans, dégourdis en raison de leurs nombreux voyages, étaient aussi studieux. En montant avec eux à l'arrière du van, je les contemplai réalisant leurs devoirs. Ils profitaient des trajets afin de se débarrasser de cette véritable corvée avant de découvrir les trésors de ce pays. Leur mère, attentive, était présente pour répondre à chacune de leurs interrogations avec douceur et patience. J'avais l'impression d'être tombée dans mon modèle de famille idéale.

Arrivés assez rapidement au camping de *Cerventes* au bord de l'océan, nous partîmes, aussitôt le campement installé, en direction du parc national de *Nambung* afin de contempler au coucher du soleil, le célèbre *désert des Pinnacles*. Ce parc très vaste était parsemé d'imposantes formations calcaires rocheuses en forme de menhirs. De tailles variées, ces derniers pouvaient atteindre plus de quatre mètres. Reposant sur le sable du désert, leur couleur orangé prenait des teintes nuancées au coucher du soleil. Le plus impressionnant fut de voir leur ombre s'agrandir petit à petit à la lumière du crépuscule ce qui pouvait facilement effrayer les plus petits. Après avoir vagabondé parmi ces menhirs dont la construction reste encore sujette à débats chez les scientifiques, nous nous installâmes en haut d'un de ces derniers. L'endroit était parfait pour déguster jusqu'à la nuit tombante, la salade de pâte préparée par toute la famille à midi. En revanche, revenir de nuit par ce labyrinthe n'avait pas été notre meilleure idée. Tout se ressemblait et il n'y avait ni pancarte, ni touriste pour nous indiquer la bonne direction. Après deux bonnes heures de facéties, éclairés uniquement par la lumière de la lune, nous retrouvâmes enfin le camping-car.
De retour au camp et une fois les petits couchés, Marie et Hans vinrent me rejoindre pour partager une bière au bar du camping. Le *juke-box* du *pub* égaya toute la soirée de cette musique country dont je raffolais tant. Je me sentais vraiment bien avec eux et je crois sincèrement que c'était réciproque. Marie me confia qu'elle m'avait aperçue la toute première fois, nageant avec les dauphins puis m'avait même regardée faire ma séance d'abdominaux au

camping de *Monkey Mia*. La vie avait donc insisté pour que nous partagions un bout de chemin ensembles.
Le lendemain matin, avant de prendre le petit déjeuner, elle me demanda si nous pouvions faire cette petite séance d'abdominaux. Avec plaisir, je m'exécutai en endossant le rôle que j'aimais tant, celui de coach ! L'activité fut complétée par le renforcement de nos chers fessiers dont le galbe pouvait toujours être plus ferme. Nos toasts du matin furent ainsi amplement mérités. La voyant doubler les quantités de pain ingurgités, se disant qu'elle le pouvait après cette séance de sport, je lui fis remarquer à juste titre, que si elle désirait affiner son corps ou perdre du poids, quatre-vingt pourcents du travail se déroulait dans son assiette.
"Tu peux faire deux heures de sport tous les jours mais si par ailleurs, tu manges plus que tu ne dépenses, il te sera impossible d'atteindre ton objectif.
- Franchement faire des régimes, je n'en peux plus. Ils ne servent à rien.
- Je suis entièrement d'accord avec toi, ils ne servent strictement à rien. Je n'ai jamais parlé de régime mais d'un équilibre alimentaire varié et en quantité suffisante afin de ne pas avoir faim.
- Justement, j'ai toujours faim !
- Souvent quand on a faim entre les repas, c'est que notre corps est déshydraté. Bois alors du thé, ou un grand verre d'eau chaude avec du citron, cela coupera ta faim tout en hydratant ton corps. Nous sommes faits à quatre-vingt pourcents d'eau, il ne faut pas l'oublier. Enfin, il est important de manger tôt le soir, entre 17h et 19h, en privilégiant les légumes et en gardant une petite portion de féculents. Et le maître mot est, Marie, se faire plaisir ! Prendre le temps de savourer, de mastiquer et de consacrer toute son attention à cette action, manger. A table, tu ne te nourris pas que de légumes et de viande, les mots prononcés et tes pensées s'intègrent aussi à ce bol alimentaire.
- Je n'y avais jamais songé ainsi. Merci Armonie, pour ce petit cours de diététique ! Je vais essayer de suivre tes conseils.
- Je suis sûre que tu ne vas pas seulement essayer, tu vas réussir. Il faut vraiment que tu en sois convaincue.
- Je vais réussir à m'affiner !

- Parfait ! La prononciation de ces paroles est la première étape afin d'atteindre ton objectif."

Après ce petit cours improvisé, nous passâmes notre matinée à discuter avec un pêcheur de la plage. Les enfants étaient fascinés par sa grande gentillesse et sa disponibilité. Si d'habitude, les pêcheurs restent assez solitaires, lui, prenait un grand plaisir à répondre aux questions des enfants, réponses traduites ensuite par leurs parents. La patience et l'attention qu'il accordait à ces petits, semblaient être accueillies comme un véritable cadeau pour eux. Il est vrai qu'en règle générale, la qualité d'écoute, d'attention que nous avons auprès des gens, montre finalement l'importance que nous leur attribuons. Ainsi, bien qu'en deux longues heures, il ne prit que deux petits poissons, les enfants et lui affichaient un sourire étincelant qui éclaira non seulement l'innocence de leurs visages mais aussi la pureté de leur cœur. L'ensemble baignait dans une simplicité naturelle qui était divinement belle. La vie sans artifice ! Ils vivaient en famille, à la rencontre des gens et de la vie afin d'apprendre leur vision du bonheur. J'enviai cette douce famille. Nous vivions exactement la même chose mais pour autant, leur bonheur me semblait encore plus intense que le mien. Il était identique et différent à la fois. Différent, car ils le partageaient avec les gens qu'ils aimaient profondément et sincèrement. Ainsi, si chacune de mes journées étaient toujours partagées avec quelqu'un, elle l'était avec un parfait inconnu. Ce que je vivais me rendait pourtant profondément heureuse et cette étape de ma vie me semblait indispensable avant d'atteindre les suivantes. L'être humain veut toujours ce qu'il n'a pas ou peut-être ce que possèdent les autres. Plongés dans un esprit de compétition depuis notre petite enfance, nous sommes en constante comparaison avec autrui. Nous voulons être comme autrui et une fois que nous y arrivons, nous demeurons insatisfaits car nous avons oublié une chose essentielle, être nous-mêmes. Arrêtons d'attendre de tout avoir afin d'être heureux et de profiter de la vie, nous avons déjà notre vie pour profiter de tout. Comme Guillaume Apollinaire le soulignait justement, "de temps en temps, il est bon d'arrêter notre quête du bonheur et d'être tout simplement heureux".

L'après-midi, nous dévalâmes les célèbres dunes de *Lancelin* au sud de *Cervantes*. Les enfants, assis sur leurs *body-bords*, descendaient à une incroyable vitesse les pentes vertigineuses de ces dunes. Elles ressemblaient à s'y méprendre à la dune du Pilat, dans la région des Landes, en France. Ces dunes de tailles vertigineuses, à l'image de l'Australie, étaient entourées d'un désert de sable blanc immaculé, accessible uniquement en 4x4. Toutes ces montagnes, comme enneigées, me firent penser, à moins d'une semaine du vingt-cinq décembre, à nos grands sommets français et à l'esprit de noël. Cette famille si belle et unie mit alors en avant la distance qui me séparait de la mienne.

En fin de journée, je ressentis le besoin instinctif d'appeler ma mère. Ce lien parental inexplicablement fusionnel et en même temps si dévastateur parfois comme tout grand amour, me manquait terriblement. C'était la première fois que cette émotion m'envahissait depuis mon départ. Sa voix, son sourire, son regard que je retrouvais à travers le téléphone me firent éclater en sanglots. J'avais un besoin intense de l'enlacer et de l'embrasser. Se blottir juste dans les bras de la femme qui nous a mis au monde, écouter les paroles réconfortantes de ces parents que nous avons choisis lors de notre incarnation dans cette vie, sont des actes si faciles à réaliser et pourtant si difficile à effectuer et à accepter comme nécessaires.
A l'image de Mère Teresa qui accomplissait de nombreux petits gestes avec une intensité d'amour extrême, nous devrions dès que nous le pouvons, leur donner tout notre amour. Même si les nombreux défauts de nos parents imparfaits à nos yeux, nous repoussent, donnons-leur notre amour, sans attendre quoique ce soit. Ils nous ont déjà donné la vie, ce présent magnifique dont l'usage nous est exclusivement réservé. Personne d'autre que nous-mêmes ne semble responsable de notre bonheur, nous sommes à la fois notre enfer et notre paradis. Ainsi le Dalaï Lama, aime à répéter que "nous sommes maître de notre vie et qu'importe la prison, nous en avons les clefs".

Dans mes songes, après cet échange bouleversant avec ma mère, je voyais au loin Marie et Hans discuter longuement avec leurs enfants. Si initialement, ils avaient prévu de se diriger vers *Perth* le soir-même, ils vinrent m'expliquer qu'ils adoraient l'atmosphère paisible de *Cervantes* et préféraient y rester quelques jours. Ainsi, avant de rejoindre l'agitation d'une immense ville comme *Perth*, ils allaient s'adonner longuement à la pêche et profiter de la simplicité ambiante pour y savourer Noël en famille. Je ne pouvais bien sûr que comprendre leur décision et leur fis mes adieux avec un pincement au cœur. J'affectionnais grandement cette sympathique famille qui symbolisait en réalité mon idéal de vie.

PERTH

Déposée sur la route principale, je n'étais qu'à une centaine de kilomètres de la capitale de l'Australie occidentale, *Perth*. En attendant une voiture pour m'y conduire, j'appris dans mon guide de voyage que sa superficie représentait un tiers de l'Australie. Plus grand état du pays, elle était pourtant la ville la plus isolée de la planète ! En effet, la ville d'un million d'habitants la plus proche, *Adélaïde*, se trouvait à plus de deux mille kilomètres. Ces informations m'avaient déjà été données quelques semaines plus tôt par Norman et Judith rencontrés à *Undara Lava*. Cela me remit en mémoire qu'ils m'avaient fait promettre de les appeler en arrivant à *Perth*. C'est ainsi que Judith, ravie de m'entendre au bout du fil, me dit tout naturellement qu'ils m'accueilleraient avec grand plaisir dans leur maison située dans la banlieue de *Freemantle* au sud de *Perth* ; elle me dit qu'ils viendraient m'y chercher dès que j'y serais. Quelle chance ! Même si c'était un peu osé de ma part de les appeler ainsi et de débarquer chez eux le soir-même, la vie avait été tellement simple et naturelle en leur compagnie qu'il était évident que je devais les revoir.

Après une heure d'attente sur cette départementale, c'est une dame âgée d'une soixante d'années qui accepta de s'arrêter. Elle m'expliqua qu'elle se rendait à *Perth* afin d'y trouver une nouvelle maison. Son mari venant de mourir, elle ne voulait plus rester dans la demeure familiale. Malgré la tristesse de cette situation, elle était resplendissante. Pour elle, la vie devait continuer.
"La vie est comme une bicyclette, il faut avancer pour ne pas perdre l'équilibre ! disait-elle en riant. Mon mari répétait toujours

cette phrase d'Einstein, son mentor. Et même s'il n'est plus visible, il n'est cependant pas absent de ma vie."
Elle me déposa à une station essence non loin de *Perth* où je pus très facilement trouver mon futur taxi et non des moindres ! En effet, ce fut dans une magnifique Porsche que je rejoignis le quartier de *Freementle*. Son conducteur, de quelques années seulement mon aîné, frimait assurément. Il me raconta que sa famille était propriétaire de trois buildings dans la cité de *Perth*. Si j'essayais de faire connaissance, il ne me posa en retour aucune question. Cette conversation à sens unique s'essouffla donc rapidement. Il était peut-être immensément riche mais assez pauvre dans la discussion. Il semble qu'il ne faille pas appeler richesse, les choses que l'on peut perdre, comme le soulignait Léonard de Vinci.

Les retrouvailles avec Norman et Judith furent semblables à la rencontre d'amis de longue date. Une fois que je fus installée dans leur voiture, Judith sortit trois glaces de sa glacière en souvenir de celles que nous avions savourées ensemble, le jour de notre première rencontre. Quelle belle attention de sa part.
"Cette petite délicatesse, Armonie, est pour te souhaiter la bienvenue chez nous. Nous sommes heureux de pouvoir te présenter à notre famille. Et nous aimerions que tu passes avec nous cet événement très important à nos yeux qu'est Noël.
- Je ne peux pas Judith, c'est justement un moment que vous devez passer en famille.
- Les amis peuvent devenir la famille et il est hors de question que tu passes Noël seule.
- Je partirai après les fêtes de Noël. Merci beaucoup.
- Repose-toi à la maison et restes-y le temps que tu souhaites. Il n'y a aucun souci.
- Je ne resterai que quelques jours, je dois encore explorer tellement de lieu dans votre beau pays. L'Australie est si grande qu'il est long d'en faire son tour.
-Tu ne dois rien du tout. Le chemin le plus long que tu auras à parcourir dans ta vie est le chemin allant de ta tête à ton cœur ! Donc, prends le temps de savourer les fêtes de Noël dans les traditions australiennes."

C'est ainsi que je me retrouvais le vingt-cinq décembre dès neuf heures du matin au milieu d'une tablée de plus de vingt-cinq personnes. Alors que la veille au soir, nous avions passé le réveillon à contempler en voiture des centaines de maisons aux illuminations sublimes, Noël se célébrait le vingt-cinq au petit matin. Le petit déjeuner commençait non avec du thé ou du café, mais avec des coupes de champagne ! C'est éméchée dès onze heures du matin que je fis connaissance avec les enfants de Norman et Judith, eux-mêmes parents. J'étais plongée au sein d'une très grande famille. Le cœur sur la main, Judith m'avait offert un magnifique drapeau australien en guise de présent ainsi qu'un sac pour le linge sale qui me serait très utile. L'après-midi de Noël fut ensuite consacrée à jouer au cricket sur la plage. Le traditionnel repas fut ainsi remplacé par de merveilleux burgers, cuisinés sur l'un des innombrables barbecues du littoral. Passer Noël en bikini fut pour moi une grande première. Afin de terminer cette agréable journée, la famille entière de Judith et Norman empila et compta une grande quantité de billets d'un dollar.
"Mais pourquoi réunissez-vous tout cet argent, Judith ?
- C'est une tradition que je tiens de ma grand-mère en réalité. Pendant toute l'année dès que quelqu'un dans la maison prononce une méchanceté ou un mot grossier, il doit mettre un dollar dans une cagnotte. Nous attendons le vingt-cinq décembre afin de collecter celles de toute la famille puis, nous allons choisir de la donner à quelqu'un dans la rue qui se trouve manifestement dans le besoin.
- Quelle belle idée !
- Je trouve aussi. Allez en route !"

Ainsi donc, après avoir explorer la ville pendant un petit quart d'heure, le plus jeune enfant de la famille donna pratiquement quatre cents dollars à une petite mamie mendiant dans un parc. Lorsqu'elle vit tous ces billets, elle se mit d'abord à sourire puis fondit en larmes dans les bras du jeune Karl, âgé de seulement cinq ans. C'était une scène magnifique que je contemplai de loin avec Judith. "Tu vois Armonie, j'ai réalisé moi-même à sept ans cette même action et cela m'a marquée à jamais. Je me souviens encore aujourd'hui, cinquante ans plus tard, du regard ému de cette personne. Chaque année, ma grand-mère répétait à mes frères et moi

ce proverbe : "ceux qui savent ne parlent pas, ceux qui parlent ne savent pas, mais le sage enseigne par ses actes non par ses paroles." Ensuite, elle nous interdisait d'en parler à nos camarades de classe et même à nos amies les plus proches car, selon elle, la mort d'une bonne action était dans sa révélation."
Si j'avais redouté de passer cette journée loin de mes parents, finalement la vie m'avait offert un merveilleux cadeau de Noël, celui d'être au cœur d'une famille australienne protectrice et aimante. Ce fut alors beaucoup plus facile d'avoir ma mère au téléphone car cette fois-ci, les larmes avaient été remplacées par des rires auxquels un "je t'aime" réciproque avait succédé.

Angel, la quatrième et dernière fille de Judith et Norman, âgée de vingt-cinq ans et diététicienne, était la seule qui vivait encore sous leur toit. Nous avions de nombreux points communs et c'est principalement avec elle que je passais tout mon temps. C'est donc en sa compagnie et à vélo que je découvris la charmante ville de *Perth*. C'était en réalité une ville très agréable en raison de sa proximité avec l'océan et de son parc de plus de quatre cents hectares au sommet de la métropole. En effet, *Kings Park,* situé sur le *Mont Eliza*, offrait une spectaculaire vue panoramique sur toute la cité. C'est d'ailleurs de ce point de vue que nous pûmes savourer le feu d'artifice du Nouvel An. Finalement, au lieu de passer quelques jours chez eux, c'est pratiquement deux semaines qui s'écoulèrent en leur compagnie et ma vie nomade fut alors mise entre parenthèse.
Fêtes foraines, barbecues toujours plus grands avec leurs innombrables amis, soirées dans les pubs festifs de *Perth*, footing dans les différents parcs, visite incongrue de *Pinguins Island,* îlot envahit de ces manchots si mignons, nombreuses parties de crickets sur la plage furent mon quotidien pendant cette halte de quinze jours dans ce voyage initiatique. Je ressentis donc une profonde appréhension et une grande tristesse quand Angel et Judith me déposèrent à la sortie de la ville afin que je reprisse ma vie d'auto-stoppeuse en direction du sud de *Perth*. Pendant ce séjour, j'avais repris une vie "normale" avec un rythme tellement différent de celui de la baroudeuse auto-stoppeuse que j'étais quelque peu déboussolée à l'idée de reprendre les routes.

"Tu vis des choses exceptionnelle Armonie, continue. Tes batteries sont maintenant complètement rechargées afin de repartir rencontrer toutes ces nouvelles personnes que la vie mettra sur ton chemin.
- Merci Angel pour toute ta gentillesse et ton amitié. Pendant ces quinze jours, tu as été comme la grande sœur que la vie a oublié de me donner."

La vraie liberté était désormais de me discipliner pour terminer ce défi que je m'étais lancé, plutôt que de me laisser contraindre par les normes de la société et cette vie dite "normale". Chaque nouvelle destination n'était finalement plus un lieu mais la découverte de nouvelles âmes, de nouvelles façons de voir la vie comme le soulignait Marcel Proust. J'en conclus une nouvelle fois qu'il y avait des gens avec qui nous pouvions passer une grande partie de notre vie sans qu'il nous apporte quoi que ce soit. En revanche, il y a ceux que l'on croise quelques instants, que l'on connaît à peine mais en prononçant un mot, une phrase ou en réalisant une action singulière, peuvent changer votre regard sur la vie à jamais.

MAGARET RIVER

Angel m'avait conseillé de rejoindre *Magaret River*, ville incontournable pour sa région viticole et ses célèbres plages de surf inondées, selon ses mots, de beaux surfeurs. Située à trois heures de route de *Perth*, elle me fut aisée à atteindre en stop. A priori, le bandana sur la tête, le petit short et le grand sourire fonctionnaient toujours. J'arrivai tout d'abord dans la charmante ville touristique de *Bunbury* à cent-cinquante kilomètres de *Perth*. C'est en compagnie de deux Japonaises qui m'avaient gentiment accueilli dans leur toute petite voiture que je pus apprécier la splendeur de la très belle plage de *Back beach* et ses quatorze kilomètres de littoral. Avec mes compagnes, extrêmement gentilles et aussi petites que leur voiture, nous pûmes savourer ce sentier de randonnée à pied. La chance était avec nous car de nombreux dauphins nous accompagnèrent durant la promenade. Des panneaux explicatifs nous apprirent que lors de la reproduction, les dauphins mâles devaient être au nombre de trois pour tenir la femelle pendant l'accouplement. Les Japonaises et moi-même étions quelque peu choquées face à cette pratique ressemblant étrangement à un viol collectif.

Nous reprîmes ensuite la route en direction de *Margaret River*, notre destination finale commune, qui n'était plus qu'à une heure de route. Longer la côte en voiture était remarquable. De splendides plages se succédaient et dévoilaient des vagues dignes de celles d'*Hawaï*. Nous n'en avions jamais observé de si spectaculaires. Nous prîmes le temps de nous arrêter à un point de vue, non loin de *Margaret River*, afin d'admirer les dizaines de surfeurs dompter ces vagues si effrayantes. Certains d'entre eux ressortaient parfois en sang, écorchés par les nombreux coraux des récifs. Nous assistâmes même à la sortie d'un surfeur avec sa planche littéralement coupée en deux. Nous réalisâmes ainsi la puissance de ces vagues capables de vous briser la nuque ou bien même de vous ôter la vie.

J'étais en pleine contemplation de ces différentes scènes lorsque j'entendis derrière moi un homme m'appeler.

"Salut, Armonie ! Le monde est petit. Je t'ai reconnue au loin grâce à ton bandana !

C'était Sian, le jeune surfeur d'*Exmouth* que je déposais le matin au travail avec sa voiture afin qu'il ne se fasse pas arrêter par la police.

- C'est fou, ces retrouvailles. Tu peux reconduire alors maintenant ?
- Pas trop mais il faut bien que je surfe.
- Tu surfes ce genre de vagues ?
- Oui, cela m'arrive lorsque les conditions sont bonnes."

Alors que nous étions en pleine conversation, les Japonaises m'informèrent qu'elles souhaitaient repartir. Je m'apprêtais ainsi à faire de nouveau mes adieux à Sian quand celui-ci me proposa de récupérer mes affaires et de me montrer les différents spots de surf de la région. Ainsi, après avoir remercié les Japonaises, je troquai leur petite voiture pour l'imposant *pick-up* de Sian. A l'arrière de celui-ci, trois minuscules planches de surf et quelques sacs de vêtements étaient entreposés pêle-mêle.

"Tu restes combien de temps par ici, Sian ?

- Je ne sais pas vraiment. Quand je n'aurai plus d'argent, je repartirai travailler sur un chantier. En attendant, place au surf, me dit-il en ouvrant une bière précieusement entreposée dans sa glacière.
- Tu bois encore au volant ?
- Tu conduis ?
J'étais de retour au volant de sa Ford, à la découverte de ces vagues légendaires. Il me demanda de m'arrêter à toutes les plages afin de regarder pendant de longues minutes comment se cassaient les différents rouleaux de l'océan.
- Lire l'océan et trouver les bonnes vagues, Armonie, est un véritable art qui prend des années d'apprentissage. Tu dois t'intéresser aux marées, aux vents, aux récifs, il y a de multiples paramètres à prendre en compte.
- En tout cas, ce n'est pas ici que je vais surfer.
- En tant que débutante, il est évident que non !"
Le reste de la journée fut consacré à l'exploration et à la contemplation des vagues. Je regardai Sian qui prenait visiblement un très grand plaisir à scruter l'horizon. Ce n'est qu'au coucher du soleil qu'il saisit enfin une de ses planches et alla rejoindre l'eau. Il m'était très difficile de le suivre du regard étant donné la multitude de surfeurs présents sur l'eau. Je pus toutefois l'apercevoir une fois ou deux, glisser habilement sur quelques vagues. Lorsqu'il revint à la nuit tombante, je lui demandai où était son camping. Il m'expliqua qu'il dormait dans sa voiture afin d'économiser un maximum d'argent. Je lui proposai par conséquent de trouver un beau spot au bord de l'eau afin d'y monter ma tente et d'y dormir. Nous installâmes cette dernière sur une plage complètement isolée, cachée derrière les dunes et à l'abri du vent. Notre repas fut assez sommaire mais cela ne gênait en rien Sian qui en profita pour boire une bonne dizaine de bières. Il semblait évident qu'il souffrait d'une sérieuse addiction. Je n'avais désormais plus aucun doute, il était alcoolique. Il commençait même à devenir parfois agressif dans ses propos et la peur m'envahit. Mon intuition me disait de ne pas rester auprès de lui cette nuit-là mais, si j'étais entièrement en accord avec ma petite voix intérieure, je n'avais aucune solution pour m'enfuir de là. Il faisait nuit, nous étions au milieu d'une plage d'une dizaine de kilomètres et toutes mes affaires se trouvaient

dans sa voiture. Je n'avais aucune autre possibilité que de passer la nuit avec lui.
Ce fut une nuit très mouvementée au cours de laquelle je ne pus jamais réellement trouver le sommeil. Sian parla toute la nuit. Il entretenait de véritables conversations avec lui-même. Quand il décidait de rejoindre la tente pour s'allonger, il en ressortait cinq minutes après, prétextant devoir regarder l'océan. A quatre heures du matin, il décida de prendre sa planche de surf pour aller se jeter à l'eau. J'essayai de l'en empêcher mais, sans réellement le faire exprès, il me mit à terre en deux secondes et partit rejoindre l'océan. Après s'être noyé dans l'alcool, c'était dans la mer qu'il risquait la même chose. Il revint toutefois deux heures plus tard complètement en sang, ravagé par les nombreux coraux du récif. Il était vivant et les effets de l'alcool s'étaient dissipés. Il s'excusa de son comportement de la nuit et alla s'allongea deux heures pendant lesquelles, je pus enfin, trouver le sommeil.
Réveillés par la chaleur et la luminosité du petit matin, nous reprîmes la route une fois le campement de fortune rangé.
"Tu bois pour oublier quoi Sian ?
- Cette nuit était une erreur, je suis désolé.
- La véritable erreur Sian, c'est de reproduire toujours les mêmes fautes. Tu es conscient de cette addiction, fais donc tout pour la stopper !
- Je n'ai vraiment pas envie d'en parler."
Ces paroles prononcées d'un ton menaçant et agressif me firent prendre conscience qu'il n'était absolument pas prêt à affronter sa dépendance à l'alcool. Tant qu'il n'aurait pas envie de quitter cette spirale de destruction, il ne servirait à rien d'user son énergie pour l'aider. L'alcool lui permettait sûrement d'oublier son passé et d'échapper à ses peurs. C'était son chemin et lui seul pouvait décider d'emprunter une autre voie. Pour ma part, le rappel de la peur qui m'avait gagnée la nuit passée me poussa à le laisser alors que nous étions en pleine découverte de l'imposant phare du *Cap Leeuwin*, cap le plus au sud-ouest du continent australien.
Ainsi, comme je savais pertinemment qu'il m'aurait dissuadée de partir, je décidai sans le prévenir, de récupérer mes affaires dans sa voiture et de m'échapper avec trois Allemandes. J'avais fait leur

connaissance pendant l'ascension de ce phare impressionnant et leur avais demandé de m'aider.
Sian, en pleine contemplation de l'océan quand nous passâmes en voiture devant lui, ne m'aperçut pas prendre la fuite. J'étais à la fois gênée de cette évasion et consciente que je n'avais pas le choix, en raison de sa double personnalité. Il m'avait aidée et s'était montré souvent très gentil mais rester avec lui était devenu dangereux. Comme j'avais pu le constater cette nuit-là lorsqu'il m'avait projetée violemment à terre, sous l'influence de l'alcool, il n'était plus le même.
Parfois, il existe des choses qu'on ne peut pas comprendre, il faut juste les accepter. On ne peut pas changer les gens. Je dus m'avouer que c'était un incontestable échec tout en essayant de me convaincre que c'était la seule solution. Je n'avais malheureusement pu trouver les ressources en moi pour l'aider. L'échec fait apprendre. J'aimais me répéter la phrase que mon entraîneur de boxe ne cessait de me répéter : "tu ne perds jamais, soit tu gagnes, soit tu apprends". Mantra de monsieur Nelson Mandela. J'essayais d'ôter en moi tout sentiment de culpabilité en faisant connaissance avec mes nouvelles compagnes éphémères de voyage.

La voiture de mes compagnes allemandes était décorée de nombreuses guirlandes de Noël et de couvertures baba-cool instaurant une atmosphère très cocooning. Mélanie, la conductrice âgée de trente-et-un ans, prothésiste dentaire, semblait être la chef de bande. Elle paraissait très froide de prime abord et, après avoir fait connaissance avec elle, elle l'était toujours autant ! Chaque fois qu'elle prenait la parole, ces dernières moralisatrices donnaient l'impression qu'elle savait tout. Pourtant, c'est lorsque nous pensons déjà tout connaître que nous nous empêchons d'apprendre. Ses amies, deux jeunes étudiantes, étaient en revanche d'excellente compagnie. A l'arrière avec l'une d'entre elle, Vérina, la centaine de kilomètres qui nous séparait du parc national de *Gloucester* près de *Pamberton*, passèrent très rapidement.

Je n'avais aucunement prévu d'aller explorer cette forêt appelée communément la "forêt des géants" mais ce détour fut une belle surprise. Ce parc national était connu pour sa marche au cœur des eucalyptus géants atteignant quarante mètres. Des passerelles longues de six cents mètres et suspendues au sommet de ces géants de la nature, nous permettaient d'apprécier ces arbres incroyables aux vertus thérapeutiques. En effet, des panneaux nous expliquèrent qu'utilisé largement en aromathérapie, l'eucalyptus était reconnu pour traiter l'inflammation des voies respiratoires, des bronches et de la gorge mais aussi pour aider à soulager la fièvre et les symptômes de l'asthme. Largement initiée à cette médecine traditionnelle par mes parents, j'essayai d'expliquer les nombreuses qualités curatives de la aromathérapie à Mélanie, persuadée, au regard de ses nombreuses années d'études en médecine, que seule l'allopathie ou la chimie moderne, restait efficace pour les soins curatifs. Face à ce véritable mur hermétique, je compris rapidement que cela ne servait à rien d'essayer de la persuader des nombreux bénéfices de cette médecine à part entière, utilisée pour soigner, nourrir voire tuer depuis l'aube de notre histoire. En effet, je reste convaincue qu'employer la persuasion pour forcer une personne à changer d'opinion est néfaste et constitue une perte de temps réciproque. Les deux parties étant chacune persuadée de la véracité de

ses propos, cela ne sert à rien d'user son énergie pour espérer changer le paradigme de la personne absolument convaincue par elle-même.
Avant de poser notre campement dans le parc national le long de la rivière *Swan,* nous explorâmes le célèbre *Gloucester Tree.* Cet arbre, un karri haut de soixante-douze mètres, variété d'eucalyptus, était le plus grand arbre d'Australie occidentale. Nous pûmes l'escalader grâce aux centaines de barreaux métalliques encastrés dans son tronc afin d'atteindre la plate-forme d'observation à son sommet. Cette dernière avait été initialement construite dans le but d'observer les feux de la forêt et servait toujours à cet usage puisque les incendies restaient le fléau dévastateur redouté par la population et les animaux.

La fin de la journée fut consacrée à découvrir le sentier de randonnée qui longeait la rivière *Swan* et à réaliser de multitudes plongeons dans cette eau revigorante grâce aux lianes naturelles. Ces dernières nous permirent de nous prendre, les deux étudiantes allemandes et moi, pour Tarzan, sous les sarcasmes de notre dentiste. La nuit au sein de cette forêt fut la plus froide que j'avais pu connaître jusqu'alors. Tandis que les filles étaient collées les unes aux autres dans leur tente trois places, j'étais frigorifiée, seule dans ma tente. Je dus me résoudre à passer la nuit dans leur voiture, couverte des nombreuses couvertures hippies que j'affectionnais tant.

Réveillées aux aurores grâce aux innombrables chants des oiseaux, les filles me proposèrent de me déposer à *Albany*, leur destination finale de la journée, située à deux-cent-cinquante kilomètres de là. En chemin, nous pûmes savourer une baignade quelques heures durant, dans la très célèbre piscine naturelle *Greens Pool*. Large de plus de cinq cents mètres et étendue sur trois cents mètres, cette énorme vasque aux couleurs bleu turquoise, était bordée d'une plage de sable blanc. Elle devait sa particularité aux nombreux rochers en granit qui empêchaient la houle de venir bousculer ce silence et ce paysage paradisiaque.
Les Allemandes prirent le temps de me déposer au camping d'*Albany* avant de poursuivre leur route. Après mes adieux et des remerciements sincères, je rejoignis l'accueil du camping mais constatai tristement que la nuit en tente coûtait environ quarante-huit dollars. La dame de l'accueil me conseilla de rejoindre l'auberge de jeunesse du centre-ville qui serait sans doute plus à la portée de ma bourse. Après quelques minutes d'attente, je pus arrêter une voiture qui sortait du camping. Le jeune couple auquel j'expliquai succinctement mon histoire accepta de chercher l'auberge et de m'y déposer gentiment. L'établissement était ravissant, peu cher, et j'eus la délicieuse chance d'y retrouver les deux Japonaises de la minuscule voiture qui venaient tout juste d'arriver également. Ainsi le destin, par un camping inexplicablement onéreux, avait fait en sorte de me remettre sur le chemin de ces adorables asiatiques. Si nous restons maître de notre destin, je dus avouer que son scénario demeurait un mystère qui me surprenait sans cesse et dont j'adorais savourer chaque instant.

Ravies de nous retrouver, nous passâmes la soirée et même la fin de la nuit à danser toutes les trois dans une discothèque d'*Albany* avec d'autres jeunes de l'auberge. Complètement éméchées, nous flirtâmes avec des surfeurs. Le mal de crâne du lendemain matin fut à la hauteur des rigolades de la veille. Toutefois, après un bol de pâtes en guise de petit déjeuner, les Japonaises, surnommée Ayako et Kiku, me proposèrent de venir avec elles pour explorer la région d'*Albany*. Ainsi, après quelques minutes seulement de voiture, le parc national de *Torndirrup,* connu pour ses spectaculaires formations rocheuses sculptées par les vagues, s'offrit à nous. Un pont naturel, *Natural bridge,* constitué de granit, nous permit d'apprécier une vue sensationnelle sur l'océan austral et sa côte. S'ensuivit une balade le long des *Blowholes.* Ces trous, creusés dans la roche par la puissance de l'océan, faisaient rejaillir des jets d'eau atteignant facilement dix mètres, tels de véritables geysers. Ainsi, pareilles à des petites filles, nous nous amusâmes à nous faire arroser par ces dernières. Après ce bain d'oxygène, mes nouvelles compagnes de voyage souhaitèrent goûter aux douces saveurs des cépages d'*Albany*, célèbre pour sa région viticole. Fruités, ces vins très ensoleillés étaient parfaits pour de jeunes palais comme les nôtres. Un œnologue français aurait sans doute trouvé les tanins trop légers, la robe de couleur peu intense et le nez trop discret mais pour nous, ces vins étaient divinement bons en comparaison des bières ingurgitées la veille au soir. La journée se termina par la découverte des magnifiques plages aux eaux turquoises et d'une île côtière, convertie en parc à éoliennes terriblement impressionnant. En effet, *Albany* était réputée nationalement pour son exploitation de l'énergie verte.

Le lendemain, c'est tout naturellement qu'elles me proposèrent de les accompagner à poursuivre leur périple en direction du *Stirling Range,* situé à une heure d'*Albany.* Parc national aux chaînes de montagnes s'étendant sur soixante kilomètres et dont le point culminant se situe à mille quatre-vingt-quinze mètres, *le Bluff Knoll,* était leur objectif sportif. Petite perle de l'ouest, ce parc national n'était pas du tout adapté à leur voiture de citadines. Les nids de poules laissèrent certainement de nombreux souvenirs aux suspensions de leur véhicule de location. Blotties toutes les trois dans ma tente, cette nuit-là restera un merveilleux souvenir tant elles ont pu me faire rire. En effet, pour elles, le camping était une grande première tout comme l'ascension de ce petit sommet, véritable montagne d'alpiniste pour ces nouvelles randonneuses. Dépourvues de tout équipement, elles possédaient toutefois la motivation et le dynamisme nécessaires à cette randonnée de quatre heures. C'est donc naturellement qu'elles fondirent en larmes au sommet, fières de leur nouvel exploit sportif. Après quelques minutes, les larmes

furent remplacées par un long silence, interprète le plus éloquent du bonheur, selon Shakespeare.
L'intense joie de vivre qui se dégageait d'elles rendait Ayako et Kuki très attachantes. Tout les exaltait et cette candeur d'âme me fascinait. Après cette nuit passée à partager un duvet pour trois, nous nous dirigeâmes vers *Wave Rock*, situé à trois cents kilomètres dans les terres. Cette escale constituait leur dernier arrêt avant de rejoindre de nouveau *Perth* où elles reprendraient l'avion pour Tokyo.

WAVE ROCK

La traversée de l'*Outback*, dans cette mini voiture se déroula accompagnée de nombreux rires. Arrivées en fin de matinée à *Wave Rock*, le rocher de vagues, nous passâmes plus d'une heure à nous distraire sur cette masse rocheuse naturelle de plus de cent mètres de long et haute de quinze mètres. Cette dernière, composée de granit ocre, avait été créée par les fortes érosions. Sa forme évoquait réellement une majestueuse vague de surfeur. Ainsi, en vraies Japonaises, elles s'adonnèrent à une séance de photographies qui aurait fait perdre patience à n'importe qui mais qui m'amusa beaucoup. C'est là, au milieu du désert du sud-ouest australien, que les filles me laissèrent reprendre le stop, en direction d'*Esperance*, ville côtière qui se situe quatre cents kilomètres plus loin. Les adieux avaient un goût de mélancolie lorsque je me retrouvai de nouveau seule face à l'immensité inconnue. La spontanéité et la gentillesse naturelle de mes compagnes asiatiques me manquaient déjà. J'avais pu apprécier leur bienveillance innée, leur bonté, tant dans leurs paroles que dans leurs actes. Elles dégageaient ce trait de caractère instinctivement. Leur attitude me rappelait ce que disait Mark Twain au sujet de la gentillesse, qu'il comparait précisément "au langage qu'un sourd peut entendre et qu'un aveugle peut voir".

Même s'il était toujours difficile de quitter toutes ces personnes que je rencontrais, j'avais tout de même hâte de voir ce que la vie me réservait de nouveau. Ma tristesse momentanée se mêlait à une excitation et à une impatience de m'émerveiller face au nouveau miracle qui m'attendait. Cette impatience du moment et du jour à venir, reflétait la définition que Paul Émile Hugo donnait à la vie.

Après quelques minutes d'attente, ce fut un nouveau *road-train* qui s'arrêta. J'allais sans doute avoir droit à une bière fraîche pensais-je ! C'est exactement ce qui se produisit trente secondes après mon installation dans la cabine du conducteur, une grande gorgée de bière fraîche vint désaltérer tout mon organisme. Je savourai ce moment comme un véritable orgasme. Mon nouvel hôte, très sympathique, avait pour particularité de conduire pieds nus son engin de plusieurs tonnes. Il eut une cigarette aux lèvres pendant les deux heures que dura le trajet au point que je crus avoir moi-même fumé son paquet de destruction de vie.
Arrivés sur la nationale côtière, il poursuivit son chemin en direction d'*Albany* quand j'optai pour l'est, en route pour la cité coloniale française, *Esperance.*

A peine le *road-train* parti, un *pick-up* s'arrêta aussitôt à ma hauteur. Mac, propriétaire d'un ranch de plus trois cents vaches et vingt-huit chevaux, ressemblait quelque peu à Aaron dans l'attitude. D'ailleurs, peut-être était-ce une coïncidence, j'avais reçu le matin même un texto d'Aaron qui me décrivait son premier jour de tournage. A priori il était ravi.
Mac était fier de sa propriété et je dois avouer que, en l'assaillant de questions sur son ranch, il se sentit certainement obligé de me le faire visiter.
Il me fit parcourir en quad les six-cent-soixante-trois hectares de son exploitation, située à une cinquantaine de kilomètres d'*Esperance.* Étant amatrice de vitesse, mon hôte n'hésita pas à accélérer sur le chemin du retour, obligeant la machine à réaliser plusieurs sauts dont la réception s'avéra rude pour nos lombaires.

De retour au coucher du soleil, sa femme m'interdit de reprendre le stop vers *Esperance* et me proposa de m'installer dans leur seconde maison destinée aux salariés en pleine saison. Arrivée dans leur demeure principale, je réalisai rapidement qu'un rêve aucunement soupçonné allait pouvoir se réaliser. A l'intérieur d'une niche d'une grandeur démesurée se trouvait un adorable chien certes, mais à ses côtés, un petit kangourou de deux mois blotti contre lui, attira toute mon attention. La scène était si belle et inattendue que je ne pus contrôler les frissons qui m'envahissaient. Puisque c'était l'heure de son repas, Mac me proposa de le nourrir. Il le prit dans ses bras afin de le déposer dans les miens. C'est ainsi qu'assise sur leur canapé, le chien à mes côtés tel un garde du corps auprès de son protégé, je pus donner dans un biberon, quelques centilitres de lait au bébé kangourou prénommé Jac. Ce dernier dont le cou était entouré d'un collier bleu équipé d'une clochette en son milieu, tenait avec ses deux pattes avant le haut du biberon. Il me fut difficile de ne pas verser une larme de bonheur face à la réalisation de ce petit miracle si imprévu. Pendant qu'il était affairé à ingurgiter son lait qu'il semblait savourer, j'en profitai pour le couvrir de dizaines de baisers sur sa petite tête.
Que j'adorais cette vie, je me sentais tellement vivante ! Selon les mots de Sénèque, "chaque journée semblait à elle seule, une vie". Qu'importait si elle devait s'arrêter le lendemain, tous ces instants miraculeux me permettaient de ressentir la vie et ses hautes vibrations. Chaque séparation me permettait de rebondir sur une nouvelle rencontre, me donnant l'occasion d'apprendre plus sur la vie et de surcroît, toujours d'une manière différente. Ainsi, si nous sommes destinés à perdre les gens que nous aimons, finalement l'existence, si bien construite, semble toujours offrir une autre forme d'amour. Et même s'il est très différent, cet amour sera de nouveau intensément beau et unique si nous l'acceptons sans crainte.

Le lendemain matin, après avoir délivré une nouvelle et douce cession d'abreuvage à Jac et réalisé mes adieux affectueux à mes hôtes, je regagnai les routes en direction d'*Esperance*. Malgré les cinquante kilomètres me séparant de la ville, il me fallut trouver sept voitures différentes avant de rejoindre l'auberge de jeunesse du petit centre-ville.

C'est en préparant mon déjeuner que je fis la connaissance de trois jeunes Hollandais. Ces derniers, en vacances pour quelques semaines, venaient de traverser tout le sud de l'Australie en partant de *Sidney* et se dirigeaient désormais vers *Perth* avant de rentrer chez eux.

Encore une fois, grâce à leur voiture de location, j'eus la chance d'explorer avec eux les somptueuses plages aux eaux translucides d'*Esperance*. Nous suivîmes la célèbre *Great Ocean Drive* ; cette route longeant en surplomb l'océan était fabuleuse. C'est en nous arrêtant à *Twilight Beach,* classée comme l'une des plus belles plages d'Australie que nous pûmes assister à une scène inédite. Alors que nous étions épatés par les prouesses des surfeurs sur des vagues de la taille d'immeubles de trois ou quatre étages, soudainement, tous ces athlètes aux chevelures blondes pour la plupart, sortirent en quelques minutes en criant. La raison de cette sortie si brutale était assez déstabilisante. Un grand requin blanc venait de tenter d'attraper un des leurs ! Heureusement pour lui, il croqua seulement sa planche et non un de ses précieux membres. Paradoxalement, cette plage, très prisée par les requins blancs, restait la plage préférée des surfeurs. A croire que le risque de perdre une jambe était moins important que de réussir à réaliser des exploits de glisse. Après tout, comme le soulignait Vladimir Wolf Gozin, "vivre prudemment, sans prendre de risques, c'est risquer de ne pas vivre". Par ailleurs, comment pouvais-je les juger, moi qui, à leur image, voyageais en stop, ce qui semblait risqué aux yeux de certaines personnes. La joie intense que cela me procurait dépassait grandement ce risque que je n'ignorais pas mais qui pourtant, ne me préoccupait guère. Il paraît que pour gagner il faut parfois risquer de perdre.

Après avoir arpenté cette route saisissante pendant toute l'après-midi, je passai la soirée à admirer les monumentaux lions de mer dans le port de plaisance d'*Esperanc*e. Au coucher du soleil, au son d'une musique *live*, nous passâmes des instants magiques à contempler cette espèce d'otarie unique. Le mâle, deux fois plus gros que la femelle, était effarant. Il devait peser certainement plus de deux-cent-cinquante kilos et prenait un réel plaisir à récupérer les restes des poissons que les pêcheurs rejetaient en mer. Après quelques bières sirotées sur la jetée du port, les Hollandais planifièrent pour le lendemain, d'aller découvrir, *Lucky Bay*, la baie de la chance, située à une heure d'*Esperance* au cœur du parc *Le Grand.* Ce parc national au nom français, semblait de toute évidence intéressant à visiter. C'est ainsi que je passai une autre journée en compagnie de ces trois jeunes bacheliers hollandais à la découverte de leur indépendance.

Lucky bay portait très bien son nom car sa plage était le fief de nombreux kangourous facilement approchables. Malheureusement, leur gentillesse pouvait les conduire à leur perte. En effet, certains touristes ayant probablement laissé leur cerveau dans leur chère contrée, comprenaient difficilement que les wallabys ne se nourrissaient pas de chips, ni de sandwichs mais uniquement de végétaux. Un ranger nous expliqua que ce genre d'attitude nuisait terriblement à ces belles créatures qui devenaient de plus en plus fainéantes pour aller chercher par elles-mêmes leur propre nourriture. Les kangourous devenaient dès lors, petit à petit, dépendants des touristes et de leurs chips. Ce parc national aux plages encore une fois magnifiques, se parcourait à pied jusqu'au *Frenchman Pick.* Au sommet de ce pic, une vue sur tout le parc national et ses plages, s'offrait alors. Face à ce paysage unique, les quelques heures de marche sous un soleil de plomb étaient ainsi rapidement oubliées.

Le soir venu, alors que nous prenions notre dîner à l'auberge avec les garçons, je fis la connaissance de Christophe, un Français professeur d'histoire-géographie, muté au *Vanuatu* depuis maintenant quatre ans. De l'âge de mon père, il m'expliqua que le *Vanuatu,* situé non loin de la Nouvelle-Calédonie dans les eaux du sud du Pacifique, était l'un des pays du tiers-monde le plus pauvre mais d'une richesse humaine absolue. Il m'apprit que cet archipel mélanésien constitué de plus de quatre-vingt îles, était un réel paradis pour les amoureux des fonds marins mais aussi pour les passionnés de volcans car sept cratères restaient toujours actifs. Captivé par la culture singulière des *Ni-Vanuatu*, Christophe, avec sa soif d'enseignement et de transmission, me relata aussi que le *Vanuatu* était le

seul pays au monde administré à la fois par les Anglais et par les Français jusqu'en 1980. Ainsi, dans une même île, une partie pouvait être de langue anglaise quand l'autre parlait notre langue. Cette double nationalité donnait au pays une atmosphère particulière, me disait-il, car cafés et restaurants français côtoyaient très souvent dans la même rue, pubs et magasins anglais.
Après le repas, accompagnée des Hollandais et de Christophe, je passai la soirée à boire des bières en bénéficiant de leur gratuité grâce à l'amabilité d'un minier "surfant" à priori sur l'or. Ce minier nous expliqua qu'il travaillait à la cité de *Kalgoorlie* située à quatre cents kilomètres dans les terres. Cette ville minière où était extrait principalement de l'or, offrait des emplois dont le salaire était largement supérieur à la moyenne. Ainsi, en week-end pour faire la fête à *Esperance*, ce jeune travailleur aimait de temps à autres offrir quelques tournées. Christophe et son attrait pour la culture en règle générale, le questionna largement sur cette exploitation minière. A priori, le *Super Pit* était la plus grande mine d'or à ciel ouvert d'Australie et sa visite était décrite par notre minier comme exceptionnelle et unique en son genre. Il ne fallut pas beaucoup plus d'informations pour que le lendemain matin dès l'aube, je me retrouvasse dans la voiture de location de Christophe, direction *Kalgoorlie*.

KALGOORLIE-BOULDER

Christophe, conducteur de voitures de rallyes, conduisait excessivement rapidement. A plus de deux-cent-cinquante kilomètres à l'heure, nous traversâmes l'*Outback* australien. Nul radar sur la route puisque dans l'état de l'ouest, aucune limitation de vitesse n'existait. Vous pouviez donc rouler à n'importe quelle vitesse mais, à contrario de tous les Australiens qui m'avaient prise en stop, Christophe, en bon Français, était le seul à conduire aussi vite. Sur ces routes australiennes aux lignes droites si impressionnantes, le taux de mortalité n'était pas très élevé malgré cette absence de limitation de vitesse. On pouvait se demander alors si la sanction était le seul moyen de faire reculer le nombre d'accidents sur les routes. Rendre les gens responsables de leur vie et de celle d'autrui doit-il engendrer obligatoirement une éducation par la peur du gendarme ? En tout cas, cet état australien semblait répondre par la négative à cette interrogation.

Christophe, divorcé depuis un an, était séparé de ses enfants depuis tout ce temps. N'ayant pas obtenu leur garde, il ne pouvait les voir qu'en période de vacances scolaires mais ces dernières, complètement différentes de celles du *Vanuatu*, rendaient les visites impossibles. Comme ils étaient âgés de douze et quatorze ans, il ne pouvait se permettre de les laisser toute la journée seuls, quand lui, serait au travail à *Port Villa*, la capitale du *Vanuatu*. Sa situation semblait difficile à vivre et l'attristait terriblement si l'on en jugeait par les larmes qui coulèrent rapidement à l'évocation de ses enfants. Il était toujours en réflexion sur la possibilité de redemander sa mutation à Nantes dont il était originaire. Alors qu'il me décrivait sa vie familiale, je le sentais encore éperdument amoureux de son ex-femme dont le départ n'avait pas été digéré et accepté par Christophe.

"Nous étions tellement heureux avec les enfants. Elle enseignait l'anglais dans le même lycée que moi et cette mutation au *Vanuatu* était notre rêve familial. Tout est parti en fumée lorsqu'elle a rencontré un collègue, professeur d'anglais, dont elle s'est éprise éperdument.

- Impossible de lutter effectivement face à un amour nouveau.

- J'étais effondré, j'ai tout perdu, ma femme et mes enfants. Imagine !

- Je peux réaliser effectivement la difficulté. A priori, maintenant tu sembles t'être relevé de cette épreuve et je suis sûre que tu en es sorti plus fort.

- J'en suis sorti meurtri, Armonie, mais j'essaie de me convaincre que les raisons d'aimer varient comme les saisons. Ainsi, proche des cinquante ans maintenant, jeunesse de la vieillesse, paraît-il, j'essaie de redonner un sens à ma vie en vivant ma passion absolue, le voyage.

- Exact ! Même quand c'est l'orage, il faut continuer à danser sous la pluie ! Alors je te propose de danser, en visitant cette légendaire mine d'or."

C'est en haut du belvédère que nous pûmes réaliser la grandeur de ce *Super Pit*, long de quatre kilomètres environ, d'une largeur de deux kilomètres et d'une profondeur de plus de quatre cents mètres. Les camions miniers pourtant énormes, semblaient toutefois minuscules aux pieds de la fosse. La visite de ce site hors du commun nous apprit que l'Australie était le second producteur mondial d'or derrière la Chine mais largement devant la Russie. Elle détenait environ vingt pourcents des réserves d'or mondiale. Ces données étaient une mine d'or d'informations justement pour Christophe qui les notait précieusement dans son carnet.
La ville de *Kalgoorlie* quant à elle, nous plongea de manière très authentique en plein *Far-West* australien. Elle nous offrit sa poussière rouge et ses bâtisses dignes des plus grands films de western. Nous pûmes visiter aussi une ancienne ville de la ruée vers l'or, *Gwalia*. L'attraction de cette ville fantôme résidait dans la possibilité de trouver des paillettes d'or soi-même en utilisant les tamis laissés à disposition dans une petite parcelle d'eau. Quel ne fut pas notre étonnement quand après une dizaine de minutes de recherche, Christophe et moi connûmes la joie de voir apparaître des paillettes d'or dans nos tamis respectifs. Ces dernières, placées dans un petit sachet, restent encore une très belle preuve de notre épopée, de notre ruée vers l'or à nous.

NULLARBOR

Nous fûmes de nouveau sur les routes dès cinq heures trente du matin car nous avions chacun énormément de route à réaliser dans la journée. Si Christophe voulait rejoindre *Albany* à plus de huit cents kilomètres de là en longeant la côte, je souhaitais quant à moi, me lancer dans la célèbre traversée du désert de *Nullarbor*. L'objectif était désormais de quitter ce fabuleux état de l'ouest australien afin de découvrir celui de l'Australie méridionale. Christophe me laissa conduire sa fabuleuse voiture qu'il m'incita à pousser à cent-quatre-vingt-dix kilomètres/heure. Je ne réussis pas à atteindre les deux cents kilomètres/heure car, même si j'aimais la vitesse, le sentiment du caractère précieux de ma vie l'emporta.

Alors que nous nous quittions, Christophe me convainquit de venir séjourner chez lui au *Vanuatu* durant les deux semaines de ses vacances de Pâques.
"Franchement, Armonie, tu seras tellement proche du Vanuatu, quel dommage de ne pas prendre le temps de venir découvrir ce merveilleux pays. Tu achètes juste le billet pour te rendre à *Port Villa* et je m'occupe de tout le reste. Je t'emmènerai faire l'ascension de volcans en activité où tu pourras voir la lave couler ; on ira vivre en tribu quelques jours et même plonger sur une énorme épave.
-Tu as déjà tout prévu on dirait, Christophe.
- Réfléchis-y ! Tu es jeune, profite car l'intervalle entre le temps où l'on est trop jeune et le temps où l'on est trop vieux est bien trop court. Tu n'auras, je pense, pas beaucoup d'autres opportunités de découvrir ce pays si peu visité.
- Ecoute, dès lors que j'aurai fini ce tour d'Australie, une fois arrivée à Sidney et avant de rejoindre la Nouvelle-Zélande, j'essaierai de planifier ma venue pendant tes vacances.
- Super ! Je te préparerai un magnifique séjour, j'espère réellement que tu feras ce que tu dis.
- Je crois ce que je dis et je fais ce que je crois comme, disait Victor Hugo. Si financièrement je peux le faire, je viendrai, Christophe."
C'est ainsi qu'après deux heures de route, nos chemins se séparèrent à *Norseman*. J'étais désormais aux portes du plus grand plateau calcaire au monde. J'allais devoir traverser plus de mille six cents kilomètres de désert, territoire hostile surnommé *Nullarbor*. Cette appellation d'origine latine, signifiant "nul arbre", était très explicite sur les paysages futurs à découvrir.

Alors que j'étais postée en face d'une station essence et qu'il n'était pas encore huit heures du matin, un policier vêtu tel un shérif de séries américaines avec son chapeau de cow-boy et ses larges lunettes, traversa tranquillement la route afin de venir à ma hauteur. Mon cœur s'accéléra quelque peu car je me souvins qu'il était interdit par la loi de faire du stop en Australie.
"Bonjour Mademoiselle, tenez, voici un café pour vous.
- Merci, Monsieur l'agent, c'est très aimable à vous.
- Tu sais qu'il est interdit de faire du stop en Australie ?
- Vraiment ? Je ne savais pas, non.

- Bref, tu es une adulte et je pense que cela ne sert à rien que je te dise de prendre le bus puisque aucun ne passe par ici mais sache toutefois que si tu tiens vraiment à traverser *Nullarbor*, il va falloir t'armer de patience. Peu de gens s'aventurent dans cette région.
- Merci Monsieur l'agent pour vos conseils. J'apprends à être patiente justement.
- Tu veux donc rester. Dans ce cas, il faut que tu prennes avec toi au moins quatre litres d'eau car la prochaine station essence se situe à *Eucla* à sept cents kilomètres d'ici.
- Effectivement, vous avez raison, je vais aller acheter de l'eau.
- Donne-moi cinq dollars, je vais te les chercher. Si jamais une voiture passe tu ne la louperas pas ainsi.
- Sérieusement ? Merci beaucoup, c'est très gentil à vous."
Quelques minutes après, l'agent revint avec quatre bouteilles d'eau puis repartit dans la direction opposée à la mienne. Quelle gentillesse de sa part, pensais-je. Je pus méditer plus de deux heures sur ce comportement inhabituel avant qu'une voiture ne s'arrête enfin. Marc était un ouvrier de la route qui se rendait sur un chantier à deux cents kilomètres de là.
"Je vais te déposer au milieu de nulle part par contre ! Tu es sûre de toi ?
Entre l'agent de police et lui, je commençais sérieusement à m'inquiéter quant à la difficulté de traverser ce désert.
-Certaine !"

Le soleil était au zénith quand l'ouvrier me déposa au bord de la route, au milieu d'un désert de sable. Je dus attendre quarante minutes avant de voir passer une première voiture complètement bondée qui ralentit toutefois à mon passage afin, sans doute, de contempler cette folle qui se lançait le défi de la traversée du *Nullarbor* en stop. Les heures qui suivirent me semblèrent les plus longues de ma vie. Un mélange de stress et de peur créé par la confusion certaine de mon mental, commençait malgré moi à m'envahir. Au pire, je planterai ma tente ici jusqu'à ce qu'une voiture accepte de s'arrêter, pensais-je. J'avais assez d'eau pour tenir jusqu'au lendemain après tout.

Cela faisait plus de trois heures maintenant que j'attendais sous un soleil accablant et la présence insoutenable des mouches.

Je me répétais cette phrase de Martin Luther King : "avoir foi c'est monter la première marche même quand on ne voit pas l'escalier". Pour le coup, ici, j'avais l'impression de ne même pas voir la première marche. Enfin, une voiture s'arrêta à mon niveau. Un homme d'une trentaine d'années, plutôt charmant et dont la voiture était presque vide, ouvrit sa fenêtre et me demanda :
"Où allez-vous ?
- Et vous, où allez-vous ?
- Je vais traverser *Nullarbor* et me diriger au parc national des *Flinders Rangers*.
- Pareil pour moi, lui dis-je avec un grand sourire et une immense expiration. Cette dernière rejetait toute la peur et l'angoisse accumulées au sein de mon organisme pendant toutes ces heures d'attente.
- Tu sais que c'est à environ deux mille kilomètres d'ici ?
- On va pouvoir faire longuement connaissance. Enchantée, moi c'est Armonie.
- Mark, ravi de te rencontrer. Son sourire sincère et affectueux dégageait une très belle énergie.
- Quelle coïncidence, le monsieur qui m'a déposée ici ce midi s'appelait aussi Marc.
- Je ne crois pas aux coïncidences mais plutôt aux signes du destin. Ton ange gardien veut certainement te faire comprendre qu'il te protège et travaille bien pour toi. En même temps, pour entreprendre cette traversée en stop, tu te dois d'être bien entourée.
- J'ai l'impression que l'on va bien s'entendre, Mark. Dans quel domaine travailles-tu ?
- J'ai exercé dans des entreprises très différentes. Tout d'abord, comme serveur pendant sept ans, puis trois ans dans l'automobile et depuis trois mois j'ai ouvert mon propre *business* de jardinage. J'ai décidé d'être exclusivement au contact de la nature qui me parle paradoxalement beaucoup plus que les personnes que je pouvais côtoyer dans mes anciens boulots.
- Du coup, tu es en vacances pour quelques semaines ?
- Oui, pendant les vacances de Noël, je n'ai pas de chantier, j'ai donc pris un vol depuis *Sydney* et j'ai atterri à *Perth*. Je me suis

donné un mois avec cette voiture de location afin de traverser tout l'ouest jusqu'à *Sydney*.
Alors qu'il me relatait son histoire, je voyais qu'il me regardait étrangement. Ses yeux semblaient analyser quelque chose autour de moi mais sans jamais réellement croiser mon regard. Cela était assez étrange mais n'enlevait rien à sa gentillesse et aux bonnes sensations que je ressentais.
C'est donc quelque peu avant le coucher du soleil que nous arrivâmes enfin à *Eucla* située à une dizaine de kilomètres de la frontière de l'Australie méridionale. Dernier village avant cinq cents kilomètres, il était préférable de dormir ici, me confia-t-il.
- Je comptais dormir dans ma voiture mais à deux, je crains que cela ne soit pas possible.
- Pas de problème, j'ai une tente. On peut la partager si tu préfères t'allonger de tout ton long.
- Belle idée."

En raison des dunes blanches du désert gagnant chaque année un peu plus de terrain sur les bâtisses humaines, il n'y avait absolument aucun touriste dans ce village de seulement quelques âmes. Le sable était d'un blanc immaculé ravissant à regarder et très singulier au toucher. Afin de nous dégourdir les jambes après ces centaines de kilomètres dévorés en voiture, nous visitâmes la seule chose susceptible d'être examinée : les ruines d'une ancienne station télégraphique complètement enfouie dans le sable. Il ne restait plus grand-chose à voir et seule notre imagination put reconstituer cette ancienne bâtisse. Notre dîner à base de boîtes de thon et de tranches de pain achetées à la station essence le matin-même, fut bien entendu accompagné d'une agréable bière, fièrement entreposée dans la glacière de Mark.
"Un vrai travail d'équipe, Armonie, me dit-il en regardant encore étrangement autour de moi.
- Semble-t-il, oui. Mark, pourquoi ne me regardes-tu jamais dans les yeux ? C'est assez perturbant !
- Désolé, je m'entraîne.
- A quoi t'entraînes-tu exactement ?
- Tu vas certainement me prendre pour un fou, mais je vois les auras qui nous entourent.

- Je ne te prends absolument pas pour un fou, au contraire.
- Tu sais ce que c'est que l'aura ?
- Grossièrement, je dirai que c'est l'énergie qui enveloppe notre corps.
- Oui, c'est à peu près ça. C'est comme un champ électromagnétique qui varie selon tes humeurs et ton état de santé.
- Mon père, magnétiseur, m'en a déjà quelque peu parlé. De quelle couleur est mon aura actuellement ? Cela m'intéresse beaucoup.
- Tu as plusieurs couleurs mais la dominante, qui dans la nuit est beaucoup plus simple à percevoir qu'en plein jour justement, c'est le bleu avec des touches de rose.
- Tu connais la signification de ces couleurs ?
- Oui, leur signification me permettent de cerner ainsi rapidement la personne que j'ai en face de moi. C'est pour cela qu'avant de te faire monter dans la voiture, j'ai pris mon temps pour analyser ton aura. Et cette vibration aurique que tu dégages m'attire beaucoup justement, insinua-t-il avec un petit sourire coquin. Il était vrai que je ne restais pas insensible non plus à sa personnalité, lui attribuant un charme indéniable.
Le bleu et le rose symbolisent surtout le calme et la paix à l'opposé du rouge, traduisant la colère, le matérialisme et même une sexualité exacerbée.
- Ah oui tu peux savoir tout ça par les couleurs de l'aura ? Il y a d'autres couleurs ?
- Et bien, dès que tu as des couleurs foncées comme le gris, le marron ou le noir, tu auras devant toi des personnes avec des sentiments mauvais à l'égard des autres, tandis que le blanc exprimera la pureté des sentiments, la spiritualité.
- C'est très intéressant. Cela fait longtemps que tu peux voir les auras ?
- Non pas vraiment ou, en tout cas avant, je n'y faisais pas attention et ne cherchais aucunement à les identifier. Maintenant j'essaie à chacune de mes rencontres, de me concentrer sur leur champ d'énergie.
- Comment as-tu découvert cela?
- Ma mère travaille sur les auras. Elle ne les voit pas mais travaillent sur ces dernières en les ressentant.

- Comment peut-on les ressentir ?
- Elles vibrent. Ainsi ma mère arrive à sentir une certaine résistance. Si ton père est magnétiseur, tu dois connaître les différents chakras ?
- Effectivement.
- Les chakras, vois-tu, dépendent exclusivement de nos émotions et quand ces dernières sont bouleversées, nos chakras sont alors perturbés aussi, dysfonctionnent et émettent par conséquent moins d'énergie. Ma mère, ré-harmonise les chakras en redynamisant leurs énergies à l'aide de ses mains afin de soigner des problèmes physiques conséquence de maux psychiques.
- Je suis entièrement convaincue des conséquences de la somatisation exprimée par ces douleurs physiques. Pourtant, concrètement ou plutôt scientifiquement, comment peux-tu l'expliquer à tous ces gens abreuvés exclusivement de la science moderne et qui n'acceptent que ses théories ?
- Je sens un certain agacement dans ta voix ?
- Pardon oui, mais j'avais en tête en réalité une dentiste allemande complètement manipulée par ses études et absolument hermétique à cette médecine pourtant aussi vieille que notre monde.
- Si tu cherches à convaincre quelqu'un de l'efficacité de cette médecine, même si je pense que tu perdras ton temps et le sien, tu peux lui répondre que la science quantique initiée par Albert Einstein explique tout cela scientifiquement et très clairement.
- Bizarrement j'ai du mal à croire que les propos d'Einstein puissent démontrer la véracité des auras!
- Et pourtant ! Laisse-moi te le prouver. Néanmoins, il est déjà vingt-deux heures, tu n'es pas fatiguée ? Je me lance dans ces explications ?
- Je suis prête.
- Alors, notre aura ou ce champ d'énergie, comme tu dis, est en physique quantique, décrite comme étant constituée de minuscules particules appelées "supercordes". Ces dernières vibrent et se déplacent en produisant de l'énergie qui peut être plus ou moins haute. Tu me suis ?
- Ca peut aller…

- Plus simplement, les sentiments et les pensées sont des informations qui vibrent et se déplacent aussi mais elles le font si rapidement que les cinq sens typiques des êtres humains ne savent pas les percevoir. En tout cas, la plupart ne le savent pas encore. C'est pourquoi le très grand visionnaire Einstein a prouvé par la célèbre formule que tu dois connaître, E=MC2 que…
- Je t'arrête, j'ai passé un bac littéraire, je ne connais aucunement cette formule !
- Ce n'est pas grave! Cette formule prouve que l'homme est d'abord un corps d'énergie mais avec une apparence physique.
- Là par contre, tu m'as perdue !
- En fait, il a prouvé que toute matière est avant tout énergie. Chaque cellule et organisme a donc sa propre aura ou son champ d'énergie, si tu veux. Comme nos chakras, ces roues d'énergie changent selon nos humeurs. C'est pourquoi Einstein expliquait déjà que notre santé était en parfait dialogue avec notre corps et notre environnement. Si on élève notre niveau de vibration, alors on renforce notre système immunitaire. "Tout est un et rien n'est séparé " disait-il. Ainsi, si tu côtoies des gens, des animaux à vibrations hautes et si toi-même, tu possèdes et véhiculent des pensées positives, alors tu ne pourras pas contracter de maladies à vibrations basses.
- Si parfois mon plexus solaire me semble très chargé lorsque je rencontre quelqu'un, tu crois que je ressens en réalité ses vibrations qui sont certainement mauvaises ?
- Si cette sensation te dérange, alors oui. Cela signifie que cette télépathie instinctive en réalité, te met en garde face à une aura qui est certainement trop différente de la tienne dans ses vibrations et donc, dans ses couleurs aussi. A l'inverse, quand les auras s'harmonisent comme les nôtres par exemple, on éprouve de la sympathie, voire de l'attirance...
Il prononça ces dernières paroles en rapprochant ses lèvres à quelques centimètres des miennes, me laissant alors juste un dernier effort à faire pour atteindre sa bouche si attirante. Je ne sais pas si c'était nos auras qui aimaient se côtoyer mais il est vrai que dormir blottie dans ses bras alors que je ne le connaissais que depuis quelques heures, ne m'effraya aucunement, bien au contraire.

L'atmosphère de la tente baignait dans une énergie douce et délicate et nous conduisit facilement vers un voluptueux sommeil régénérateur. Bien entendu, je m'étais refusée à dépasser le stade du flirt avec Mark. Pourtant, le lendemain matin en me levant, je sentis un fort picotement au creux de mon cou.

"Mark, t'es pas sérieux ! Tu as quel âge pour faire encore des suçons !

- Au moins comme ça, personne d'autre ne te draguera pendant quelques temps.

- Ah oui ! Tu es de nature jaloux alors ?

- Pas du tout, je suis juste vigilant.

- En tout cas, je suis et ne serai jamais la propriété de personne. Marquer ainsi par un suçon sa copine, est la preuve d'un manque de maturité, cher Monsieur ! lui dis-je d'un ton moqueur.

- Je suis tout à fait d'accord. Si à trente-trois ans, je conserve l'âme d'un adolescent cela me convient.

- Trente-trois ans, l'âge de la mort du Christ !

- Exact et de celui de Krishna aussi. Le chiffre trente-trois est un véritable chiffre emblématique.

- Vraiment ? Pour quelles raisons ?

- Par exemple, il y a trente-trois degrés en franc-maçonnerie, le drapeau de l'ONU divise le monde en trente-trois sections, le sceau de Salomon, puissant symbole de la magie blanche a pour valeur trente-trois, l'arbre de vie de la kabbale contient lui aussi le chiffre trente-trois, Pythagore a mis le nombre trente-trois en chiffre maître, l'arsenic a pour numéro atomique trente-trois, l'or en alchimie c'est l'arsenic qui permet le grand œuvre…

-Assez ! Il est sept heures du matin et je t'ai déjà perdu. Pour un simple paysagiste soi-disant, ta culture est impressionnante. Tu es très étonnant.

- Pourquoi simple paysagiste ? Penses-tu que ce types de connaissances correspond plus au profil d'un ingénieur ?

- Tu as raison, ma réflexion était tout à fait déplacée.

- Tu vois, depuis que dans mon travail, mes interlocuteurs exclusifs sont les arbres, mon essence spirituelle ne cesse de s'accroître. De surcroît, les propos de ma mère qui me paraissaient auparavant si opaques voire même ennuyeux, comme la science quantique

d'ailleurs, deviennent des savoirs passionnants et de plus en plus limpides à mes yeux.
- Tu es en pleine transmutation intérieure, me semble-t-il ! Je te propose alors de transmuter dans l'état de l'Australie méridionale, lançai-je en lui volant un baiser."
Onze kilomètres plus loin exactement, à la frontière de l'état, la voiture fut arrêtée et fouillée. Nous étions à mi-distance de *Perth* et de *Sydney*. L'horloge de nos téléphones fut avancée d'une heure trente tandis que mille kilomètres nous attendaient avant de rejoindre le parc national des *Flinders Rangers*.

CHAPITRE 5
L'AUSTRALIE MERIDIONALE ET LE CENTRE ROUGE

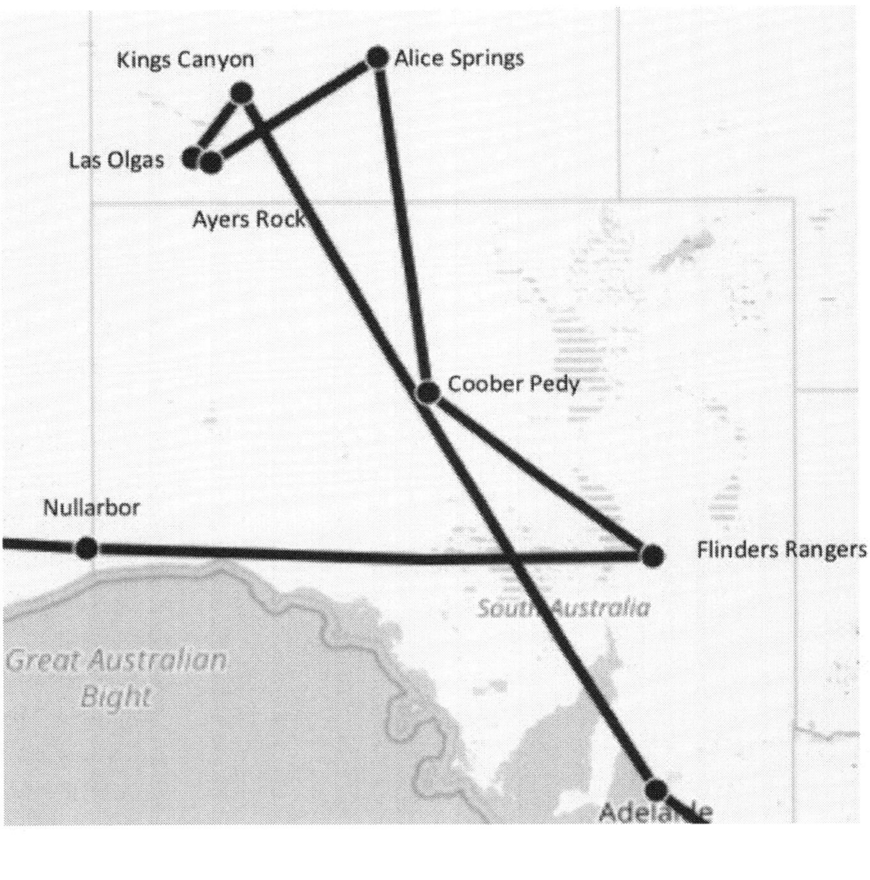

La route fut éperdument longue et monotone au niveau de ses paysages mais cette traversée semblait contenir un aspect quelque peu initiatique à mes yeux.
Ces kilomètres désertiques, rythmés aux chansons du groupe. *AC/DC*, seul disque que Mark possédait, était l'occasion pour lui de me transmettre ses connaissances sur la science quantique et sur les secrets précieusement transmis par sa mère concernant ses méthodes de guérison. Si mon père avait essayé, pourtant à plusieurs reprises, de me parler de ce monde invisible, je n'acceptai de les écouter et de les digérer réellement qu'aujourd'hui face à cette immensité du néant. La vie m'imposait de nouveau cette rencontre, dirigée précisément sur ce chemin qui m'intriguait tant mais que j'avais toujours refusé de voir avant mon séjour en Australie. Ces rencontres humaines me conduisaient principalement vers des expériences spirituelles. Plus j'apprenais à me connaître, plus j'ouvrais mon cœur à ce nouveau monde. Finalement la compréhension de l'axiome "connais-toi toi-même" semblait être la condition nécessaire pour mieux appréhender les lois de l'invisible. Tout ce travail intérieur, fruit d'un voyage solitaire couplé à ces rencontres fortuites, m'ouvrait à cet extérieur jusqu'alors inconnu. Mon cœur, dorénavant ouvert à cet univers, semblait conduire mon esprit et mes pas sur les traces d'une nouvelle réalité. Mon âme s'enrichissait alors chaque jour d'un éveil spirituel dont la porte était désormais entrouverte grâce à la clef trouvée au fond de mon âme.
Toutes les deux heures, nous nous passions à tour de rôle le volant en prenant le temps à chaque fois de contempler les falaises de calcaire de plus de cent mètres de haut, bordées par l'océan. Cette ligne de falaises était décrite comme étant la plus longue au monde. Très souvent en Australie, j'avais l'impression de découvrir toujours quelque chose d'unique et toujours plus grand qu'ailleurs. Ce pays à la taille d'un continent regorgeait ainsi de trésors inattendus aux dimensions toujours très extravagantes.
Le soir venu, notre destination au parc national fut victorieusement atteinte. Le camping sauvage autorisé, Mark réussit à faire un feu grâce auquel notre repas fut cuisiné.

"Tu vois Armonie, j'ai l'impression que moins je possède de biens matériels, moins j'en ai besoin et plus je suis heureux. C'est vraiment le secret du bonheur. Être au cœur de la nature nous permet de développer la capacité d'apprécier avec moins et de nous intéresser à "l'être" humain qui est en nous. On délaisse ainsi plus facilement le "faire" humain qu'on a tendance à sur-développer dans notre société.
- C'est évident que plus on accorde de la valeur aux choses matérielles, moins on est heureux.
- En réalité, le piège est d'accepter de satisfaire tous nos besoins mais pas forcément toutes nos envies.
C'est ainsi que pendant quatre belles journées, les discussions philosophiques, toujours très passionnées, nous accompagnaient dans la découverte du massif montagneux des *Flinders Rangers*. De nombreux belvédères offraient des points de vue panoramique sur les multiples canyons et formations rocheuses. L'une d'entre elle, très originale d'ailleurs, s'appelait la grande muraille de Chine au regard de son homomorphisme avec l'originale. Après l'avoir contemplée, c'est ensuite en courant ou en randonnant que nous sillonnions les différentes gorges dont la flore et la faune étaient foisonnantes.
En effet, de nombreuses espèces animales avaient élu domicile dans ce vaste territoire en raison des multiples points d'eau créés par l'homme. Ainsi, nous avons pu admirer un nombre considérable de kangourous de couleurs changeantes en fonction de leur espèce. Le pelage de certains pouvait être rouge quand pour d'autres, c'était le gris clair qui les habillait ; parfois même, un jaune poussin très vif pouvait se trouver sur les pattes des moins chanceux, leur donnant un air plutôt burlesque mais toujours très affectueux.
C'est lors de notre dernier jour que nous entreprîmes l'ascension du *Pic de Marie*, point de la chaîne culminant à mille-deux-cent-soixante-et-un mètres, où Mark fut inspiré pour me parler de mon chemin de vie.
"C'est quoi encore ça Mark, le chemin de vie ?
- Quelle est ta date de naissance ?
- 22 mai 1986

- Le total des chiffres, forme le nombre trente-trois.
- Comme ton âge tient. Belle coïncidence encore !
- Je t'ai dit que je ne croyais nullement aux coïncidences. En tout cas, ce nombre te donne le chiffre six.
- C'est bien six ?
- Ce n'est pas une question de bien ou de mal, la numérologie est aussi une science. Ces nombres ont été codifiés par un très grand mathématicien que même une littéraire doit connaître....
- Moi et les maths tu sais...
- Pythagore, tu ne connais pas ?
- Si quand même !
- C'est donc Pythagore qui a été le premier à codifier la numérologie. Chacun des nombres véhiculent différemment une énergie, une vibration et donc revêt une certaine symbolique.
- Du coup, ce chiffre six que tu as trouvé en additionnant ma date de naissance, va me renseigner sur la vibration qui entoure mon chemin dans cette vie ?
- C'est l'idée générale, oui. Je ne suis pas un expert en numérologie mais vu que mon chemin de vie comporte le chiffre six, je peux te le décrire.
- Toi aussi le six ? Décidément...
- Le six est décrit en numérologie comme étant le chiffre de l'harmonie, de l'équilibre et de l'amour.
- L'harmonie ?! Tu rigoles ?
- Je te jure, tu iras vérifier sur Internet par toi-même. C'est aussi le chiffre de la guérison. Bref, tu ne peux pas refuser ton destin d'aider et de guérir les gens, comme ton père.
- Je ne veux pas faire et être comme mon père pourtant.
- A vingt ans, je disais comme toi mais tu ne dois pas guérir de la même façon que ton père ou moi, comme ma mère, tu dois trouver ton propre chemin. Ta propre méthode de soin. Tu peux guérir par les mains mais aussi par tes paroles, ton regard ou bien même, par l'écriture si tu es plutôt littéraire.
- "Écrire, c'est hurler sans bruit" disais Marguerite Duras. Il est vrai que coucher sur papier des mots ou mes maux, m'aide souvent.
- Si ça t'aide, cela pourrait aider aussi d'autres personnes."

Pendant que nous discutions face à ce paysage encore une fois hors du commun, Mark avait la fâcheuse habitude de passer ses doigts dans mes cheveux et de les laisser glisser ensuite très maladroitement sur mon visage. C'était vraiment insupportable et cela me donnait l'impression qu'il caressait son chien ou plutôt dans le cas présent, sa chienne du coup ! Il était d'un romantisme grossier mais toutefois, assez amusant. Notre dernière nuit, toute aussi grossièrement romantique, fut clôturée par un orage et une pluie diablement forte, nous obligeant à quitter la tente pour sa voiture.
Ainsi, à peine les premières lueurs du jour venues, nous rejoignîmes *Port Augusta* à deux heures du campement, ville où il me déposa sous le panneau indiquant *Alice Spring*, capitale du centre rouge à mille deux cents kilomètres.
"Tu es sûre de ne pas vouloir continuer avec moi jusqu'à *Sidney* ? Cela serait pour toi beaucoup plus simple que de faire du stop.
- Ça serait certainement plus simple oui, mais la facilité ne m'attire pas. Comme tu as pu le constater, j'aime bien palpiter et connaître l'excitation ! lui dis-je d'un regard malicieux.
- Alors, tu dois absolument m'appeler quand tu arriveras à *Sidney* afin que je te fasse découvrir cette magnifique capitale économique.
- Laissons la vie en décider.
- En attendant, je vais savourer les fragments d'aura que tu as laissés dans la voiture afin de raviver ma mémoire de ces doux instants partagés.
- Des morceaux de mon aura vont rester dans ta voiture ?
- Effectivement, où que tu passes, tu laisses toujours une empreinte de toi. C'est pour cela que nous avons usage de dire que les lieux, les objets ont une mémoire des gens.
- Et si ces fragments sont mauvais ?
- Ils peuvent te gêner, t'empêcher de te réaliser et il est alors nécessaire de nettoyer ces endroits avec de l'encens ou de manière plus radicale, déménager et jeter les objets. Cette nuit, tu auras donc un peu de moi dans ta tente par exemple !"
Je pensais plutôt que dans cette tente, de nombreux fragments d'Anita parsemaient toujours ce lieu. Nous avions échangé très peu de messages depuis *Cairns* mais son image revenait très souvent

dans mes rêves. Apparemment, elle était arrivée à *Melbourne* depuis début décembre et il était évident que j'irais la voir lors de mon arrivée dans cette grande ville. Pour l'heure, la conquête du centre rouge de l'Australie m'attendait.

COOBER PEDY

Il me fallut près de huit heures et six voitures afin de rejoindre à six cents kilomètres de *Port Augusta*, la capitale mondiale de la production d'opales, *Coober Pedy*.
Mon *Lonely planet* m'indiquait qu'il fallait absolument y passer au moins une nuit afin de tester l'expérience unique de dormir dans une maison troglodyte.
En effet, les températures de cette ville en plein cœur du désert australien, pouvaient facilement atteindre cinquante degrés en plein été. Par conséquent, la quasi-totalité de ses habitants, commerces et même églises étaient installés sous terre où la température restait constante, à vingt degrés toute l'année. Aucunement besoin de climatisation ou de chauffage, en revanche, les lieux restaient souvent éclairés par une lumière artificielle. Ainsi, mon auberge de jeunesse située à huit mètres sous terre était unique en son genre. Les murs, avec ses parois en pierre, dégageaient une ambiance très spéciale et surtout une énergie hors du commun. Aucun matériel non écologique, c'est-à-dire en réalité soi-disant non moderne, n'intégrait cet habitat. Le calcaire qui nous entourait était très poreux et me provoquait des stimuli au toucher très intéressant. Il semblait évident que vivre dans ce type de maison entièrement naturelle favorisait, je pense, les liens avec l'énergie de la nature et de l'invisible. C'est ainsi qu'en explorant les lieux, je fis la connaissance dans la salle commune, de deux Australiens de *Sidney* et de deux Hollandais occupés à se livrer à une partie de billard. En arbitrant cette dernière, très arrosée par la bière locale, ils m'apprirent qu'ils se rendaient le lendemain à *Alice Spring*, ma prochaine destination. Leurs deux voitures en revanche étaient vraisemblablement très chargées et il s'avérait très compliqué de me prendre dans l'une d'elle avec tous mes bagages. Pour cette raison, Laurens, de Rotterdam, me proposa de prendre mes affaires dans leur voiture et de monter dans la voi-

ture des Australiens. Ainsi, le lendemain matin aux aurores alors que nous étions en train de charger mes affaires avec les Hollandais, les Australiens, dont la voiture était effectivement surchargée, s'affairaient à chercher les clés de leur véhicule depuis plus d'une heure. Si au début, la situation était assez cocasse, elle devint beaucoup moins drôle quand ils s'aperçurent que les clefs se trouvaient à l'intérieur de cette dernière. Par conséquent, l'un des Australiens prit une grosse pierre et cassa une petite fenêtre à l'arrière de la voiture, ce qui devint ma climatisation personnelle.

Ce départ difficile ne m'inspirait pas de bonnes sensations. J'avais d'ailleurs longuement réfléchi pendant la recherche de leurs clés : m'obstiner à partir avec eux ou tout simplement remettre mon index sur la route.

En y réfléchissant, ce signe de la vie avait été pourtant clair mais, comme Victor Hugo l'avait parfaitement écrit, "parfois, la vérité est comme le soleil, elle fait tout voir mais ne se laisse pas regarder".

Les sept cents kilomètres qui nous séparaient *d'Alice Spring* se déroulèrent sereinement même si j'étais complètement aplatie par tous les bagages de ces Australiens. Pourtant partis juste pour trois semaines de vacances, leur voiture était remplie comme s'ils déménageaient. S'ils m'avaient fustigée à juste titre, en voyant ma valise et mon sac à dos dont le contenu me servait pour une année, le contenu de leur voiture montrait qu'ils s'étaient chargés dix fois plus pour seulement quelques semaines. D'ailleurs, c'était souvent la remarque des personnes qui me prenaient en stop : j'étais trop chargée! C'était évident mais eux l'étaient plus que moi alors qu'ils voyageaient sur une période très courte. Ainsi en règle générale, telle une tortue, tout être humain qui part en vacances, a souvent tendance à vouloir emporter sa maison avec lui comme si cela pouvait l'aider à affronter l'inconnu.

Après que nous eûmes franchi une nouvelle fois l'État du territoire du Nord et reculé nos montres, ils me déposèrent à la même auberge de jeunesse que les Hollandais et repartirent très rapidement dans un autre hôtel déjà réservé.

Leurs adieux très rapides me firent ressentir qu'il y avait quelque chose d'anormal dans leur attitude. C'est ainsi que quelques minutes après leur départ et après avoir récupéré mes affaires dans la voiture des Hollandais, je m'aperçus que les Australiens avaient en réalité dérobé mon petit appareil photo. Au-delà de la valeur de l'appareil, c'était surtout la perte de toutes mes photos du sud de l'Australie, non encore gravées sur disque, qui me bouleversait le plus en réalité. Vraiment attristée et émue, je partis avec le sympathique Laurens à leur recherche dans cette petite ville, d'*Alice Spring*. Ce n'est qu'en fin d'après-midi, après avoir découvert cette charmante ville et observé les visages des aborigènes, des touristes et des Australiens que nous les retrouvâmes dans un garage de voiture. Leur fenêtre avait été remplacée et nous les attendions devant leur voiture pendant qu'ils étaient certainement sur le point d'en régler la facture. Lorsque nos regards se croisèrent enfin, ils comprirent très rapidement la raison de notre présence.

"Écoute Armonie, cette vitre a coûté cher et tu as passé avec nous sept cents kilomètres, du coup, ton appareil photo est en réalité, un dédommagement.
- Je comprends, leur répondis-je, étonnamment de manière très calme. On peut trouver un arrangement peut-être ? Moi, ce sont mes photos qui sont très importantes à mes yeux.
- Bien, alors tu nous donnes deux cents dollars et on te le rend.
- Ok ça me va, mon argent est à l'auberge, on peut procéder à l'échange ce soir ? Laurens me regardait avec d'immenses yeux, choqué de ma proposition.
- A dix-neuf heures, nous serons là-bas pour l'échange.
Une fois éloignés d'eux, Laurens, tout juste âgé de dix-huit ans et très en colère de la situation, ne comprenait pas mon calme apparent.
- Ne t'inquiète pas, j'ai mon idée Laurens. J'ai déjà parlé avec le vigile de l'auberge, le grand aborigène. C'est une véritable armoire, il va nous aider.
Ainsi, après que j'eus fait la description au vigile des deux Australiens aux chevelures blondes, celui-ci contacta trois amis tout aussi impressionnants que lui physiquement. A dix-neuf heures précises, les voleurs descendirent de leur voiture, grand sourire aux lèvres. Ils se figèrent très rapidement une fois entrés dans le hall de l'auberge quand ils prirent conscience que quatre aborigènes gigantesques les entouraient.
- Bonsoir messieurs, vous avez mon appareil photo ?
Trop occupés à contempler les hommes à la musculature affûtée qui s'approchaient d'eux, ils ne me répondirent pas.
- Monsieur le vigile, je crois qu'il se trouve dans sa poche de jean, je le devine par la forme de cette dernière.
A ces mots, mon nouvel ami se saisit très rapidement de l'appareil et, après avoir vu mon regard approbateur, me le rendit.
- Merci les gars de me l'avoir rapporté, j'avais certainement dû l'oublier sur la plage arrière, n'est-ce pas ?
Ils me sourirent étrangement et repartirent sans qu'un seul mot ne sorte de leur bouche.
Une fois les deux Australiens partis, je proposai d'offrir à mes gardes du corps du moment, une bière au saloon de la ville que

nous avions découvert plus tôt avec Laurens. Ils acceptèrent volontiers et ainsi, en compagnie des quatre aborigènes et de deux Hollandais, je passai ma première soirée au cœur du centre rouge d'Australie, dans un endroit très singulier.

Une magnifique ambiance y régnait. Le décor du bar était fantastique. Il y avait une stupéfiante peau de crocodile qui était fièrement étalée sur le comptoir. Le propriétaire, évidement aborigène et ami de mes gardes du corps, servait des pintes de bières à l'aide de bottes en peau de crocodile. Ces mêmes bottes étaient aussi collées étrangement au plafond, prêtes à atterrir dans l'une des énormes carafes contenant la bière fraîche.

Sur un des murs, un affreux python empaillé était fixé gueule grande ouverte sur laquelle Laurens resta fixé quelques instants. Enfin, de l'autre côté du bar, se trouvait sur une moto à l'ancienne, un squelette humain tenant le guidon d'une main et de l'autre, un vrai verre de bière avec son précieux liquide. Le tout était baigné dans une ambiance de musique country bercée par un très beau juke-box très à la mode dans les bars d'ici.

Le lendemain matin, c'est donc avec un léger mal de tête que je me réveillai. Les Hollandais et moi passâmes la journée à explorer les alentours d'*Alice Spring* et notamment, son parc national, le *West MacDonnell Ranges*. *Alice Spring* était en réalité coupée en deux et entourée à l'est comme à l'ouest par des montagnes. Sur les conseils des aborigènes rencontrés la veille au soir, nous partîmes explorer la partie ouest, la plus intéressante selon eux. Toute notre journée fut ainsi occupée à randonner et à se baigner dans les gorges relaxantes de ce parc. Le seul détail très ennuyeux était la centaine de mouches constamment posées au coin de nos yeux ou à la commissure de nos lèvres. C'était absolument insupportable et même ma patience, devenue pourtant redoutable, avait des difficultés à résister face à leur invasion permanente.

Le contact avec les Hollandais se passait très bien et Laurens me proposa avec son ami dont le prénom m'échappe, de partir avec eux dès le lendemain à la conquête du majestueux rocher *Uluru*, prénommé *Ayers Rock*.

Ainsi, après avoir laissé quelques affaires à la bagagerie de l'auberge pour quelques jours, nous partîmes tous les trois traverser le paysage aride et lunaire du centre rouge, en direction de l'emblème de l'Australie.

Ce monolithe rouge situé à quatre-cent-soixante kilomètres d'*Alice Spring*, reste l'un des lieux d'Australie le plus sacré pour les aborigènes. Monter à son sommet était souvent interdit mais lors de notre venue, par chance, son ascension était pour une fois laissée libre. Les parois glissantes rendaient l'escalade du dôme délicate mais d'innombrables chaînes permettaient de simplifier la montée. A son point culminant, une vue extraordinaire sur le désert se dressa devant nous avec au loin, une dizaine de dômes homologues au nôtre, surnommés les *Olgas*, autre site majeur et sacré pour les aborigènes.

Nous attendîmes le coucher du soleil afin de nous délecter des légendaires nuances de rouge habillant le rocher. D'innombrables étoiles illuminaient ce décor magnifique. Pour autant, l'énergie ressentie était quelque peu et inexplicablement pesante.

Notre réveil collectif au sein du seul camping de la réserve sonna précisément à cinq heures afin d'aller savourer le lever du soleil sur ce monolithe sacré. Cette fois, c'était des nuances d'orange qui jalonnaient le rocher, lui donnant comme la veille au soir, un doux parfum silencieux d'énergie très palpable mais aux vibrations dérangeantes à mon égard.

Nous nous dirigeâmes ensuite à une petite heure de cet incroyable site vers les *Kata Kjuta* appelées aussi *les Olgas*, toutes aussi rougeoyantes et impressionnantes. Elles étaient au nombre de trente-six et le plus haut sommet culminait à plus de mille mètres. La randonnée à travers ces dômes renversants était très intéressante et le fait de découvrir ces monolithes au milieu d'un désert absolument immense et plat, m'intriguait terriblement. De surcroît, leur localisation était aussi surprenante puisqu'elle se situait quasiment au centre du pays. Comme l'avait justement souligné Mark, les coïncidences n'existent pas. Mère nature était encore une fois très énigmatique. Pour les aborigènes, ces différents sites sacrés symbolisent les traces laissées par leurs ancêtres totémiques sous la forme de ces rochers. Ces reliefs revêtent ainsi une signification religieuse et identitaire constituant la véritable empreinte du patrimoine spirituel des aborigènes. Martin Luther-King prononçait ainsi à juste

titre que "tout ce que nous voyons n'est en réalité qu'une ombre projetée par les choses que nous ne voyons pas". Cette ombre projetée et dès lors invisible pour nous, êtres humains, semble trouver une explication dans la culture aborigène. Pour eux, les esprits de leurs ancêtres restent ainsi toujours présents et concentrés notamment dans ces lieux, *Uluru* et *Olgas*.
Nous passâmes une autre nuit dans le camping du parc non loin d'*Uluru* et de son ambiance quelque peu glaciale, aussi bien au sens propre qu'au sens figuré. En effet, la température de la nuit flirtait avec zéro degré alors qu'elle avoisinait facilement les quarante degrés dans la journée.
Cette dernière nuit dans ce parc restera à jamais au sein de ma mémoire.

Rentrés au camping après avoir contempler une nouvelle fois le coucher du soleil sur *Ayers Rock*, je me dirigeai vers les douches quand soudainement, une douleur atroce m'envahit le pied. Quelque chose venait de me piquer. La nuit juste tombée, je ne voyais pas ce qui venait de me procurer cette douleur insupportable. Je criai et appelai à l'aide de toutes mes forces. La peur de m'être fait piquer par un serpent au milieu du désert où aucune structure hospitalière n'était présente à moins de quatre cents kilomètres, me terrorisa.
Le garde du camping vint rapidement à ma hauteur.
"Montrez votre pied mademoiselle ! me dit-il d'une voix ferme et sûr de lui.
Moi qui venais juste de quitter mes baskets pour mes tongs afin d'aller prendre ma douche, je lui montrai mon pied déjà fortement gonflé.
- C'est un serpent vous pensez ?
- Non !
- Ah ouf ! Un grand soulagement arriva au cœur de ma poitrine me permettant de reprendre mon souffle et de sécher quelque peu mes larmes.
- Ce n'est pas la piqûre d'un serpent mais celle d'un scorpion.
- Un scorpion !!!!!! Mais c'est pire !!! Je vais mourir !

Alors que je paniquais littéralement, l'homme m'infligea une énorme claque au visage qui eut pour effet de diminuer ma douleur au pied et arrêta net mes hurlements de terreur.
- Calmez-vous ! Il y a très peu de scorpions mortels par ici. Vous avez vu l'hélicoptère à l'entrée du camping ?
- Oui.
- Il est là en cas d'urgence afin de conduire les victimes à l'hôpital d'*Alice Spring*. Si dans l'heure qui suit, vous vomissez ou si vous perdez connaissance alors, vous partirez avec, sinon, c'était juste un petit scorpion...
Il m'apporta ensuite de la glace afin de soulager la douleur qui commença très rapidement à se dissiper dès lors qu'elle fut poser sur mon pied.
Pendant ce temps-là, pas mal de personnes s'étaient rassemblées devant moi et notamment, Mya, une Antillaise accompagnée de ses deux enfants adolescents. Professeur de musique mutée en Nouvelle-Calédonie depuis maintenant deux ans, elle m'aida à me changer les idées en me décrivant cette très belle île de collectivité française. Située à la *Foa*, à une centaine de kilomètres de *Nouméa* la capitale, Mya enseignait la musique aux petits collégiens kanaks venant au collège pieds nus, me racontait-elle.
"Tu arrives à les intéresser à cette matière ?
- Oui justement, il est plus facile pour nous les professeurs de musique de capter leur attention, en raison de la culture musicale dans laquelle sont bercés les Calédoniens depuis leur plus tendre enfance.
- Quel est ton instrument préféré ? La douleur de mon pied semblait déjà complètement disparaître.
- Le saxophone. J'adore les vibrations et les émotions qu'il transmet.
- C'est vrai que cet instrument engendre une vraie réaction positive en moi.
- C'est très possible puisque en saxo, nous jouons souvent des morceaux calés à la fréquence musicale de celle fixée par Giuseppe Verdi, soit quatre-cent-trente-deux Hertz.
- Cette fréquence joue sur les vibrations du corps humain?

- En réalité, cette fréquence est prouvée comme émettant une vibration dite parfaite. Elle permet alors d'augmenter les vibrations du corps humain et favorise le sentiment de bien-être.
- Cette fréquence de son est dans toutes les chansons ?
- Plus maintenant, depuis Hitler, cette fréquence est passée dans la plupart des musiques diffusées à la radio, sur la fréquence de quatre-cent-quarante Hertz.
- Pour quelles raisons, si quatre-cent-trente-deux hertz est prouvée comme la meilleure fréquence pour le corps humain ?
- C'est Hitler qui décida de ce changement afin de manipuler plus facilement sa population lors de la Seconde Guerre mondiale.
- Sérieusement ? Il était déjà ouvert à ce genre de choses Hitler ?
-Il lisait peut-être Platon qui disait que pour manipuler les peuples, il faut commencer par manipuler déjà sa musique.
- Du coup tu arrives à manipuler tes élèves ?
- J'essaie de leur faire comprendre justement de ne pas se laisser manipuler !
- Tu dois être une prof très singulière Mya et certainement appréciée par tes élèves."

Cette discussion originale en plein milieu du désert, me permit d'oublier ma piqûre de scorpion et de trouver rapidement le sommeil dans ma tente. Toutefois, il me fallut vérifier auparavant et au moins quatre fois de suite, l'absence de tout scorpion ou serpent.

Le lendemain, toujours en compagnie des deux charmants Hollandais, nous regagnâmes *Kings Canyon* à plus de trois cents kilomètres de là.

La piqûre de la veille, complètement indolore désormais, m'autorisa même sur le chemin, à faire l'ascension du *Mont Conner,* appelé aussi *Attila.* Plateau en forme de fer à cheval, son sommet culminant à neuf cents mètres, offrait une vue encore remarquable sur cette étendue désertique aux vibrations toujours très étranges.

C'est vers le milieu de l'après-midi que nous nous installâmes dans le camping du parc national de *Warrtaka* où se trouvait le réputé *Kings Canyon.* Nouvelle coïncidence ou pas, nos voisins de tente se trouvaient être Mya et ses deux enfants.

"Décidément Mya, il me semble que la vie insiste pour que l'on se parle encore !

- On dirait bien. Demain nous partons au lever du soleil faire l'ascension du canyon avec sa boucle de six kilomètres, cela vous dit de vous joindre à nous ?"
Les garçons étant d'accord, c'est donc au nombre de six, beau chiffre..., que le lendemain à cinq heures, nous partîmes gagner les hauteurs de *Kings Canyon.* A son sommet, nous pûmes contempler les failles plongeantes sur des gorges à couper le souffle. Les rayons du soleil se levant progressivement, faisaient rejaillir tour à tour, les délicieux détails que recelait ce parc formidable. L'énergie, cette fois, était très apaisante, au goût de mon troisième chakra et favorisa un moment de méditation très intense partagé avec Mya.
La boucle de quatre heures de marche nous conduisit jusqu'au trou d'eau appelé *"Jardin d'Eden"* où nous pûmes nous relaxer quelques heures au soleil. Pour notre marche retour, nous fûmes tour à tour accompagnés par dingos, kangourous, varans et même par quelques serpents, au plus grand désarroi de la fille de Mya, qui, âgée de quinze ans, n'appréciait guère leur compagnie.
Notre dernière nuit dans ce parc national fut l'occasion de faire plus ample connaissance avec Mya, sous un ciel quelque peu magique d'étoiles filantes. Nous étions toutes deux tombées littéralement amoureuse de l'atmosphère de ce parc si doux et apaisant.
"Le père des enfants est resté en Calédonie ?
- Non il est resté aux Antilles. Nous sommes séparés depuis la naissance de la dernière.
- Mince désolée.
- Pas grave, nous avons pris des chemins différents. Pour qu'un couple tienne en réalité, il faut que chacun des deux évolue en même temps et sur la même voie. Si je me suis dirigée vers une direction, notamment celle d'une vie simple, tournée vers le bien-être, lui est resté sur des choses plus matérialistes en mettant notamment le travail et l'argent comme priorités. Valeurs que je ne partage plus du tout avec lui. Après, je ne regrette rien, on s'est vraiment aimé et les enfants sont le fruit de notre amour mais aimer ne devrait pas donner l'obligation d'aimer à tout jamais…
- Nos sentiments comme notre vie sont voués à changer, à évoluer selon toi ?

- Pour certains couples, leur vie change, tout en suivant leurs sentiments et ils arrivent à rester très longtemps ensemble. Certains n'évoluent ni dans leur vie, ni dans leurs sentiments mais pour beaucoup aujourd'hui, force est de constater que les couples se séparent car leurs énergies, leurs auras ne s'accordent plus en réalité.
- Toi aussi, tu ressens les auras ?
- Je m'y intéresse. En tout cas maintenant en amour, je ne veux plus être dépendante de mes sentiments. Je reste maître d'eux.
-Sans doute, mais il est important, même si on a été déçu par l'amour, d'avoir le courage d'y croire encore, de ne pas douter de son existence et d'une possible nouvelle rencontre.
-C'est certain. »

Le lendemain, nous prîmes tous la route en direction d'*Alice Spring*. Si les Hollandais souhaitaient ensuite rejoindre *Darwin*, je repartis quant à moi, avec Mia et ses enfants en direction de *Coober Pedy*. Ainsi, après avoir récupéré mes affaires à l'auberge, je fis mes adieux aux Hollandais si sympathiques et en particulier à l'attachant Laurens.

Sans avoir le temps de ressentir une quelconque nostalgie de cette nouvelle séparation, je rejoignis, chargée de mes bagages, la voiture de Mya et ses enfants.

La voiture, beaucoup plus spacieuse et moins encombrée que la voiture des Australiens à l'aller, me permit de savourer plus facilement cette traversée au sable si rouge.

Nous prîmes même le temps de nous arrêter et de goûter à un ver transparent blanc présent dans les racines d'un des arbres de ce désert. Sur le bord de la route, un panneau explicatif, nous relatait comment les aborigènes se nourrissaient avec cet animal très protéiné. Le fils de Mya, âgé de dix-sept ans, s'y adonna à cœur-joie en premier. Avant qu'il le mette dans sa bouche, le ver tout blanc, gesticulait énormément, sachant certainement de manière prémonitoire ce qui l'attendait. Ce fut ensuite à mon tour de savourer ce goût de plastique bougeant dans la bouche. Il vous laissait un liquide aux sensations assez étranges vous donnant l'envie horrible de le vomir au plus vite.

De retour à *Coober Pedy*, dans la même auberge de jeunesse qu'à l'aller, Mya et moi devenions de plus en plus complices. Âgée

d'une bonne quarantaine d'années, soit la vieillesse de la jeunesse, elle m'apprenait énormément de choses passionnantes et orientées encore une fois sur le chemin de la spiritualité.
"Tu utilises du dentifrice avec du fluor ! me dit-elle d'un ton accusateur alors que nous étions en plein brossage de dents avec sa fille, dans la salle de bain commune.
- Effectivement, c'est bon le fluor pour les dents.
- Qui te l'a dit ?
- Les médecins, tout le monde, non ?
- Au contraire, le fluor est très mauvais pour notre santé et surtout pour notre glande pinéale.
- Je n'ai jamais entendu parler de cette glande Mya.
- Je suis sûre que si mais généralement on l'appelle communément le troisième œil.
- Au milieu du front ?
- Exactement, elle est située très précisément en plein milieu de notre cerveau et s'avère être ton antenne spirituelle. Elle doit son nom à sa forme, et c'est donc pour cela que le cône de pin dans l'art ecclésiastique est très présent. Si tu fais attention, tu le verras souvent à l'entrée des monuments religieux.
- Pourquoi le fluor serait dangereux pour cette glande ?
- Il est prouvé scientifiquement notamment à l'aide des IRM que chez de nombreuses personnes, cette glande est devenue un véritable morceau de calcium empêchant les cristaux de réaliser leur travail correctement.
- En quoi consiste exactement la fonction de ces cristaux ?
- Si ta glande pinéale est entartrée par le fluor, il te sera très compliqué de t'ouvrir à la spiritualité, d'ouvrir ton troisième œil, ce sixième sens symbolisé souvent par l'intuition. De plus, cette glande qui sécrète la mélatonine, régule ton sommeil et ta sexualité en plus de ta spiritualité. Par conséquent, il est prouvé qu'une glande pinéale calcifiée engendre des troubles alimentaires comme la boulimie, l'anorexie mais aussi, semble être source de dépression, d'anxiété et même de stérilité.
- Ok, passe-moi ton dentifrice Mya s'il te plaît !
- Pas de problème ! Sache que le fluor, se trouve aussi dans l'eau du robinet, en bouteille et dans de nombreux aliments industriels.

- Mais si on sait scientifiquement que le fluor n'est pas bon pour cette glande, pourquoi continuer à nous en donner ?
- Tu sais quand est-ce qu'on a doublé les doses de fluor dans notre histoire ?
- Cela aurait-il encore un lien avec la Seconde Guerre mondiale ?
- Possible, je te laisse faire tes propres recherches !
- Si le fluor est si nuisible pourquoi ne pas en informer la population ?
- Crois-tu que l'ensemble de la population est prête à s'ouvrir au développement spirituel ? Toutefois, comme le disait Bouddha, ne crois pas quelque chose juste par ce qu'on te l'a dit ou même enseigné, apprends et vérifie par toi-même. Je te suggère donc de chercher des informations sur ce sujet afin de l'approfondir et de te forger ta propre opinion."

Le lendemain matin aux aurores, alors que ses enfants dormaient, nous nous fîmes nos adieux. Elle souhaitait visiter *Coober-Pedy* avant de rejoindre *Melbourne* et de repartir en Nouvelle-Calédonie.
- Armonie, une fois arrivée à *Sidney*, tu seras proche de Nouméa, je te propose de venir à la maison et tu pourras découvrir ce merveilleux territoire français. Grande-Terre est riche en paysages variés, les Kanaks sont des gens intéressants à connaître et les fonds marins dans les îles Loyautés sont à couper le souffle. Sincèrement, être si proche et ne pas venir serait réellement un sacrilège.
- C'est surprenant Mya, on m'a déjà invité à explorer le Vanuatu maintenant toi, la Nouvelle-Calédonie.
- Le Vanuatu effectivement est vraisemblablement aussi intéressant à visiter. Sois gourmande, fais les deux ! Tu as mes coordonnées, viens quand tu le souhaites à la maison, tu y seras la bienvenue.
J'avais ainsi une autre destination en ligne de mire après ce tour d'Australie. Il était donc évident que le stop et le camping sauvage étaient mes seules solutions financières si je voulais réaliser ces nouveaux rêves de voyage sans continuer à travailler.
Plus j'avançais dans ma pérégrination, plus la route devant moi s'ouvrait sans que je ne puisse voir le bout de cette magnifique initiation. Mes choix et mes rencontres s'alignaient sur mon cœur de

manière divine et toutes ces personnes m'offraient d'authentiques étincelles de bien-être.

ADELAIDE

Il était sept heures du matin et pratiquement neuf cents kilomètres m'attendaient avant de rejoindre la capitale de l'Australie méridionale, *Adélaïde*.

Sept heures quatre minutes, un homme dont la tête touchait pratiquement le toit de sa voiture, s'arrêta devant moi.

"Vous allez où jeune fille insouciante !

- Et vous ? Vous vous dirigez vers où ?

- Je rentre chez moi à *Adélaïde*.

- Vraiment ? Je ne rentre pas chez moi mais j'aimerai bien visiter cette ville. Puis-je monter ?

- Avec plaisir ! Tu es vraiment chanceuse de tomber sur moi, un pervers aurait pu t'embarquer et te tuer.

- Ou bien, un homme sympathique d'une trentaine d'année, plutôt agréable à regarder, aurait pu s'arrêter et me rendre ce service très aimablement. Je n'accepte que les gens qui me proposent cette version de l'histoire. Qu'en pensez-vous ?

- Je préfère aussi cette version surtout quand tu dis que l'homme est plutôt agréable à regarder.

- C'était pour être gentil ça bien sûr, lui dis-je avec mon petit sourire malicieux.

- Enchanté moi, c'est Flynn

- Armonie, salut !

- Armonie, attends cela me dit quelque chose. Tu n'aurais pas laissé une annonce à l'auberge de jeunesse d'*Alice Springs*, stipulant que tu cherchais un covoiturage pour te rendre à *Adelaïde* ?

- Si, c'est bien moi. Je venais d'avoir une petite expérience assez fâcheuse en stop, du coup, je m'étais dit qu'il serait peut être bon de retraverser le désert de manière un peu moins...ou un peu plus...enfin tu vois.

- Je vois, regarde j'avais pris en photo ton annonce.

Effectivement, c'était bien mon prénom avec mon numéro de téléphone. Quel pourcentage de chance avait-il de prendre en photo

cette annonce et de me retrouver ensuite, non pas à *Alice Springs* mais à sept cents kilomètres de là ?
- Du coup, t'as changé d'avis et tu as préféré reprendre le stop ?
-En réalité, la vie à quelque peu décidé pour moi je crois. Je pensais vraiment que ce serait très compliqué de faire *Alice Spring-Adélaïde* en stop, mais en réalité "cela semble toujours impossible, jusqu'à ce qu'on le fasse", disait Martin Luther King."
D'ailleurs, la facilité avec laquelle j'avais trouvé ce nouveau taxi en était décontenançant. Je remerciai une fois encore l'univers pour cette chance divine qu'il m'envoyait chaque jour.

Nous roulâmes toute la journée et Flynn me laissa conduire deux heures quand sa fatigue devint trop pesante. Arrivés à la nuit tombante et après plus de dix heures de route, ce dernier me proposa de m'héberger. Il était en vacances encore pour quelques jours avant de reprendre son travail. Ingénieur en mécanique, il revenait de trois semaines d'exploration du Centre Rouge.
J'hésitai grandement. Nous avions finalement très peu échangé malgré la longueur du trajet. Les conversations n'avaient pas été aisées à entretenir.
En effet, parfois, on ne sait pas pourquoi, le courant passe vite et un flot de paroles vous immerge, et d'autres fois, rien ne vous vient à l'esprit pour engager la conversation. Les silences devenant pesants, vous vous efforcez de trouver un sujet de conversation et une fois que vous l'avez trouvé, si l'interlocuteur ne réagit que par deux ou trois mots, tout échange constructif s'avère dès lors impossible. Je l'aimais bien, il était gentil, mais je ne savais pas quoi lui dire en réalité.
"Je te vois hésiter Armonie. Si tu veux, on rentre chez moi, je fais tourner une machine avec nos fringues et on part au ciné manger des pop-corn."
Cette proposition alléchante fit rapidement basculer ma réponse par un oui.
Finalement, il ne nous faut pas grand-chose pour nous convaincre !

C'est ainsi que je me retrouvai en banlieue d'*Adelaïde* dans une toute petite maison à la superficie d'un studio mais au charme certain. Malgré toutes les heures de route, Flynn m'amena au cinéma. Ce n'était absolument pas un cinéma comme les autres. Hors

du commun, il était incroyable. Tout d'abord, au lieu d'avoir de simples fauteuils comme dans tout cinéma, ici, d'authentiques canapés, sofas plus moelleux les uns que les autres, occupaient la salle. Tout le monde était en chaussettes, les pieds posés sur des petits poufs disposés devant vous et, par-dessus tout, la propriétaire, une femme assez ronde et d'une gentillesse sans faille, vous apportait des couvertures. Vous aviez l'impression unique d'être au cinéma tout en étant à la maison. Monique, la patronne connue par tous, apportait les commandes de chacun. Des boissons chaudes aux sandwichs, vous pouviez littéralement dîner devant votre film. Ce dernier en l'occurrence, ne me laissa aucun souvenir mémorable vu la mauvaise cinéphile que je suis. En revanche, ce lieu à l'énergie si familiale, restera un scénario indélébile au sein de mes annales intérieures voire même akashiques !
De retour chez lui, vu que la maison de Flynn était en réalité un studio, je n'avais aucune autre possibilité que de passer la nuit dans son lit, à ses côtés.
Encore une fois, je me retrouvai à dormir avec un parfait inconnu. Heureusement que je ne racontai rien de tout cela à mes parents ou à quiconque d'autre d'ailleurs. On m'aurait certainement traité d'inconsciente, de folle ou d'autres adjectifs tout aussi élogieux.
Chacun garda ses distances et le lendemain matin, Flynn me prépara un petit déjeuner digne d'un petit ami. J'étais encore au lit quand celui-ci m'apporta un bol de thé accompagné de brioches et du fameux beurre de cacahuète. Quelle délicieuse intention. Était-ce possible de faire cela sans aucune arrière-pensée ?
"Direction *Barossa Valley* Armonie aujourd'hui, ça te dit ?
- Avec plaisir, c'est où ?
- Je n'y suis jamais allé encore, pourtant c'est juste à une heure d'ici. Cette région est célèbre pour son vin et ses paysages vallonnés, à priori, c'est très charmant.
- Allez super !

Nous passâmes une partie de la journée à découvrir les différentes caves de cette vallée très séduisante avant d'explorer le délicieux village allemand, *Hahndorf*. Cette dernière ville allemande du pays regorgeait de fermes champêtres, de marchés locaux et surtout de tous ses savoureux produits du terroir. Le plaisir

gustatif était à son comble et l'ambiance permettait de vous sentir en plein cœur de l'Allemagne. Puis, pour terminer la journée, c'est au grand casino d'*Adélaïde* que Flynn m'emmena. Il y gagna assez facilement quatre-vingt-dix dollars au *black-jack.*
"Cela semble si simple de gagner !
- C'est surtout très facile de perdre."

Le lendemain, c'est en vélo que nous explorions la grande cité d'*Adélaïde.* Les édifices coloniaux partageaient la vedette avec des grattes-ciels de plus de cent mètres de haut. Cet éclectisme architectural permettait de séduire un large public d'autant plus que sa vie nocturne était très virevoltante. En effet, *Adélaïde* était dotée de nombreux bars, envahis dès le milieu de l'après-midi par une multitude d'étudiants, faisant d'ailleurs sa grande renommée.
Les jours qui suivirent, Flynn en parfait guide et toujours aux petits soins, me fit visiter également d'autres endroits très chaleureux comme notamment *Granit Island.* Cette dernière accessible à pied ou en tramway par une immense passerelle, nous donna l'occasion d'observer de nombreux manchots pygmées visibles principalement au coucher du soleil et à la lueur des premières étoiles.
C'est donc après trois merveilleuses journées passées avec cet homme littéralement tombé du ciel et d'une gentillesse sans égal, que je repartis sur les routes en stop, le vingt-six janvier, jour de la fête nationale. Comme c'était le jour férié commémorant l'arrivé des Britanniques sur le continent en 1788, tous les Australiens dressaient au pied de leur maison le drapeau national. Comme me le souligna honnêtement Flynn, cette date rappelle également le début des souffrances et des inégalités subies par les Aborigènes.
Nos adieux furent dignes d'une amitié douce et sincère. Certes, nos conversations n'ont jamais été réellement intenses mais la personnalité de Flynn était ainsi. Quelque peu réservé, il n'avait finalement pas besoin d'user de beaucoup de mots pour exprimer sa profonde gentillesse. Mieux que les mots, ses actions étaient toutes touchées d'une sincérité et d'une honnêteté sans faille.
Le souvenir de cet homme ou plutôt cette présence invisible comme disait Victor Hugo, sera l'image d'un homme simple doté d'une grande bonté. Aucunement besoin d'argent pour donner. Le

temps qu'il me consacra pendant le reste de ses vacances durement gagnées, symbolisait la plus belle des richesses.
Donner de son temps semblait attribuer à la définition de la générosité, une nouvelle richesse.

CHAPITRE 6
LE VICTORIA ET LA TASMANIE

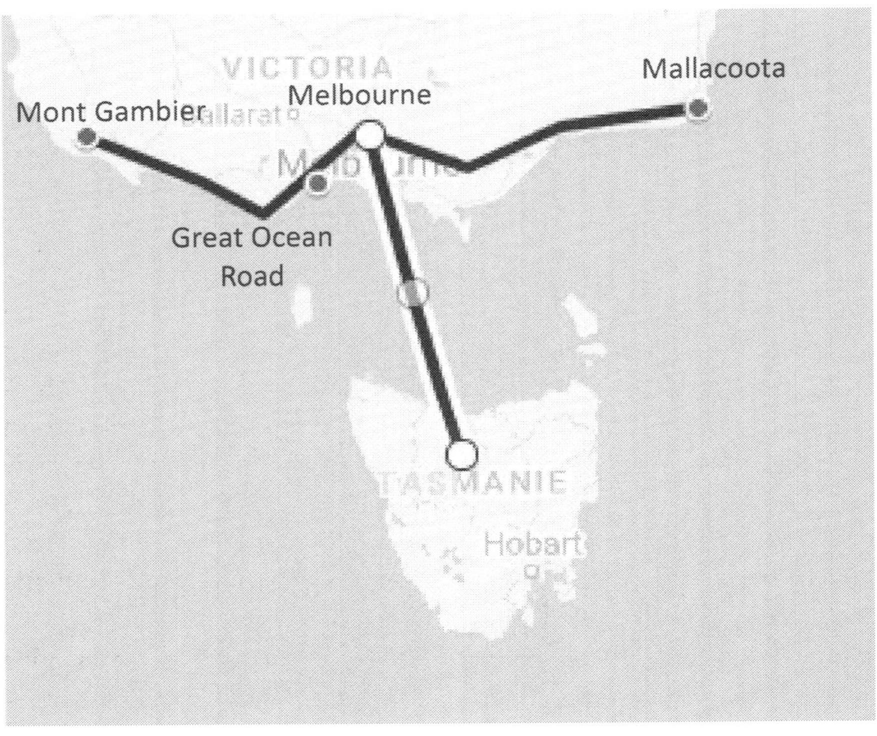

Je ne débutai le stop qu'en début d'après-midi puisque Flynn insista pour que je l'accompagne à un barbecue. Afin de célébrer la fête nationale, ses amis avaient organisé ce beau rassemblement qui me permit de m'imprégner une fois de plus, de la chaleureuse culture australienne.

C'est ainsi que, légèrement éméchée, je me retrouvai de nouveau sur les routes. Déposée à la sortie de la ville d'*Adélaïde*, je me dirigeais dorénavant en direction de *Robe.* Port de pêche pittoresque, ses alentours nécessitaient selon les conseils de mon charmant hôte, un arrêt.

Il me fallut monter dans trois voitures différentes avant de retrouver mon moyen de locomotion préféré, le *road-train.* Le conducteur avait séjourné trois années en France et passa les quatre heures de route qui nous séparaient de *Robe*, à me demander de lui remémorer des mots en français.

A dix kilomètres de ma destination alors que la nuit était déjà tombée depuis longtemps, nous vîmes un panneau qui interdisait aux véhicules poids lourds de traverser la ville de *Robe*. Malgré mon insistance, mon chauffeur refusa catégoriquement de me laisser faire du stop de nuit. Pour lui, il était hors de question de me déposer là. Il passa ainsi quinze minutes à décharger toute sa cargaison sur le côté de la route, soit trois remorques pleines d'essence, puis prit le temps de me déposer jusqu'au centre-ville où se trouvait mon auberge, un manoir authentique. Mon conducteur avait perdu aisément près d'une heure afin de me rendre ce service. Quelle bienveillance la vie m'accordait une nouvelle fois.

Ce royaume de présences invisibles me semblait de plus en plus palpable. Chaque nouvelle journée me surprenait par des événements arrivant à la suite de prières intérieures par lesquelles je demandais aide et protection. Les réponses à ces souhaits arrivaient de manière concrète par une nouvelle rencontre improbable. Si certains trouvaient les réponses à leurs prières par la méditation en écoutant patiemment le silence de leur esprit, pour ma part, ces dernières arrivaient empiriquement. Déguisées sous la forme de rencontres, elles me révélaient chaque jour un peu plus cette source d’énergie invisible, me guidant sur le chemin de ma "légende personnelle" selon les écrits de Paulo Coelho.

Mon auberge était un ancien manoir avec tout ce que cela induisait mais surtout, tout ce que cela n’apportait pas, c’est-à-dire des sensations positives. D'une taille démesurée, les chambres, dotées d'une hauteur de plafond renversante, semblaient être habitées de dizaines d’âmes aux énergies perdues. Durant la nuit, les bruits du parquet travaillant, notre sommeil ne pouvait guère dépasser quelques minutes. Au petit matin, sans aucun échange sur les ressentis de la nuit, je vis chacun des voyageurs de la chambre boucler son sac. Ils semblaient tous avoir la même ferme intention de ne pas passer une nuit supplémentaire dans ce manoir. Très certainement habité de vieilles âmes souhaitant retrouver le silence et le calme de leur habitat de jadis, ce manoir fut pour autant une escale très intéressante. Je pus notamment rencontrer dans la salle commune une charmante famille française mutée en Nouvelle-Calédonie. Le mari avait quitté son métier de commercial afin de suivre sa femme durant quatre années dans ce département d’outre-mer. Mutée pour enseigner l’espagnol aux petits Kanaks de Nouméa, elle semblait diriger d’une main de fer aussi bien son mari que ses deux chers enfants

Faire leur connaissance me permit de constater combien les enfants étaient très facilement perméables à l’apprentissage des langues. Je regardai stupéfaite l’aisance avec laquelle leur petite fille seulement âgée de six ans passait d’une langue à l’autre. Ainsi, tandis qu’elle s’adressait à sa mère en espagnol, tout en écoutant son père lui parler en français, elle n’hésita pas à demander au patron de l’auberge, dans un anglais approximatif certes mais tout à faire compréhensible, la direction des toilettes. Cette situation m’incita à prévoir d’imiter ces parents le jour où à mon tour, j’aurai la chance de pouvoir élever mes propres enfants.

Le port de pêche de *Robe* était effectivement très agréable à découvrir comme me l’avait justement conseillé Flynn. C’est par un jogging de près deux heures que je pus arpenter les alentours et savourer l'atmosphère paisible qui y régnait avant de reprendre le stop en direction de la célèbre *Great Ocean Road.*

Après avoir eu besoin de plus de sept voitures différentes, c'est non loin du *Mont Gambier* à plus de quatre cents kilomètres de *Robe* que je fis la connaissance de John. Âgé de cinquante-six ans, jeune retraité et anciennement architecte, il était un grand passionné d'art aborigène. Comme il aimait explorer les environs de sa région, c'est ensemble que nous sillonnâmes le lac du *Mont Gambier* au bleu surprenant. Nous fîmes également une randonnée de plus de deux heures afin de rencontrer une colonie de pingouins. Quand il s'aperçut que j'étais surprise par le froid du coucher du soleil, il n'hésita pas à me donner son tee-shirt, se retrouvant torse nu pour me permettre de continuer à savourer le paysage. Il se disait totalement insensible au froid et se vantait même de pouvoir rester en short et tee-shirt toute l'année quelle que soit la température extérieure.

Il était de compagnie très sympathique et c'est à *Port Fairy* que nous passâmes la nuit dans une auberge de jeunesse totalement vide. Notre dortoir de dix lits nous était donc exclusivement réservé. Ce fut sous une douce mélodie qu'il interprétait fort bien que je m'endormis en toute gratitude.

Le lendemain matin, après avoir contemplé les nombreuses maisons en basalte bleu, John me proposa de quitter le charmant petit port de *Fairy*. L'objectif désormais était de franchir l'État *du Victoria* et de découvrir ses fameuses aiguilles de calcaire appelées communément les *Douze Apôtres*.

Dès lors que la frontière de ce nouvel état fut franchie, la route côtière de plus de trois cents kilomètres fut vraiment fabuleuse à observer. Pour autant, la vue des piliers culminants à plus de cinquante mètres au-dessus du niveau de la mer fut encore plus époustouflante.

Autrefois reliées aux falaises du continent, ces cheminées avaient été sculptées semble-t-il divinement, par l'action du vent et de l'érosion. Après que nous les eûmes contemplées du haut d'un des innombrables belvédères, c'est en empruntant une centaine de marches que la vertigineuse plage en contrebas nous permit d'observer de plus près ces tours naturelles.

Ces cheminées démesurées n'étaient plus qu'au nombre de huit puisque certaines avaient été balayées par le vent. Ce décor idyllique était quelque peu gâché par l'incessante rotation des hélicoptères remplis de touristes. Ces derniers, souhaitant découvrir cette zone merveilleuse par la voie des airs, ne pouvaient se douter qu'ils effrayaient les dizaines de colonies de pingouins de la plage. Après m'avoir montré une de ces colonies, John, véritable enfant du pays, n'hésita pas à se baigner en caleçon dans cette eau glaciale et insista pour que je le rejoigne à mon tour. Frigorifiée par cette eau à douze degrés, j'eus besoin des deux heures de route pour rejoindre la maison de John située à *Lorne,* avant de réussir à me réchauffer.

Ce retraité était surprenant mais sa demeure l'était encore plus. Elle était surchargée de nombreuses collections d'art aborigène et des dizaines de tableaux, bibelots et didgeridoos parsemaient son logis chaleureusement aménagé. Alors que je contemplai et décortiquai la décoration intérieure, John armé du langage universel du bonheur, le sourire, vint m'apporter un magnifique didgeridoo. L'objet sculpté à la main était d'une précision et d'une finesse rare.

"Je te le donne Armonie en souvenir de cette merveilleuse rencontre.

- Tu rigoles je ne peux vraiment pas le garder John.

- Non seulement tu le peux mais tu le dois. Dans la tradition aborigène il est interdit de refuser le présent d'un ami.

- C'est adorable mais même si j'aimerais le garder, je voyage en stop, comment alors le transporter avec son mètre de hauteur ?

- Facile, on l'envoie par la poste dès demain matin, direction la France.

- Alors en échange, accepte de prendre mon couteau suisse ! J'y tiens énormément mais pour accepter ton cadeau, j'ai besoin que tu gardes aussi un souvenir de moi.

-Je l'accepte volontiers Armonie. Sans le savoir tu viens de réaliser un symbole fort chez les aborigènes. Le troc fut une monnaie d'échange et en amitié, il était très souvent utilisé afin de montrer à l'autre son attachement amical."

Après cet échange affectif si sincère, John partit prendre sa douche, j'en profitai pour appeler, non sans une grande excitation et anxiété, Anita.

Melbourne, ma future destination, désormais à seulement deux heures de là, était peut-être pour moi l'occasion de cueillir une nouvelle rose de la vie.

MELBOURNE

Réveillée par le parfum embaumant du pain fait maison de John, c'est par un savoureux et copieux petit déjeuner à l'anglaise que je commençai cette agréable journée.
"Avant que tu rejoignes Melbourne, je dois absolument te montrer les ravissantes chutes d'eau et cascades, précieux trésor naturel, non loin de *Lorne*.
- Tu ne veux toujours pas te débarrasser de moi ?
- Non, en effet, les journées s'avèrent plus croustillantes à deux.
- Je suis d'accord. Je n'ai d'ailleurs jamais osé aborder ce point avec toi, pourquoi un homme aussi charmant que toi vit-il seul ?
- Je suis veuf depuis deux ans, je me remets tout doucement. Enfin je ne pense pas pouvoir m'en remettre un jour, mais j'avance et vis au jour le jour.
- Je suis navrée John.
- Je te retourne dorénavant la question, pourquoi une jeune fille épanouie, armée d'une solide confiance en elle, formant alors un tout très attirant, voyage-t-elle seule ?
- Je crois que je dois d'abord combler un vide intérieur, apprendre à mieux me connaître, à m'aimer pleinement aussi, avant de pouvoir me donner à une personne.
- Si tu acceptes mon conseil, ne te donne jamais entièrement à quelqu'un. Reste toujours libre et autonome. Effectivement, apprends à vivre seule, savoure cela pour ensuite être capable d'accueillir la personne qui complétera ton bonheur.
- L'amour rend forcément dépendant, je pense.
- Il ne devrait pas, selon moi. Ma femme est partie, j'éprouve un profond vide dans ma vie c'est certain, mais je suis capable comme tu le vois, de continuer à vivre sans elle et à m'autoriser le bonheur. Ce dernier, impalpable, est devenu pour moi la possibilité d'être juste là, incarné dans cette vie. Or, certains se laissent dépérir au départ de leur conjoint. Ils disent ne plus avoir de raison de vivre et

pourtant, il leur reste une raison magnifique et essentielle, celle de savourer leur vie. Ma mère, paix à son âme, me disait que la seule personne avec qui tu passeras toute ta vie, c'est avec toi-même !
- Tu n'es pas la première personne qui me relate ces propos et je suis d'accord avec toi. Une grande partie de notre vie se passe entre soi et soi-même.
- Oui, la vie est une fleur, l'amour en est seulement le miel finalement.
- Tu sites Victor Hugo maintenant ?
- Je ne connais pas cet homme, mais mon grand-père me répétait souvent cette phrase."

Nous passâmes la journée à explorer les différentes chutes d'eau, plongées dans des ravins de fougères, entourées de magnifiques eucalyptus verts et très feuillus. De nombreuses piscines naturelles bordaient les plages de *Lorne* et nous permirent de savourer la plénitude de l'océan.
Après un dernier arrêt par la poste, John me dit qu'il devait retrouver sa fille à *Melbourne* le soir-même.
"Ah oui ? Il est vrai ce mensonge ?
- Je t'assure, c'est vrai.
Profondément convaincue que cela était complètement faux, je sentis pourtant que cela lui tenait à cœur.
- Tu sais, le stop est devenue une vocation et cela marche très bien, je peux aller à *Melbourne* seule, ne t'inquiète pas. Tu as déjà tellement fait pour moi.
- Je sais que tu en es capable Armonie mais parfois, la meilleure aide qui soit, semble celle qu'on n'a pas demandée. Accepte-la encore une fois. De toute façon aller voir ma fille et mon petit-fils est un plaisant détour je te l'assure."
C'est donc à l'heure de l'apéritif, après des adieux bouleversants que John me déposa sur le lieu de colocation d'Anita dans une banlieue proche de *Melbourne.*
Une nouvelle fois, je ressentis une gratitude infinie pour cette nouvelle rencontre à l'âme pure. J'éprouvais pour cet homme une infinie reconnaissance. Appelée aussi "mémoire du cœur" selon Anderson, ce sentiment restera gravé au plus profond de mon être.

Anita m'attendait au pied des marches de sa nouvelle maison. Le tee-shirt toujours trop grand, le short arrivant largement au-dessous des genoux, les cheveux longs ondulés et son fameux sourire ravageur me firent perdre en quelques secondes toute mon assurance de baroudeuse. Son regard perçant pénétra au plus profond de mon cœur qui palpitait déjà à sa vue. John, qui klaxonna en partant, ouvrit sa fenêtre et me dit ces derniers mots :
"Ce miel semble un délicieux nectar…"
A priori, il avait dû ressentir une sorte de vibration suave parcourir l'atmosphère.

Nous restâmes à plus d'un mètre l'une de l'autre et aucun mot ne put sortir de ma bouche. Seul mon sourire incontrôlable et mon regard ému devaient trahir ma terrible envie de lui sauter dessus. Elle en jouait abusivement. Elle laissa en suspens cet instant de silence et de désir irrésistible jusqu'au moment où, sans prononcer aucun mot, elle s'approcha à cinq centimètres de mon visage pour me laisser achever le chemin jusqu'à sa bouche si délicieuse. Notre baiser fut si doux, tendre et charnel que mon corps entier réagit à ce miel irrésistible. En même temps que nous échangions nos baisers, nos mains se tinrent fermement l'une à l'autre afin de mieux ressentir les vibrations de chacune. J'étais comme hypnotisée et malgré les semaines et les mois écoulés depuis notre séparation, notre lien si indescriptible et inexplicable était toujours présent.
"Tu m'as manqué Armonie.
- J'ai très souvent pensé à toi aussi Anita.
- J'ai l'impression que cela fait une éternité que l'on ne s'est pas vues et pourtant…
- … la sensation de ne t'avoir quitté qu'hier, semble aussi présente.
- C'est exactement ça.
- Allez viens, je te présente à mes colocataires. Nous sommes huit en tout.
- Sérieux ? Cela doit demander une organisation rigoureuse.
- Ou pas ! Je suis la seule nana en plus. Imagine question ménage."
Je n'avais pas besoin d'imaginer, je constatai très rapidement qu'effectivement, le ménage ne faisait aucunement partie du moindre spectre de convention entre colocataires. Au-delà du désordre évident qui envahissait la maison, je crois que c'était surtout

l'odeur de cigarette et de l'homme non lavé qui semblait me déranger le plus. Le tout formait un spectacle très comique à contempler. Les sept garçons avaient tous une personnalité différente, à l'image un peu des sept nains, Anita s'apparentant à Blanche-neige mais évidemment, sans la robe !
Même si cela ne faisait que deux mois qu'elle vivait là, ses colocataires semblaient sincèrement l'apprécier. Ils étaient chacun à leurs manières aux petits soins pour elle. Par ailleurs, tous savaient qu'elle aimait les filles, ainsi, aucune ambiguïté possible n'était sous-jacente. Elle faisait absolument partie de leur bande.

Je fus accueillie selon les traditions australiennes : un magnifique barbecue m'attendait, sous-couvert de quelques packs de bière. Il ne me fallut ingurgiter que peu de ces dernières avant de sombrer rapidement dans un état d'euphorie très amusant. Outre le fait de rigoler sans cesse, mon désir charnel pour Anita devenait de moins en moins contrôlable et je crois que tout le monde l'avait bien remarqué. La principale intéressée l'ayant parfaitement compris, m'emmena très rapidement dans sa chambre, sous les quolibets de ses confrères.
"Je te présente ma chambre ou plutôt, la chambre de tout le monde."
Se dressaient alors devant nous quatre lits superposés et des tonnes de sacs posés au sol. Seule une armoire, semblant être celle d'Anita, était pleine. Toutes les autres étaient complètement vides ou contenaient juste quelques chaussettes dépareillées qui semblaient attendre leur homologue.
Constatant ma bouche béate face à ce désastre de propreté, elle m'empêcha de prononcer le moindre mot et m'embrassa langoureusement. Elle m'emmena tant bien que mal jusqu'à son lit en shootant à plusieurs reprises dans quelques sacs. Installée en bas d'un lit superposé, elle avait un matelas aussi inconfortable que lors de nos nuits dans la tente sans tapis de sol. En lieu et place des innombrables cailloux que nous avions pu sentir lors de notre première nuit ensemble, cette fois-ci c'étaient les ressorts du matelas qui nous pinçaient le dos. Pour autant, on s'en ficha toutes deux éperdument. On en rigola même car le bonheur de nous enlacer dé-

passait le contexte de ce lieu absolument anti romantique mais passionnel et si doux.
Après des minutes ou des heures de tendresse échangée, ses colocataires vinrent taper à la porte alors que nous étions toujours en plein échange de baisers et totalement nues.
Thierry, un grand black somptueusement musclé, mains sur les yeux, nous demanda s'il pouvait entrer.
"Comme tu peux le voir puisque ta main couvre à moitié tes yeux Thierry, nous sommes dans la belle tenue d'Adam et Eve, pourrais-tu donc nous laisser deux secondes pour nous rhabiller ?
- Je dirais tenue d'Eve et d'Eve en l'occurrence. Après, vous n'êtes naturellement pas obligées de vous revêtir mesdames et si vous avez besoin d'un homme fort pour vous aider à atteindre le paradis…
- Ca va aller merci ! cria Anita en lui balançant une chaussure qui traînait par terre.
- Si vous changez d'avis, je reste disponible les filles !
- On l'est tous d'ailleurs ! rajouta une autre voix plus lointaine.
- Voilà ! Bienvenue dans l'univers de la colocation Armonie. C'est sympa mais question intimité, ce n'est pas l'idéal.
- Je vois bien mais financièrement cela doit être ultra intéressant j'imagine.
- Exact ! Et quand tu ne connais personne dans une nouvelle ville, cela est aussi très pratique pour se faire rapidement un petit réseau amical. Viens, on se rhabille vite et je t'emmène ailleurs.
- Sérieux ?
Tous les garçons, sourire aux lèvres, nous dévisagèrent quand nous sortîmes de la chambre. Déformation d'hétérosexuelle je crois, je pus même apercevoir quelques bosses prédominantes à travers les caleçons, confirmées aussitôt par Anita.
- Tu m'emmènes où ?
- Bienvenue dans la buanderie ! La seule pièce qui ferme à clef. On sera bien ici pour terminer ce qu'on a commencé, me dit-elle en m'embrassant au creux du cou et en descendant le long de celui-ci jusqu'au cœur de ma poitrine. Sa langue continua de visiter tout mon corps jusqu'à me faire connaître une fois de plus, cette vibration si intense que les garçons ont dû certainement entendre.

- Cette fusion charnelle si magique, nous empêcha de trouver le sommeil cette nuit-là."

Au petit matin, un petit déjeuner échelonné sur toute la matinée comme en colonie de vacances, était mis en place. Les premiers, en l'occurrence Anita et moi, disposions le tout, les suivants profitant juste du bonheur de savourer les délicieuses denrées présentes sur l'immense table. Les derniers arrivés, débarrassaient le tout. Il était amusant de contempler les têtes endormies de chacun. Tous avaient ses habitudes matinales qui lui étaient propres. Si des écouteurs gardaient les uns, imperturbables, dans une bulle de protection, d'autres étaient hypnotisés par leur téléphone ou par des magazines. Quant à nous, nous étions juste plongées dans le tendre regard de l'une et de l'autre.

"Les filles, pouvez-vous arrêter de vous masturber par le regard ? Ça m'empêche de faire redescendre mon érection du matin et c'est assez gênant, s'exclama un jeune Italien à la barbe parfaitement taillée.

- On ne va pas s'empêcher d'être heureuse mon cher ami, répondit Anita.

- Tu es heureuse ma chérie ?

Anita lui répondit simplement par un silence et un long sourire.

- Sans transition aucune, que représentent ces trois singes ? leur demandai-je.

En effet, trois statues en pierre trônaient à l'angle de leur jardin. Chacun des singes se couvraient une partie différente du visage avec leurs mains si semblables à celles des humains.

Le premier se cachait les yeux, le second la bouche et le dernier les oreilles.

C'est alors un petit Chinois dont le son de la voix était à peine audible, qui répondit à ma question tout en continuant de lire son manga de droite à gauche.

- Ce sont les singes de la sagesse créés par notre maître Confucius. Ces statues reflètent en réalité une maxime picturale que nous apprenons tous en Asie dès notre plus jeune âge :

"Ne regarde pas le mal, n'écoute pas le mal et enfin ne prononce pas le mal ainsi le bien t'arrivera".

- Très belle devise. J'aime beaucoup.

- Ces singes, devenus un symbole fort en Asie, sont souvent représentés à l'entrée de nos temples. Même Gandhi, le célèbre guide spirituel de l'Inde, gardait toujours une sculpture de ces trois petits singes avec lui.
- Merci pour ce petit cours sur l'Asie, c'est très intéressant."
Celui-ci se replongea aussitôt dans son manga à la couverture rose, lui donnant un petit air d'enfant malgré la carapace solide qu'il aimait revêtir.

Anita, en week-end, me fit visiter cette dynamique capitale de l'*État du Victoria, Melbourne*. Très sportive et culturelle, cette ville, bordée par la baie du *Port Phillip,* me plût par son esprit très cosmopolite. En effet, ses quartiers italien, chinois, indien, espagnol et même allemand, permettaient de faire un tour du monde express. Main dans la main, nous nous baladâmes malgré le regard de certaines personnes qui, s'ils ne gênaient en rien Anita, me mettaient toutefois mal à l'aise. J'avais l'impression de changer véritablement de camp. Anita ressentait cette gêne et me glissait toujours quelques mots apaisants afin de me faire oublier ces regards si peu nombreux au final.
"Laisse toi aller, la vie est simple, ne la complique pas en te demandant ce que pensent les autres de toi. Si tu fais attention à ce que ces inconnus songent de toi, comment vivre ta propre vie ?
- C'est évident. Mais pour moi tout cela est nouveau. Toi, tu as l'habitude de tout ça. Moi, je dois aussi accepter et intégrer toute cette nouveauté.
- Tu es là où tu dois être Armonie. Je suis persuadée que tu es homosexuelle et que toi seule ne le sais pas.
- Non c'est juste toi. Sinon, je n'éprouve pas d'attirance pour les femmes.
- Tu éprouves quoi alors pour moi ?
- Je ne peux pas le décrire, c'est fort, c'est quelque chose que je n'ai jamais ressenti. Je ne le contrôle pas. En fait avec toi je ne contrôle plus rien.
A ces mots elle me regarda fixement dans les yeux et me chuchota alors à l'oreille :
- Moi aussi, je t'aime."

Aucune réponse ne sortit de ma bouche. Personne ne m'avait encore réellement jamais dit cela, encore moins une femme. Je comprenais dès lors les paroles de Victor Hugo si justement écrites : "L'homme naît deux fois. La première fois, le jour où il naît à la vie et la seconde fois, le jour où il naît à l'amour".

Anita passa tout le week-end à me faire visiter *Melbourne*. Du circuit de formule 1 à la piscine olympique, en passant par les agréables quais de son port, ces deux belles et longues journées en sa compagnie furent juste parfaites. Tous ces moments passés ensemble étaient comme une collection de moments de bonheur s'accumulant au plus profond de mon cœur.

Anita reprenait le travail malheureusement le lundi et moi, je songeais à partir explorer, sur les conseils de l'un de ses colocataires, la *Tasmanie*, surnommée *"l'île de l'inspiration"*. Elle était à seulement deux cents kilomètres des côtes de *Melbourne*, il aurait donc été dommage de ne pas partir découvrir cette île dont plus d'un tiers était classé en réserves naturelles.

Après une troisième nuit extrêmement courte passée dans les bras d'Anita, c'est au petit matin que nous nous quittâmes. Habillée d'un jean moulant surmonté d'une chemise laissant apparaître sa poitrine saillante, les cheveux soigneusement décoiffés, elle dégageait un look fort sexy seulement dénoté par ses converses aux coloris multiples qui faisaient toute sa singularité.

Cette apparence irrésistible à mes yeux, m'incita à lui retirer le tout en quelques minutes, afin de savourer une dernière fois sa peau à laquelle j'étais, il est vrai, devenue accro.

Le soir venu, seulement chargée de mon sac à dos, j'embarquai pour la *Tasmanie*, devenue célèbre pour son marsupial, surnommé "le diable".

LA TASMANIE

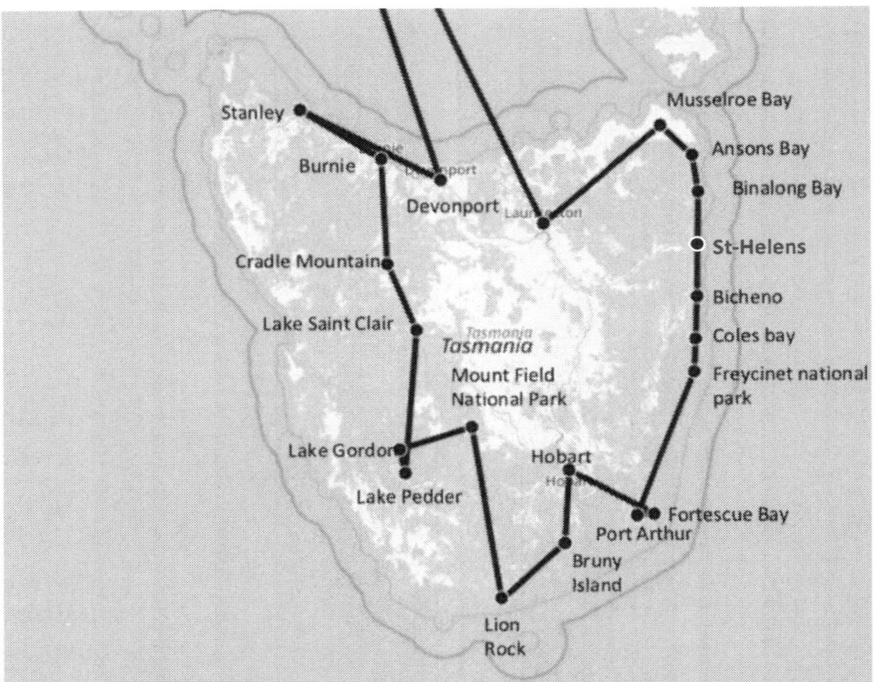
Stanley
Burnie
Devonport
Musselroe Bay
Ansons Bay
Binalong Bay
St-Helens
Cradle Mountain
Bicheno
Lake Saint Clair
Tasmania
Coles bay
Mount Field
National Park
Freycinet national
park
Lake Gordon
Hobart
Lake Pedder
Fortescue Bay
Port Arthur
Bruny
Island
Lion
Rock

Le ferry était divisé en six étages et, à l'image du Titanic, chaque niveau représentait une classe sociale. Plus votre portefeuille semblait mince, plus vous étiez situés près des cales du navire. En revanche, plus vous étiez proche de la vue panoramique située à l'ultime étage, plus votre bourse paraissait remplie. Ayant naturellement pris le billet le moins cher, c'est donc avec d'autres baroudeurs que je me retrouvai tout en bas du bateau. C'est ainsi que je pus rencontrer mon futur compagnon de voyage.
Ernst, âgé de trente-six ans, ingénieur en mathématiques appliquées, habitait *Melbourne* mais était originaire de Suisse.
"Mathématiques appliquées ! Mince, je ne sais pas si on va pouvoir s'entendre, je hais les mathématiques et souvent les mathématiciens aussi, lui-dis-je en rigolant mais avec un soupçon de vérité dans la pensée.
- Je peux comprendre qu'on puisse ne pas aimer les mathématiques car elles sont souvent mal comprises par la plupart, mais pourquoi ce jugement sur les mathématiciens ?
- C'est vrai que pour moi, c'est une science insaisissable dont l'utilité m'échappe souvent.
- C'est sûr, quand on ne comprend pas l'utilité d'une chose, on n'a alors aucune raison de s'y intéresser. C'est souvent la raison pour laquelle on est nul en maths. Si on se dit que toutes les formules ne servent à rien, il nous est impossible d'en comprendre le sens.
- C'était complètement ma logique de pensée au lycée effectivement.
- Le lycée est loin maintenant, tu peux dès lors t'ouvrir de nouveau à la vraie utilité de cette science. Et pourquoi tu n'aimes généralement pas les mathématiciens ? Tu ne m'as toujours pas répondu !
- Parce que vous êtes souvent trop cartésiens et pas assez ouverts au monde subtil et invisible.
- Trop cartésiens ? As-tu étudié les raisonnements de monsieur Descartes, ce grand philosophe, physicien et mathématicien ?
- A l'école oui comme tout le monde.
- Donc, tu ne l'as pas vraiment étudié car comme tout le monde, tu crois que Descartes a juste mis en évidence la différence entre l'âme et le corps.

- Oui et que tout doit être prouvé et démontré scientifiquement par le raisonnement.
- Tu sais que par ce raisonnement et ses méthodes mathématiques il a démontré l'existence de Dieu ?
- Descartes croyait en Dieu ?
- Absolument ! Tu as un peu de temps devant toi ?
- On a dix heures de traversée, tu crois que cela devrait suffire ?
- Je ne pense pas, mais je vais essayer ! me répondit-il en rigolant."
Il avait indubitablement la tête d'un mathématicien avec ses lunettes glissant sans cesse jusqu'au bout de son nez. Sa chemise, fermée délicatement jusqu'au dernier bouton du col et rentrée dans son pantalon, donnait une forme délicieuse à ses fessiers plutôt bien musclés pour un scientifique.
"La méthode initiale de Descartes est la mise en doute systématique de toutes les connaissances qui nous semblent évidentes. Pour lui, on doit remettre en question tous les préjugés acquis pendant l'éducation et même par nos sens.
- Là je suis d'accord avec lui. Désapprendre pour mieux apprendre.
- Apprendre en vérifiant l'ensemble de ses connaissances par l'expérimentation. Par exemple, il s'est servi de la démonstration de l'image du bâton brisé dans l'eau pour mettre en évidence que le résultat de nos sens pouvait être démenti.
- Pour le moment je l'aime bien ce Descartes.
- Je continue alors ! Il est parti sur une certitude ne pouvant jamais être remise en doute. Pour lui, s'il y a un doute, il y a alors nécessairement quelqu'un pour douter.
- D'où le célèbre proverbe "je pense donc je suis".
- Exact ! Ce célèbre *"cogito ergo sum"* qui en réalité est la locution latine du "je pense donc je suis", s'avère être son point de départ pour démontrer que Dieu existe.
- J'ai du mal à croire cela. J'ai toujours entendu dire au contraire que Descartes ne croyait justement en rien et surtout pas en Dieu.
- Pourtant, il a énormément écrit sur cela. C'est ceux qui ne savent pas et qui donc n'ont pas les connaissances, qui se réfugient derrière cette croyance infondée. En réalité, le raisonnement de Descartes afin de démontrer l'existence de Dieu, se résume à l'axiome suivant : "puisque tout effet a une cause et que la cause n'a pas

moins de réalité que l'effet, il faut que cette idée de l'infini soit causée par un être parfait qui en est le véritable auteur, donc Dieu existe".

- Je n'ai pas tout compris là, lui dis-je en riant.

- En fait, c'est par la notion de l'existence de l'infini que cette connaissance devient possible.

- En gros, il utilise l'infini comme point d'appui pour prouver l'existence de Dieu ?

- Prosaïquement oui. Selon lui, la preuve de l'infini est justement la marque du créateur sur sa créature.

- Je t'ai encore perdu là…

- Pour simplifier, nous, êtres humains, sommes des êtres finis, tu es d'accord ?

- Pour la plupart oui, je doute de la bonne finition de certains, par contre!

- On est bien d'accord là-dessus. Non mais sérieusement, si nous sommes des êtres finis, Descartes en déduit alors que l'être humain ne peut pas être à l'origine de l'idée de l'infini. Ainsi en se questionnant sur l'origine de la création de l'être humain, il en a conclu que seul un être parfait peut être à l'origine de la création de notre être. La conséquence ultime, c'est qu'il en déduit que Dieu réside donc en chacun des hommes.

- Je vois bien la déduction, après elle n'est pas évidente à comprendre et elle est surtout en complète opposition avec ce que je pensais de Descartes. On traite Descartes comme le mathématicien le plus rationaliste qui soit alors qu'il prouve méthodiquement que Dieu existe. Je trouve cela invraisemblable.

-Oui et de surcroît, il a une réelle conception mathématique de l'existence de Dieu. Il a aussi écrit un théorème là-dessus :

"de même qu'un triangle ne peut être donné sans que la somme de ses angles vaille nécessairement deux droites, l'idée de Dieu ne peut être donnée sans qu'en découle nécessairement l'existence".

- Il faudrait que je me penche sur ce théorème.

- Tu pourras y passer pas mal de temps.

- Mais pourtant, c'est bien lui qui a distingué l'âme du corps ?

- Tout à fait, il a prouvé la distinction entre le corps et l'âme mais il affirme pour autant que leur union est réelle.

- Tu peux expliquer un peu plus ?
- Il est parti du postulat que seuls les êtres pensants ont une âme. Et cette dernière est une substance pensante, tandis que le corps est une matière faite d'une substance dite "étendue".
- Ok donc là on est bien dans le dualisme cartésien si célèbre.
- Voilà ! Généralement, par contre, on ne prend pas le temps ou en tout cas, cela ne nous arrange pas de poursuivre jusqu'à la fin de sa réflexion.
- Celle-ci m'intéresse.
- En fait si la science et la philosophie agissent l'une sur l'autre dans la pensée de Descartes, il en est de même avec le corps et l'âme. Pour lui, nos actions sont provoquées par le cerveau, agissant sur l'âme, par l'intermédiaire de la glande pinéale. Tu vois ce que c'est la glande pinéale ?
- Depuis peu oui.
- Bien. Ainsi, toutes les pensées que nous avons sur les choses extérieures sont provoquées par l'action de notre âme. Il a donc conclu que notre imagination ne peut s'expliquer que par des mouvements corporels liés à une certaine activité de l'âme.
- Donc l'âme n'est pas séparée du corps.
- Pour Descartes si, mais, s'ils sont bien distincts, ils agissent inéluctablement l'un sur l'autre.
- Alors moi qui pensais que Descartes critiquait l'Église et tout ce qui avait trait à la foi.
- Attention, la religion et la foi n'ont rien en commun. On rentre dans un autre débat après, mais pour en terminer avec Descartes, sache qu'il a même comparé toute sa philosophie, sa connaissance, à un arbre.
- C'est- à- dire ?
- Tu vas vite comprendre la métaphore, je pense. Il disait que les racines de l'arbre étaient la métaphysique, le tronc la physique et les branches, toutes les autres sciences comme la mécanique, la médecine et la morale. Et c'est donc en mangeant le fruit de l'arbre qu'on peut comprendre la richesse de ses racines et de son tronc.
- Effectivement, Descartes lisait la bible alors. Le fruit défendu de la connaissance mangé par Eve c'est cela ?

- C'est ta conclusion en tout cas. Mais sa vision de la religion ou plutôt de la spiritualité, lui aura valu sa mort.
- Il a été assassiné ?
- Les circonstances de son décès restent floues mais on pense qu'il a été empoisonné à l'arsenic en mangeant une hostie. Elle aurait été donnée par un aumônier catholique par crainte de l'influence cartésienne sur le dogme catholique.
- C'est complètement idiot puisqu'il s'est évertué à démontrer que Dieu existait !
- Encore une fois, la religion et la foi sont deux choses bien distinctes mais cela est un autre débat Armonie. Je te propose d'essayer de dormir maintenant."

C'est donc allongée à même le sol du bateau que j'essayai de trouver le sommeil. Je réfléchis à cette nouvelle approche que je devrais absolument creuser par des recherches plus poussées afin de vérifier ces propos.

C'est par des petits coups pieds que nous fûmes réveillés plusieurs fois dans la nuit par le vigile, prétextant qu'il était interdit de s'allonger au sol. Nous attendions ainsi qu'il quitte notre compartiment avant de reprendre la même position, allongés sur le sol. Cela devenait assez cocasse à la longue mais malgré tous ces avertissements et ces coups de pieds devenus de plus en plus forts, nous persistâmes dans notre envie de trouver le sommeil allongés sur la moquette moelleuse du navire.

Le lendemain matin, c'est aux aurores que nous pûmes enfin débarquer sur cette île de renommée "inspiratrice". Arrivés à *Devonport,* tout à fait au nord de l'île, c'est en compagnie d'Ernst que débuta la découverte de ce sanctuaire de la faune et de la flore. Très vite, des paysages de forêts densément boisées entrecoupés de vallées verdoyantes regorgeant de vaches et de moutons, nous permirent rapidement de comprendre le surnom de cette île. Au-delà des panoramas, l'atmosphère apaisante des lieux nous plongea dans un silence contemplateur, oh combien ressourçant. Alors que nous roulions a bord du pick-up d'Ernst en direction de *Lauceston,* un serpent d'un noir effrayant apparut sur le côté de la route, tête levée, tel un cobra en pleine écoute de la flûte de son dresseur.

"Ton premier serpent tigre Armonie !

- Effectivement, mon premier et mon dernier, je l'espère.
- Je ne pense pas car février est la pleine saison d'accouplement des serpents sur l'île, ils sont par conséquent très présents en ce moment.
- Tu rigoles ?
- Pas du tout !
- Mince, je me suis déjà fait piquer par un scorpion, je ne veux pas réitérer la chose.
- Si tu es vigilante, cela ne se produira pas.
- J'ai appris à ne plus marcher en tongs dans le désert et je compte bien ne pas faire la même erreur en forêt.
- Exact, soit on change d'approche, soit la même expérience se répétera sous une forme différente mais avec la même finalité.
- Tu parles toujours des piqûres d'animaux là ?
- A toi de voir.
- Je suis d'accord, j'ai l'impression que la vie mettra sur notre chemin les mêmes situations, les mêmes problèmes afin de les affronter pour ensuite les dépasser.
- Tant que tu n'as pas compris, appris, tu as tendance à rencontrer les mêmes types de personnes, avec les mêmes schémas de vie, t'apportant des problèmes que tu as déjà rencontrés. Par exemple en amour, je tombe sur, ou plutôt je choisis souvent les mêmes nanas, c'est fou ! Et le résultat est toujours le même..."

Après une heure de route, c'est à *Cataract Gorge,* principale attraction de *Lauceston*, que nous pûmes apprécier l'eau fraîche de différents bassins entourés de forêts luxuriantes. Ersnt, décida d'y rester pour la journée quand je préférai rejoindre la route de *Lilydale* à une petite demi-heure de ce site et m'attaquer à l'escalade de la montagne du *Mont Arthur*, culminant à mille-cent-quatre-vingt-dix mètres.

Je ne saurais dire pourquoi mais j'étais toujours attirée par l'ascension des montagnes qui m'entouraient. Atteindre leur sommet me procurait une certaine décharge d'endorphine jouissive qui m'incitait à renouveler sans cesse l'expérience.

Déposée sur la nationale peu après l'heure du déjeuner, j'adressai mes remerciements à Ernst et lui fis mes adieux. Il comptait passer

ces quelques jours de vacances à se relaxer tranquillement dans ces sources d'eau régénératrice, selon ses mots.
Après seulement cinq minutes d'attente, un Tasmanien d'une quarantaine d'années au style hippie, cheveux longs, blancs, à queue de cheval, s'arrêta à ma hauteur.
"Vous allez au festival ?
- Non, j'aimerais me diriger vers cette montagne, lui dis-je en regardant le *Mont Arthur* culminant devant nous.
- Monte, j'habite par là-bas. Je vais travailler au festival qui se déroule en ce moment dans notre petite ville de *Lilydale*. Tu souhaites faire l'ascension aujourd'hui ?
- Je ne sais pas. Cela prend beaucoup de temps ?
- Tout dépend de ton rythme de marche, entre quatre et six heures généralement.
- Je vais essayer alors de la gravir cette après-midi. Il y a un site de camping par là-bas ?
- Oui, on a un petit campement non loin du départ de la randonnée. Si tu veux, je t'y dépose, on monte ta tente et je t'emmène au départ de la randonnée. Cela te convient ?
- Absolument. Merci beaucoup ! Vous ne devez pas aller travailler au festival ?
- Je suis bénévole, j'y ramasse les poubelles, elles attendront un peu, ce n'est pas bien grave."
A l'arrière de sa voiture un gros chien noir assis sur la banquette, les oreilles au vent, semblait tout aussi hypnotisé par la beauté du paysage que moi-même. Avant d'arriver au campement, il souhaitait déposer son compagnon chez lui et me proposa de venir boire une petite tasse de thé au passage, afin de prendre des forces.
Sa maison était fantastique, elle ressemblait en réalité à une cabane au cœur de la forêt.
"Bienvenue dans mon petit chez-moi où je vis pratiquement en autonomie totale."
Il me montra son potager ainsi que son poulailler où nous pûmes récupérer justement cinq œufs fraîchement pondus.
"Je ne veux plus dépendre de la société vois-tu, du coup je fais en sorte d'être en autosuffisance."

Alors qu'il m'expliquait sa vision de la vie, j'étais quelque peu fascinée par une petite machine sur le côté de sa maison qui, bien que cachée, m'interpella.
"Tu sais ce que c'est ?
- Non pas du tout, justement je me posais la question. A quoi vous sert cet appareil ?
- C'est un moteur qui me permet de créer gratuitement mon électricité. Je crée de l'énergie tout en faisant en sorte d'en consommer moins.
- Très intéressant cela ! Totalement écologique en plus.
- Oui et cette énergie libre existe depuis l'invention de l'électricité.
- Thomas Edison a créé cela ?
- Non, pas cet usurpateur de brevet. C'est Nikola Tesla dont le nom est célèbre aujourd'hui avec les voitures électriques. C'est lui qui a originellement inventé l'électricité en découvrant le courant alternatif.
- Pourtant à l'école je n'ai jamais entendu parler de lui…
- On a jadis enlevé son nom des livres d'histoire car il souhaitait apporter gratuitement l'électricité à tous les foyers. A l'époque, il a été exploité par le pragmatique Thomas Edison. Ce dernier et des investisseurs aux objectifs purement lucratifs, lui ont dérobé ses principaux projets.
- C'est affreux et tellement injuste.
- Surtout que Nikola Tesla, cet inventeur humaniste et passionné par les mystères de l'électricité, est mort complètement ruiné et seul. Après sa mort, ses quelques trois cents inventions ont été réquisitionnées par le FBI et récupérées seulement quelques années plus tard par sa famille après une longue bataille judiciaire. En réalité cet homme admirable était une grande menace pour les puissants distributeurs et vendeurs d'énergie électrique. A l'image de Jules Verne, c'était un visionnaire, un génie.
- Avec ta machine tu produis de l'énergie ? Comment tu fais ?
- Tu peux trouver facilement comment construire ce générateur, ce n'est pas très compliqué. Cet appareil utilise l'énergie électromagnétique contenue tout autour de nous.
- Décidément, chaque jour, la vie me fait comprendre que tout est énergie.

- C'est le cas. Avec ce générateur, Tesla a réussi à capter cette énergie ou *prana* si tu préfères, qui entoure notre milieu. C'est donc de l'énergie entièrement renouvelable à l'infini et gratuite.
- C'est très intrigant ! Pourquoi ne pas utiliser ce système dans tous les foyers ?
- Pour les mêmes raisons que l'on a volé les brevets de Tesla. On pourrait mais il faudrait le vouloir…
- Comme en magnétisme, on peut tous se soigner avec l'énergie qui nous entoure mais il faut le vouloir et le comprendre aussi.
- Tout est puisé dans la lumière grâce à notre précieux soleil. Mais cette énergie serait gratuite et cela n'est pas forcément intéressant pour tout le monde…
Allez viens, tu montes ta tente au campement et je te dépose pour escalader ta montagne car il est déjà quatorze heures. Au fait, tu as des guêtres ?
- Non, pourquoi faire ?
- Pour les serpents ! Ils sont très actifs en ce moment car ils se reproduisent.
- C'est vrai alors ?
- Oui, il faut surtout faire attention au serpent tigre, il est très venimeux.
- Le tout noir, j'en ai vu un ce matin justement.
- En fait, il est de couleur variable, il peut aller du noir au vert en passant par le jaune orangé.
- C'est un serpent qui peut ressembler à plusieurs serpents en réalité.
- Il a plusieurs apparences, mais au fond c'est toujours le même.
- Comme souvent les humains !
- En tout cas, si tu n'as pas de guêtres, prends un bâton avec toi quand tu vas marcher et chante aussi. Fait des vocalises, comme ça tu les effraieras.
- Pour le moment c'est moi qui suis effrayée."

La tente montée, ce sympathique hippie me déposa au départ de la randonnée situé à une dizaine de kilomètres de ma maison portative.
Au regard de l'heure déjà tardive, je décidai de gravir cette montagne en courant. Malgré la nuit assez mouvementée dans le navire

et les quelques nuits blanches passées avec Anita, j'avais encore de l'énergie à revendre. Comme disait Nietzsche, "quand on a une grande musique en soi, on veut absolument faire danser sa vie".
En effet, toujours poussée par ce souffle de lumière, mon intuition, j'avais l'impression réelle d'empoigner chaque jour un peu plus mon bonheur. Sans crainte du risque, je provoquai cette chance qui ne m'avait sans doute jamais abandonnée et ingrédient de mon bien-être.
J'étais seule mais la rencontre de toutes ces personnes si riches en connaissances et en expériences, me permettaient tout simplement d'être. La supériorité du verbe être sur le verbe avoir ne faisait plus aucun doute.
Après à peine une heure trente de course joyeuse et effrénée dans cette forêt dense où aucun serpent ne m'approcha, j'arrivai au point de vue panoramique qu'offrait le sommet, authentique tour-relais pour la radio locale. Alors que pendant mon ascension je n'avais croisé aucun randonneur, je rencontrai dans une petite maison au sommet le garde forestier qui scrutait l'horizon pour détecter tout éventuel départ de feu.
Après avoir quelque peu échanger avec cet homme assez avare de mots, je repartis en courant dévaler cette montagne. Il n'était pas loin de dix-sept heures, il fallait encore que je prenne le chemin retour et réalise ensuite les dix kilomètres me séparant de ma tente.
Une heure me suffit finalement pour arriver au pied de la montagne et, constatant le calme désertique du sentier, je décidai de parcourir les kilomètres restant jusqu'au campement en courant de nouveau. Bel entraînement !

Alors que je rêvais follement d'une douche, je réalisai qu'il n'y en avait aucune sur ce site d'accès libre. Voyant qu'il y avait un camping-car non loin de ma tente, je décidai de demander à son hôte s'il savait où je pourrais prendre une douche, espérant qu'il me propose d'utiliser celle de sa maison mobile. La réponse de l'homme fut sans équivoque :
"Vous avez un cours d'eau à deux kilomètres en descendant, sans doute un peu fraîche certes, mais vous êtes jeune !" Et celui-ci referma sa porte aussitôt.

Sa réponse me dépita. Toute la fatigue de la journée commençait à se faire ressentir. Je dus ainsi me résoudre à rejoindre ce cours d'eau, cette fois-ci en marchant, l'énergie me manquant cruellement.

A la façon de Robinson Crusoé, je pus me savonner dans un petit lit de rivière. Le cadre était féerique. Mais voilà, alors que j'étais nue dans cette eau glaciale mais tellement bénéfique, sur la berge, je vis glisser sur mes vêtements, un serpent de couleur verte d'au moins deux mètres. Aucun son ne put sortir de ma bouche, en revanche, je courus de toutes mes forces en remontant le courant, la poitrine au vent. Après cinq minutes de course effrénée, je m'arrêtai et réalisai, savonnette à la main, que je devais revenir sur mes pas. En effet, il me fallait absolument récupérer toutes mes affaires et surtout mes chaussures, véritables remparts contre ces créatures emblématiques de la *Kundalini.*

La nuit commençait de surcroît à tomber, le contexte semblait de plus en plus préoccupant, mais au lieu d'être apeurée et stressée par la situation, j'étais quelque peu amusée par la scène. De toute façon, à quoi bon stresser ? Je ne pouvais en rien contrôler ce moment. Par conséquent, je repartis tout doucement, à l'affût du moindre bruit, en direction de mes affaires.

Ces serpents ne vous attaquent que s'ils se sentent en danger, hors, je ne cherchais pas à leur nuire. Ainsi, sur les conseils de mon guide hippie et afin d'éviter de les surprendre, je me mis à chanter de toutes mes forces.

De retour à l'endroit où j'avais laissé mes vêtements, il n'y avait plus aucune trace de mon cher ami. Vêtue sens dessus-dessous, annoncée par mon chant indélicat, je regagnai ma tente munie d'un bâton, marchant d'un pas très lourd afin de faire toujours un maximum de bruit.

Arrivée enfin à mon petit chez moi, quelle consternation quand je m'aperçus qu'un petit trou au bas de ma tente s'était formé. Une minuscule ouverture certes mais susceptible de faire rentrer n'importe quelle créature. Ne pouvant aller nulle part ailleurs, je me mis à colmater l'ouverture à l'aide de deux pulls et de mon sac en renfort. Aucunement rassurée par cette solution de fortune, je passai la

nuit à me réveiller pour vérifier la présence éventuelle de créatures animales à l'intérieur de mon habitat.
Attendant le lever du soleil avec impatience, je sortis rapidement de ma demeure dès qu'une petite luminosité filtra à travers la toile. C'est donc au petit matin que je me replongeai dans les joies du stop.
Juste le temps de tendre le bras et une voiture s'arrêta à ma hauteur. Quelle surprise, c'était le garde forestier avec lequel j'avais essayé tant bien que mal d'échanger quelques mots au sommet du *Mont Arthur*.
"Matinale mademoiselle. Vous vous dirigez vers où ?
- Vers *Scottsdale*, il semblerait que de belles chutes d'eau s'y trouvent.
- Effectivement. Montez, je vais vous y déposer.
- Vous avez dormi en haut de la montagne cette nuit ?
- Exactement ! J'aime bien profiter de la nuit dans de tels sanctuaires à la beauté généreuse.
-Vous repartez travailler maintenant ?
- Je suis de repos aujourd'hui mais toute cette forêt qui s'étend jusqu'à *Scottsdale* justement, est la partie domaniale dont je m'occupe.
- Vous êtes seul responsable de toute cette forêt ?
- Oui, chaque garde-forestier s'occupe d'une parcelle bien spécifique. Ainsi, même en congé, si je constate une infraction ou bien des incidents, je les signale.
- Cela semble un métier passionnant.
- Il est évident qu'il faut être passionné pour l'exercer. Il faut aimer la solitude aussi.
- Je suppose, oui. Être seul ne vous dérange donc pas ?
- Pas le moins du monde au contraire. Je n'attends rien des autres, je trouve ce dont j'ai besoin dans la nature. Elle me parle beaucoup plus que les humains.
- Je vous comprends. D'ailleurs à force d'y vivre en immersion, j'en perds la notion du temps. Savez-vous quel jour nous sommes?
- Absolument, on est aujourd'hui. Me dit-il avec un grand sourire.
- J'aime bien votre réponse. Je crois que c'est mon jour préféré."

Après une petite demi-heure où cette fois-ci l'échange fut beaucoup plus intéressant que la veille, ce jeune garde-forestier me fit découvrir les belles chutes d'eau de *Scottsdale*, mais surtout celles de *Saint Columba* encore plus saisissantes avec leur quatre-vingt-dix mètres de hauteur. Puis, je ne sais pour quelles raisons, il décida de me montrer toute la région du nord-est de la *Tasmanie*. Il était doté d'une culture à ce point précise sur la faune et la flore que pendant cette journée, j'eus l'impression, d'être en compagnie d'un véritable guide touristique. Il me montra tout d'abord un lac dont le bleu azur dénotait avec sa dangerosité puisque son eau acide empêchait toute vie. Ensuite, les baies de *Musselroe, Anderson* et *Binalong*, plages aux couleurs divinement belles, furent de magnifiques escales avant qu'il me dépose à *Saint-Helens,* sa ville natale.
Ami du patron de l'auberge de jeunesse, il me présenta ainsi à Gary avec lequel nous partageâmes notre dîner au sein de son chaleureux établissement.
Encore une fois, j'avais l'impression que la vie me déroulait un tapis rouge sans fin. Je marchais main dans la main avec la vie, le cœur ouvert et confiante en ce destin qui s'annonçait si palpitant. Tous les feux au vert, j'avançais vers cet infini bonheur, le recevant et surtout le percevant désormais chaque jour.

C'est en faisant une partie de cartes après le dîner que je pus surtout faire connaissance avec ces deux hommes. En effet, comme le disait Platon, "on peut savoir plus sur quelqu'un en une heure de jeu, qu'en une année de conversation".
Gary, commercial renommé, avait passé toute sa scolarité dans la même école que le garde-forestier. Si l'un aimait le silence de la nature afin d'écouter sa vérité, l'autre avait un réel besoin de se sentir entouré et de rencontrer du monde.
Gary m'expliqua qu'à vingt ans, parti à *Sidney*, il monta sa propre entreprise mais celle-ci s'effondra en moins d'une année. Ce fut un grand échec. La concurrence, son manque d'expérience et de clairvoyance, l'avaient complètement mis sur la paille. Revenu en terre tasmanienne, son échec sur le continent lui donna l'opportunité de recommencer son projet d'une façon plus intelligente et efficace. Il se lança dans l'ouverture d'auberges de jeunesse franchisées.

Aujourd'hui, après seulement sept ans, il était désormais le manager des quinze auberges YHA, présentes en Tasmanie.
"J'ai donc pu apprendre qu'à la suite de chaque tempête dans notre vie, un arc-en-ciel n'est pas bien loin !
- Bravo. Tu n'as pas eu peur de te tromper, de tomber même afin de mieux te relever finalement. Belle histoire Gary.
- Ce n'est pas une simple histoire Armonie, Gary est un mythe sur l'île. Issu d'une famille de fermier, il est devenu l'une des plus grosses fortunes de l'île ! s'exclama le désormais loquace solitaire.
- Chacun naît pour accomplir son propre mythe, on a tous des ailes, il faut juste apprendre à les utiliser pour mieux s'envoler. La réussite professionnelle est une chose mais celle du cœur me semble la plus importante. Malheureusement, elle reste encore en construction.
- Dans le business il faut être rusé mais concernant le domaine du cœur, seul le ressenti semble d'usage, lâchez prise messieurs ! Conseil d'une femme.
- Oui et en parlant de femme, je vais rejoindre celle que j'aime le plus au monde.
- Ta mère !
- Exactement, ma mère ! "L'amour pour nos parents est le premier des devoirs" disait Confucius."
Ce fut une fin de soirée très intéressante pendant laquelle Gary proposa de me déposer le lendemain à *Coles Bay.* Il devait y visiter une de ses auberges située aux portes du célèbre parc national de *Freycinet.*
Après des adieux et de nombreux remerciements à mon compagnon amoureux de la nature, je rejoignis un savoureux lit, sans crainte aucune de voir se glisser un quelconque serpent à l'intérieur de mon duvet.

Le rendez-vous avec Gary fixé à dix heures me permit de découvrir tranquillement le petit port de pêche de *Saint-Helens* au charme redoutable. Les couleurs éclatantes de la mer semblaient varier en côtoyant le lichen orange vif qui recouvrait le granit. De cette beauté idyllique, se dégageait une sérénité enveloppante.
Gary, au look décontracté mais d'une classe naturelle du haut de ses trente ans, m'attendait dans sa voiture de riche homme d'af-

faires. Pendant que je savourais la fabuleuse route de la côte, il passa au téléphone tout le temps que dura le trajet.
"Nous y sommes. Désolé, je travaille beaucoup au téléphone. Voici la clef du paradis. Elle est pour toi. Suis-moi."
Je ne comprenais pas du tout à quoi pouvait servir cette clef.
Garés au bout du village de *Coles Bay,* nous longeâmes la mer en marchant au milieu d'une admirable forêt d'eucalyptus poivrés.
"Tu m'inquiètes Gary, tu m'emmènes où ?
- Au paradis je t'ai dit. Fais-moi confiance. J'ai compris hier soir que ton goût pour la simplicité et l'aventure te caractérisait, n'est-ce pas ?
- Je pense.
- Alors voici ta nouvelle demeure pour le temps que tu souhaites."
C'est alors que je découvris une modeste maison en bois, située à cent mètres de la mer.
Cette précieuse clef donnait accès à cette demeure d'une quarantaine de mètres carrés, qui comprenait deux chambres avec quatre lits superposés et une pièce principale dans laquelle se trouvait une cuisine rustique dotée d'une grande table pour partager les repas.
"Les toilettes sèches sont dehors. Pour la douche en revanche, tu la prendras dans la mer car il n'y a plus d'eau. Ce n'est pas un problème pour toi, je suppose ?
- Tu supposes très bien."
Je sautai dans ses bras pour le remercier de cet inestimable présent qui concrétisait l'un de mes nombreux rêves : vivre sur une plage déserte à la façon de Robinson Crusoé.
"C'était une ancienne auberge mais elle n'a pas fonctionné car pas assez confortable, vois-tu ! Du coup, j'en ai ouvert une autre beaucoup plus douillette en plein centre-ville.
- Dommage, moi j'adore celle-ci.
- J'en étais sûr. Surtout que d'ici, tu peux partir à pied jusqu'à *Wineglass Bay,* plage classée parmi les dix plus belles au monde. Tu as aussi le *Mont Amos* à gravir, bref, tu auras de quoi t'occuper quelques jours. Quand tu décideras de quitter ce havre de paix, ferme le tout et laisse la clef dans cette noix coco cachée sous la maison. Je viendrai la récupérer la semaine prochaine.

- Tu me connais seulement depuis hier, pourquoi toute cette gentillesse et cette confiance ?
- Je ne sais pas, quelqu'un m'a dit de suivre mon ressenti… J'agis juste avec mon cœur cette fois-ci.
- Et cela va directement au mien. Merci infiniment.
- Toi aussi, tu es sur le point de créer ton propre mythe Armonie. Ce ne sera pas une simple histoire. Frappe aux portes et elles s'ouvriront, j'en suis profondément persuadé.
- Et moi je te souhaite sincèrement une vie remplie d'amour Gary. Donne ton cœur à qui saura lire ton âme.
- Tu sembles savoir bien lire Armonie, me dit-il en effleurant mes lèvres d'un baiser furtif mais délicat."
C'est ainsi que je me retrouvai seule au milieu d'une plage déserte, face à une étendue paradisiaque. L'impression d'exécuter pas à pas ce que le ciel avait prévu pour moi, s'imposait avec évidence. Chaque jour semblait une étape et "ma pirogue" descendait l'eau vive sans jamais stagner. Je ne savais pas quel mythe je devais écrire mais ce voyage me plongeait dans une réalité aux confins de mes rêves.

Après une petite séance de méditation, je décidai de partir à la conquête de la baie de *Wineglass,* l'une des plus belles plages au monde. Le parc national de *Freycinet* que je sillonnais, réserve de vie sauvage, paraissait un lieu sans égal pour communiquer avec la nature.

Arrivée au sommet des falaises de granit rose, des paysages prodigieux s'offrirent à mes yeux. Les plages d'un blanc étincelant, aux eaux émeraude, éblouissaient les randonneurs et justifiaient, sans aucun doute, leur classement mondial. Je devais avouer que cette fenêtre ouverte sur une telle splendeur était l'une des plus vibrantes de mon voyage. Ce lieu rivalisait même avec les plus belles plages si sauvages et uniques de la côte ouest.

Une fois descendue dans la baie, je découvris une dizaine de wallabys à cou rouge, venus se dorer les poils au soleil, en contemplant cet admirable horizon.

Sur le chemin du retour, pourtant strictement seule dans ce paradis depuis quelques heures, je croisai une Française et une Espagnole desquelles il émanait une énergie fort sympathique. Après quelques

minutes d'échanges tantôt en français tantôt en espagnol, je leur décrivis le lieu insolite où j'allais dormir et leur proposai de m'y rejoindre si elles ne savaient où se poser pour la nuit.
"Merci de la proposition Amiga, on t'y rejoindra peut être ce soir après la randonnée si on réussit à la trouver !
- Ok ! Peut-être à ce soir."
De retour dans ma nouvelle demeure et après avoir picoré une boîte de thon et d'ananas en guise de dîner, je décidai de contempler le coucher du soleil complètement nue, dans les délicieuses vagues de la mer. C'était la première fois de ma vie que je me baignais dans la tenue d'Eve. Je restais plus d'une heure ainsi, jusqu'à ce que j'entende :
"Ola amiga !"
Vingt-et-une heures passées, je ne pensais plus les voir débarquer ici. Habituellement très pudique, je dus cependant sortir de l'eau complètement nue avant de récupérer ma serviette posée sur la plage.
"Bienvenue les filles. Je vous en prie, venez découvrir ce petit coin de paradis."

Ainsi, pourtant arrivée seule dans cet environnement fabuleux, je me retrouvai le soir venu, en compagnie de jeunes femmes très sympathiques.
Émilie la Française, sillonnait l'Australie depuis six mois. Elle avait voulu faire un break dans ses études afin de découvrir ce qu'elle souhaitait faire de sa vie. Elle me présenta sa voiture qu'elle avait acquise à *Sidney* pour seulement cent dollars. Une véritable poubelle mais qui l'emmenait partout depuis le début de son voyage. Cette voiture était aussi excentrique que sa conductrice. En effet, si Émilie avait la remarquable capacité de me faire rire à chaque fois qu'elle prenait la parole, c'est avec un amusement certain que je pus admirer sa voiture. Cette dernière était envahie de centaines de citations, de petits mots d'amour et d'amitié déposés par toutes les personnes rencontrées au cours de son voyage. Cette lecture fut formidable. Tous ces mots étaient la preuve que mon intuition concernant cette jeune femme était fondée.
Son amie Ana, rencontrée à *Melbourne*, était une jeune enseignante de philosophie en vacances pour quelques semaines.

"Enseigner la philosophie n'est pas trop compliqué ? Tu arrives facilement à capter l'attention de tes élèves ?
- Le métier d'enseignant était pour moi une réelle vocation comme beaucoup de mes collègues d'ailleurs. Ce n'est pas toujours facile mais j'aime bien relever le défi. Pour ce qui est de l'autorité, j'ai tendance à élever mes mots plutôt que ma voix et cela se passe plutôt bien. Mon formateur m'a toujours dit que seule la pluie faisait pousser les fleurs, pas le tonnerre.
- Effectivement belle métaphore, j'essaierai de m'en rappeler quand j'enseignerai à mon tour."
Je passai le reste de la soirée à discuter mais surtout à m'esclaffer avec Émilie pendant que la jeune enseignante appelait sa mère, à priori souffrante.
Quand celle-ci raccrocha, elle nous apprit en larmes que sa mère souffrait d'un cancer virulent et très invasif. Malgré nos tentatives de réconfort, rien ne put la soulager et elle nous demanda de la laisser seule. Cette situation très triste me donna l'étrange sentiment qu'il fallait que j'appelle la mienne. Il est vrai que ces six derniers mois je ne l'avais eue que deux fois au téléphone.
"Salut maman ! Tu vas bien ? C'est alors que j'entendis ma mère fondre en larmes.
- Ma chérie, tu ne sais pas combien cela me fait du bien de t'entendre.
- Qu'est-ce qui ne va pas ?
-Tout va bien ne t'en fais pas mais il y a à peine une demi-heure, la police a appelé à la maison.
- La police ? Pour quelle raison ?
- Justement, imagine-moi, espérant chaque jour des nouvelles de ma fille pour être rassurée, je décroche et j'entends :
« Bonjour Madame, ici la police, je vous appelle pour vous annoncer une mauvaise nouvelle je suis désolé mais…."
A ce moment-là, mon cœur n'a pas résisté et je n'ai pu entendre la suite, je me suis évanouie devant mes collègues de travail.
- Mais non ! Tu ne t'es pas fait mal ? Pourquoi la police t'as appelée ? J'imagine que tu as dû penser au pire.
- Effectivement, j'ai cru que la police m'annonçait ton décès alors qu'en fait, elle m'apprenait celui de la mère de ton père."

"Imagine mon soulagement. Le policier ne comprenait plus rien lorsqu'une fois la nouvelle apprise, j'ai ri nerveusement en remerciant le Seigneur de t'avoir épargnée. Voilà, maintenant, tu m'appelles quelques minutes après. Ma chérie, tu me manques tellement, je t'aime et j'ai si hâte de te voir revenir à la maison.
- Moi aussi ma petite maman, tu me manques et je t'aime de tout mon cœur.
- Je te manque un peu quand même ?
- Énormément oui. Vois-tu, cette distance qui nous sépare, nous rapproche l'une de l'autre paradoxalement. Cette distance nourrit notre amour et j'attends avec impatience ce moment où je retrouverai tes bras afin de partager de nouveaux instants avec toi."
L'appel d'Ana à sa mère m'avait poussée à appeler la mienne à cet instant précis, était-ce encore une coïncidence ? Je n'avais jamais été si éloignée de ma mère physiquement et pourtant, mon amour m'unissait à elle par la pensée de manière inédite. Les paroles du garde-forestier prononcées la veille, prenaient tout leur sens. Ma mère était sans aucun doute la femme que j'aimais le plus au monde.

Le lendemain matin, pendant que les filles ronflaient tranquillement, je partis me baigner nue pour savourer les premiers rayons du soleil. D'habitude si pudique, j'éprouvai pourtant le besoin de me baigner dévêtue dans cet océan qui m'inspirait tant.
Je profitais ainsi de cette sérénité et de ce bonheur si palpable quand mes deux nouvelles camarades débarquèrent. Me voyant nue, elles jetèrent elles aussi leur maillot sur le sable avant de venir me rejoindre.
Un silence méditatif emplit cet instant magique. Ana, aux yeux terriblement gonflés et chargés de tristesse était perdue dans ses songes alors qu'Émilie balayait l'horizon d'un regard de conquérante. Nous étions trois femmes aux devenirs si différents et pourtant si communs : l'atteinte de notre bonheur.
Nous passâmes deux jours ensemble à sillonner les environs et à profiter de cet environnement unique.
Ana parvint à modifier son vol retour au départ d'*Hobart*, ville la plus peuplée de l'État de *Tasmanie*, afin de se rendre au chevet de sa mère mourante. Elles me proposèrent de faire le voyage en-

sembles jusqu'à cette capitale économique, en faisant une courte escale à *Port Arthur,* tout à fait au sud de l'île.

Ce petit village à cent kilomètres d'*Hobar*t, était le lieu le plus chargé d'histoire de toute l'Australie. Ancien centre pénitentiaire, plus de douze mille forçats avaient été envoyés par les Britanniques pour y être emprisonnés et utilisés comme main-d'œuvre. Pendant cette visite, le centre de ma poitrine était très douloureux. Cette gêne était-elle provoquée par les morceaux d'auras d'anciens détenus dont les lieux étaient imprégnés ou la peine d'Ana si palpable ? Tout mon corps fut pris d'un terrible malaise et je n'eus qu'une envie : quitter cet endroit.

Ce sentiment, à priori commun à toutes trois, nous fit écourter cette visite. N'étant qu'en début de journée, nous décidâmes d'aller randonner au parc national de *Tasman* à *Fortescue Bay.*

Sur le sentier pédestre de plus de dix kilomètres, les talents d'humoriste d'Émilie, nous firent regagner notre bonne humeur. Même Ana, pourtant si bouleversée, souriait de nouveau. La thérapie par le rire fonctionnait, il n'y avait pas meilleur remède.

La randonnée, très aérienne, nous mena jusqu'au *Cap Hauy* où de spectaculaires colonnes de dolérites plongeaient directement dans la mer. Ce décor magnifique retarda notre arrivée dans la capitale qualifiée de *"citadine champêtre"*. Nous n'arrivâmes qu'en fin d'après-midi.

En plein festival nautique, tous les hôtels et auberges de jeunesse d'*Hobart* étaient complets. Si les filles acceptèrent de payer une chambre double à plus de cent-cinquante dollars, je ne pus m'y résoudre et décidai d'appeler Gary. Par chance, en téléphonant à toutes ses auberges, il me trouva un lit pour vingt-deux dollars alors que quelques minutes plus tôt, dans ces mêmes auberges, seules des chambres à plus de cent dollars étaient disponibles.

Ainsi avec de la persévérance et l'aide de quelques connaissances, je trouvai la solution à de nombreux problèmes.

Le lendemain, après des adieux matinaux à notre chère Ana que nous déposâmes à l'aéroport, nous partîmes Émilie et moi explorer les ruelles étroites d'*Hobart*, située à l'ombre des montagnes, sur le bord de la *Derwent River.* Fuyant la foule, nous ga-

gnâmes rapidement les hauteurs du *Mont Wellington,* perché à plus de mille deux cents mètres afin de contempler cette capitale au calme. Je crois que je devenais de plus en plus réticente aux cohues et aux grandes villes étouffées par le bruit.
Si Émilie comptait rester une petite semaine dans cette effervescence urbaine, je décidai, dès le lendemain, de rejoindre l'île de *Bruny,* située à deux heures au sud d'*Hobart.*

Émilie, cette talentueuse humoriste, me déposa à la sortie de la ville. Les adieux furent à son image, enjoués. Cette jeune femme dotée d'une lumière contagieuse, égayait votre journée par son sourire et sa bonne humeur si naturelle.
"Tu n'oublies rien, par contre, avant de partir ? me dit-elle en regardant sa voiture inondée de graffitis littéraires.
- Effectivement j'allais oublier."
Tous les petits mots ou proverbes étaient révélateurs de sa personnalité si spontanée et surtout, si distrayante. Après quelques minutes de réflexion, j'écrivis sur le capot de sa voiture :
"Si une journée sans rire est une journée perdue (Charlie Chaplin), avec toi, on ne perd jamais son temps !"

Après trois heures de stop et cinq automobilistes différents, je réussis à atteindre l'île de *Bruny*, accessible par un petit ferry.
Cette île, divisée en deux îlots reliés par un isthme étroit, présentait des côtes déchiquetées par des falaises en colonnades de basaltes. Une fois l'extrémité de l'île atteinte, symbolisée par un phare orienté vers le bout du monde, c'est en compagnie de Marta que je réalisai le chemin retour à bord de sa voiture jaune Ferrari. Cette dernière n'avait d'une Ferrari que la couleur, pour le reste, elle ressemblait plutôt à celle d'Émilie et comptait plusieurs décennies à son compteur.
Marta, qui quittait l'île pour rejoindre le continent se servait de sa voiture en guise de camion de déménagement.
Sur le toit, elle transportait une dizaine de cannes à pêche et un imposant rondin de bois. Sacs et cartons menaçaient à tout moment de passer par les fenêtres restées ouvertes. Malgré ce tel chargement, elle accepta de me récupérer.
Fine connaisseuse des lieux, elle s'arrêta plusieurs fois pour me montrer des colonies de pingouins judicieusement cachées. Tapis

au milieu de petits rochers et de dunes de sables, ils étaient ainsi à l'abri du regard des touristes. Les connaissances de Marta sur la faune de son île me permirent de faire connaissance avec un animal dont j'ignorais totalement l'existence, le quokka.

La contemplation de sa tête mais surtout de son sourire, vous remplissait automatiquement de bonne humeur. Ce petit marsupial trapu avec des oreilles rondes, une tête courte et large, possédait le sourire le plus adorable au monde. Marta m'expliqua qu'il avait la réputation d'être l'animal sauvage le plus heureux de la planète. Elle n'avait pas besoin d'étayer ses propos, son sourire en disait long sur sa béatitude face à la vie. Il rayonnait de bonheur.
"Si un jour je n'ai pas le moral je regarderai une photo de quokka et je serai sûre de retrouver ma joie de vivre !
- C'est pour cela qu'un habitant a volé cet animal de l'île de *Rottnest,* dans l'ouest de l'Australie afin de l'implanter ici tout à fait illégalement. Tu as de la chance car normalement, ils sortent essentiellement au coucher du soleil.
- Quoi de plus normal de voir l'animal le plus heureux du monde !"
Le sourire rayonnant de ce marsupial reflétait profondément le bonheur de son âme. Cela expliquant peut-être pourquoi l'illustre naturaliste Léonard de Vinci, ayant saisi l'importance du sourire, représenta *Mona Lisa* avec un "sourire divin", devenu mondialement célèbre. Marylin Monroe avait ainsi raison lorsqu'elle soulignait que "le sourire était le plus beau maquillage qu'une femme puisse porter".

En attendant le retour du ferry après l'exploration de ce bel environnement verdoyant, Marta sortit deux cannes à pêche de sa voiture et nous nous mîmes à pêcher. Véritable experte, elle réussit à sortir deux magnifiques poissons alors que ma ligne ne plongea pas une seule fois.
"C'est le talent jeune fille ! Même si mon envie d'en attraper et la confiance en mes hameçons font certainement la réussite de mes pêches. Je suis toujours persuadée que je vais réussir."
Être convaincu de parvenir à l'accomplissement d'une tâche, semblait en effet être la meilleure façon d'arriver à ses fins.
Après notre traversée maritime, je fis mes adieux à Marta dont la voiture interloquait tous les passants, pour rejoindre la pointe sud

de la *Tasmanie, Cokle Creek.* Mon guide de voyage soulignait qu'une randonnée de quelques heures sillonnait ce parcours et s'avérait être le lieu situé le plus au sud du continent australien.
Mes remerciements effectués à Marta et mon bras à peine tendu, une voiture sortant précisément du ferry, s'arrêta à ma hauteur.
"On vous a vu faire du stop à *Bruny*, cette fois-ci, on s'arrête ! Vous allez où ?
- Je souhaiterai faire la célèbre randonnée du *Cap sud-est,* vous connaissez ?
- On habite à trente minutes du départ du sentier, montez !"
Au vu des conversations tenues pendant les quelques heures de trajet, les deux enfants de cette charmante famille semblaient très éveillés pour de jeunes collégiens.
Alors que le soleil s'apprêtait à se coucher, je leur demandai si je pouvais planter ma tente quelque part dans le secteur.
"Bien sûr ! Dans notre jardin si tu veux ! Mais on a une chambre de libre si tu préfères, ainsi les wombats et les opossums ne te dérangeront pas !
- Je peux ?
- Notre maison de campagne est manifestement trop grande pour notre famille, tu es la bienvenue.
- Merci infiniment ! Quelle chance de vous avoir rencontrés. Vous avez parlé de wombats et d'opossums, je ne connais pas ces animaux !"
Les deux frères répondirent en même temps qu'ils allaient me les montrer dès notre arrivée.
C'est ainsi que j'arrivai au cœur d'une forêt remarquable. Leur maison, totalement en bois, resplendissait dans cet univers au calme apaisant.
Après m'avoir présentée à leurs trois chevaux, leurs vaches et leurs poules, nous partîmes en quête d'opossums et de wombats. Très présents dans cette région, c'est principalement à la nuit tombée que ces animaux sortaient de leurs cachettes afin de chasser. Très rapidement, avec l'un des garçons, nous aperçûmes un opossum. Petit marsupial à mi-chemin entre l'écureuil et la souris, il se suspendait à une branche par la queue, la tête en bas. Amusant à ob-

server, il semblait tel un gymnaste, réaliser des exercices de renforcement musculaire.
Pour ce qui est du wombat, on ne put le croiser que bien plus tard dans la soirée lorsque les étoiles brillaient très largement dans le ciel. C'est donc à la lueur de la lune que ce petit ourson d'une trentaine de kilos, à la tête de castor et très court sur pattes, fit son apparition.
Le père, ébéniste, m'expliqua que le wombat avait pour particularité de posséder sur son postérieur, une plaque cartilagineuse très dure. Celle-ci lui permettait ainsi de défendre l'entrée de son terrier lorsqu'un prédateur le poursuivait.
"L'arme redoutable du wombat sont ses fessiers ?!
- Absolument ! Ses fesses s'avèrent être un bouclier de défense."
La faune australienne ne cessait de me surprendre.
Cette adorable famille revenait d'un séjour de trois ans en Afrique du Sud où la mère, médecin, y avait exercé sa vocation. Ceci expliquait certainement le dynamisme et la curiosité de leurs enfants.
Alors en week-end, les parents me proposèrent de m'accompagner avec leurs enfants sur cette remarquable randonnée *du Cap sud,* le lendemain matin.
Réveillés tous de très bonne heure, c'est avec une réelle joie que les garçons préparèrent les sandwichs tels des randonneurs chevronnés totalement autonomes.
Ainsi, bien plus que cette agréable balade aux vues côtières surprenantes, c'est le partage de ces instants si doux avec cette famille comblée qui me fit passer une matinée très enrichissante.
Savourant un petit déjeuner préparé collégialement, c'est assis confortablement sur un promontoire naturel rocailleux, que nous pûmes profiter de l'horizon du sud du continent.
Prétextant des courses à réaliser à *Hobart*, le père à l'âme si gentille, me déposa à la sortie de la capitale en direction de ma nouvelle étape, le parc national du *Mont Field.* Sa femme avait judicieusement glissé deux savoureux sandwichs dans mon sac à dos en guise de futur dîner.
Dans l'impossibilité de leur rendre leur amabilité, c'est par de longues embrassades que je remerciai cette heureuse famille.

C'est en fin de journée que je pus retrouver le plaisir de planter une nouvelle fois ma tente dans ce parc national situé à plus d'une heure de route au nord d'*Hobart.*
Au pied du *Mont Field,* culminant à mille quatre cents mètres d'altitude, le camping situé au cœur d'une belle forêt d'eucalyptus était apaisant et permettait de savourer vos repas devant de magnifiques wombats.
Alors que le trou de ma tente ravivait ma crainte d'y trouver au matin des serpents, l'apparition de cette petite peluche à poils longs m'apaisa.
Finalement, même si je fus épargnée par ces prédateurs, le froid de la montagne vint perturber ma nuit. Mon corps ne put retrouver sa température normale que pendant l'ascension du sommet et de son dénivelé positif. La découverte de cette montagne et de ses quelques cascades en chemin, me faisait comprendre toute la diversité et la richesse des paysages de la *Tasmanie.*

C'est alors Agatha, une anglaise installée dans le *Queensland* depuis sept ans, qui compara cette merveilleuse île tasmane à la Nouvelle-Zélande, contrée qu'elle préférait par-dessus tout et où elle séjourna quatre belles années.
Agatha s'arrêta au volant de son pick-up alors que je me tenais à la sortie du camping du parc national du *Mont Field.* Son couvre-chef me surprit par sa taille et son originalité. Marron foncé et en laine, son chapeau lui donnait un style à la fois d'aventurière et de grande dame du monde. Ce ressenti tout à fait antagoniste caractérisait pourtant cette femme retraitée animée d'une passion tout à fait singulière.
Ornithologue, Agatha se dirigeait vers les lacs *Gordon* et *Pedder* à une petite heure de route d'où nous nous trouvions. Si originellement, je n'avais aucunement envisagé de visiter ces lacs, l'onde de lumière que cette grand-mère saupoudrait devant mes yeux, me rendait étrangement nécessaire la découverte de ces sites en sa compagnie.
"Cela ne te dérange pas si je m'arrête très souvent pour observer nos petits messagers ailés ?
- Vous parlez des oiseaux ?
- Oui, ces anges porteurs des secrets célestes."

Ces quelques métaphores m'en disaient déjà long sur la personnalité de cette nouvelle rencontre. Par ailleurs, depuis mon arrivée dans son véhicule, des bouffées de chaleur incontrôlables envahissaient tout mon être.
"L'observation des oiseaux semble une réelle passion pour vous, n'est-ce pas ?" Je posais cette question alors que nous venions de nous arrêter au bord du lac *Gordon* et, jumelles positionnées devant ses yeux, Agatha observait minutieusement ces dizaines de petits êtres.
"Effectivement, cette passion transmise par mon père est devenue ma profession pendant plus de quarante ans.
- C'est magnifique quand une profession se transmet de génération en génération.
- Disons que plus qu'un métier, c'est une transmission culturelle dont j'ai hérité de mon père. Il m'a appris à écouter et à comprendre le langage des oiseaux.
- Le chant des oiseaux ?
- Oui, la communication de ces créatures est une véritable science initiée depuis des temps immémoriaux.
- On la considère comme une science ?
- Certains oui. Empreint de grandes valeurs symboliques, cela demande des années d'études pour comprendre ce langage. En réalité, son principe existentiel consiste à entendre un son plutôt qu'à le lire. Ainsi on ne se fie plus à l'écrit mais aux sons chantés par les oiseaux. Si les lettres de nos mots restent fixes, à contrario, les sons de ces messagers volent. Elle prononçait ces phrases comme si elle récitait une leçon apprise par cœur ou plutôt comme si on les lui dictait.
- Si je comprends bien, lorsque les oiseaux chantent vous pouvez comprendre ce qu'ils disent ?
- C'est une véritable gymnastique de l'esprit et ces créatures spirituelles chantent la liberté et la paix ainsi que l'harmonie avec les autres créatures."
Cette femme tenait des propos originaux voir incompréhensibles à mes yeux mais son charisme et sa vibration, imposaient véracité à ses propos.

"C'est étrange car je n'ai jamais entendu parler de cette langue des oiseaux.
- Pourtant ce système de codage décrit comme occulte par certains, remonte aux temps des templiers. Cette langue surnommée "langage alchimique" était un moyen de diffuser leurs connaissances occultes, à l'image du tarot de Marseille ou de l'art gothique.
- Il n'est pas évident de vous suivre même si ces derniers propos résonnent en moi.
- Je sais très bien qu'ils résonnent en toi. Sache que la langue des oiseaux a toujours été utilisée et l'est encore aujourd'hui. Cependant, les initiés sont les seuls à la comprendre à l'instar des signes mathématiques, seuls les grands génies peuvent interpréter leurs formules et les manipuler.
- Des scientifiques, des gens célèbres ont-ils écrit sur cela afin éventuellement que je fasse des recherches sur ce langage ?
- Si, Léonard de Vinci, cet homme d'esprit universel, a ouvertement étudié la façon de voler des oiseaux à travers la relation qu'ils entretiennent avec le ciel et la terre, lui inspirant d'ailleurs les créations des premières maquettes d'hélicoptères et de parachutes, c'est le plus souvent dans la grande littérature que l'on recourt paradoxalement à la langue des oiseaux.
- Écrire sur un langage que l'on écoute cela semble complexe.
- Tu sais que dans le mot OIsEAU, se trouvent toutes les voyelles ? Ce symbole graphique constitue pour les kabbalistes, les lettres du fondement de la création. En tout cas, saches que les œuvres de Rabelais, Les Voyages de Gulliver, le Don Quichotte font référence à cette langue secrète à de nombreuses reprises. Même Cyrano de Bergerac met en scène un oiseau merveilleux qui lui parle en chantant.
- Heureuse coïncidence effectivement. Il y a tellement de sons différents chez les oiseaux. Comment les distinguer ?
- On a réalisé une classification des oiseaux en quatre catégories selon les notes musicales chantées. Cette catégorisation, on nous l'apprend pendant nos études d'ornithologie. Tout d'abord, les oiseaux qui répètent les mêmes notes comme les piverts puis ceux qui varient leurs mélodies mais toujours avec le même rythme comme le pinson. Ensuite, vient la catégorie de ceux qui imitent les

sons émis par d'autres oiseaux ou par les êtres humains comme la pie. Enfin, le summum, les oiseaux improvisateurs dont le chant varie d'un individu à un autre et qui peut même varier chez un seul et unique individu comme c'est le cas pour le majestueux rossignol. Ces quatre classifications pourraient concerner une autre espèce, si tu réfléchis bien....
- Les humains ?"
Cette femme, une rencontre d'un symbolisme fort en spiritualité, me tint pendant toute l'après-midi passée ensemble, des propos difficiles à entendre et à comprendre. Pour autant, même si je n'étais pas toujours convaincue par tous ses dires, intrinsèquement, des boules de feu remplissaient mes mains et le centre de mon corps.
Après la découverte de ces deux lacs au couleur de la lapis lazuli, Marta dont je ne pourrai jamais oublier la personnalité si solaire, me déposa au camping d'un autre plan d'eau tout aussi étincelant et au nom évocateur, *le Saint Clair.*

Celui-ci, situé tout à fait au sud du parc national de *Cradle Mountain*, d'une profondeur de deux cents mètres, était le lac le plus profond d'Australie. Classé au patrimonial mondial, son parc, s'avérait être le terrain de jeu préféré des randonneurs en Tasmanie. Il offrait l'ascension de plusieurs sommets dont le *Mont Rufus,* au programme de ma future journée.
Si à mon arrivée, la température ambiante me permettait de me baigner dans ce lac affreusement gelé, la nuit passée dans ma tente fut la plus froide de mon séjour. Complètement frigorifiée, je dus sortir en pleine nuit de mon igloo afin de tenter de me réchauffer. C'est alors qu'un miracle naturel complètement hypnotique me fascina.
Bien que l'obscurité de la nuit fut à son apogée, un spectacle de lumière époustouflant s'offrait à mes yeux. Des couleurs fascinantes empreintes de magie miroitaient sur le lac. Tandis que, à l'écoute du silence vivant, j'étais fascinée par l'intense lumière blanche et verte, une petite dizaine de personnes sortit en courant du bâtiment principal du camping afin d'observer ce show de lumières naturelles.
"Ma première aurore australe !" cria une femme sortie en pyjama, cheveux ébouriffés par son sommeil.

Un jeune homme en caleçon très sexy et qui s'avérait être le guide de ce petit groupe, se lança dans l'explication de la formation de ces lumières méridionales.
"Pour faire simple les amis, ce phénomène lumineux céleste permet de rendre visible à l'œil humain, l'énergie qui nous entoure."
Absolument miraculeuses, ces paroles semblaient concrétiser toutes les connaissances que mes rencontres passées avaient tenté de m'expliquer.
"Pour ceux qui sont un peu scientifiques dans l'âme, ce spectacle de lumière est la conséquence d'une forte éruption solaire, libérant alors une énorme quantité d'énergie dans l'espace. Une fois arrivée sur notre maison commune, la chère planète Terre, cette masse d'énergie va essayer d'infiltrer notre bouclier magnétique. Comme notre globe terrestre est bien protégé, ces particules d'énergie solaire arrivent à s'infiltrer uniquement aux endroits où le champ magnétique est le plus faible. C'est donc uniquement aux pôles nord et sud que cette poussière énergétique devient visible à l'œil nu.
- Comment s'expliquent ces différentes nuances de couleurs ? demanda la femme à son tour frigorifiée par le froid sec environnant.
- Notre atmosphère étant constituée de différentes molécules, les couleurs de ces aurores nous permettent de les différencier. Ce vert que nous voyons à l'œil nu, est émis par les atomes d'oxygène, tandis que le bleu et le violet, plus facilement visibles avec nos appareils photos, reflètent la présence de l'azote."

L'homme au discours passionnant avait un accent et un charme qui m'attiraient irrésistiblement. Je ne pouvais m'empêcher de le dévisager même si ce monde invisible qui m'intriguait tant, semblait enfin exister sous mes yeux. Si le lieu semblait respirer, rendu vivant par cette phosphorescence luminescente, le phénomène disparut après seulement quelques minutes de vie.
Alors que j'essayais désespérément de me réchauffer et d'enfiler tous les pulls présents dans mon sac, le jeune guide vint m'apporter un duvet digne de ce nom.
"Je t'ai vue trembler en regardant l'aurore, emmitouflée dans ton petit duvet, je pense qu'avec celui-ci, tu n'auras plus froid.
- Merci beaucoup, c'est très gentil à toi.

- Tu es toute seule ?
- Il semblerait, oui.
- Demain, je pars avec mon groupe faire l'ascension du *Mont Rufus*. Le chemin n'est pas clairement indiqué, si tu le souhaites, suis nous. On décollera à sept heures précises.
- Merci, pourquoi pas, je comptais justement partir à la conquête de ce sommet.
- A demain alors. Dors bien car c'est à environ sept heures de marche.
- Avec ce duvet, je pense pouvoir enfin dormir.
- Si tu espères vraiment avoir chaud, enfile seulement tes chaussettes, tes sous-vêtements et un bonnet, rien de plus."
J'exécutai ces conseils et plongeai dans un lourd sommeil récupérateur.

Le lendemain, comme prévu, je suivis son petit groupe jusqu'à mille-quatre-cent-seize mètres d'altitude, point culminant à trois-cent-soixante degrés et où se dressait le *Mont Rufus*. Randonnée de petite montagne, ce fut un bel effort physique. En chemin, la rencontre avec trois serpents tigres et des wombats agrémentèrent notre ascension de quelques frissons.
Après cette boucle de dix-huit kilomètres à traverser la nature sauvage et très préservée, Pedro, originaire du Brésil, me proposa une petite baignade revigorante dans le lac *Saint Clair*. Passionné par son métier de guide de moyenne montagne, il passait sa vie à arpenter les sommets les plus beaux du monde.
Il m'expliqua qu'après avoir travaillé dans le sud de l'Argentine, il avait vécu ensuite trois ans au Népal, à l'assaut des plus grands sommets himalayens avant de goûter à la beauté du sud de la Nouvelle-Zélande pour enfin, arriver en Tasmanie depuis peu.
"Quel parcours impressionnant.
- La nature m'inspire et fait vibrer ma vie. Il semblerait que je sois né afin de sillonner les contrées montagneuses sauvages. Ces immensités naturelles apportent à ma vie un bonheur réel et celle-ci est d'autant plus couronnée de belles ondes de lumière lorsque je rencontre des demoiselles comme toi."

Ces paroles de dragueur semblaient d'un cliché déconcertant mais dans ce cadre idyllique, à travers le miroir d'eau du lac, nos corps s'embrassèrent furtivement dans ce joyau sauvage.

Avec son petit groupe, il devait rejoindre le soir même, le nord de ce parc national afin de faire l'ascension de la *Cradle Mountain* dès le lendemain.

Ainsi, après avoir demander aux membres de son groupe si cela ne les gênait pas de me réserver une place dans leur camionnette, je me retrouvai à installer ma tente au cœur d'une forêt de myrte dans laquelle se trouvaient des hêtres vieux de soixante millions d'années.

La nuit passée une nouvelle fois dans un duvet bien chaud, Pedro, à l'aide d'une application de son téléphone, nous réveilla au cœur de la nuit afin de contempler une nouvelle fois, une magnifique aurore australe.

Cette fois-ci, cette dernière avait la forme symbolique d'un serpent. Pedro nous apprit que dans l'antiquité, les peuples, par le symbole du serpent, donnaient à ce spectacle lumineux, une interprétation divine au message ésotérique.

Je passai ainsi une seconde journée totalement intégrée au sein de ce petit groupe fort sympathique.

Âgés de quarante à soixante ans, ses membres avaient tous une bonne condition physique et nous atteignîmes rapidement le sommet de *Cradle,* à plus de mille cinq cents mètres d'altitude. Ce paradis pour tous randonneurs, me permit d'apercevoir au coucher du soleil, mon premier diable de Tasmanie. Ces hauts plateaux accidentés étaient l'endroit idéal pour découvrir cette espèce, malheureusement en voie de disparition.

Si je ne connaissais cet animal que par le populaire *Taz,* ce petit marsupial carnivore au pelage noir taché de blanc, ne ressemblait en rien au personnage du dessin animé. Tout petit et d'une dizaine de kilos, il avait des allures de petit ourson.

"Pourquoi l'appelle-t-on le diable ? Il ne semble pas très méchant.

- Et pourtant il l'est. Les habitants de l'île lui ont donné ce nom en raison de son mauvais caractère, son cri féroce et à cause de l'odeur nauséabonde qu'il dégage quand il est stressé.

- J'en connais un qui dégage des odeurs fétides sans être stressé et en plein milieu de la nuit ! souligna en s'esclaffant, une femme du groupe en feignant de s'adresser à son mari."
C'est dans cette bonne humeur que je savourai une dernière soirée en leur agréable compagnie, ainsi qu'avec le charmant guide brésilien, dont la chaleur humaine me réchauffa cette nuit-là...

Regagnant *Devonport* afin de prendre le ferry, le petit groupe me déposa à *Burnie*, une ville portuaire de la côte nord.
Je pus ainsi reprendre le stop en direction de *Stanley,* située tout à fait à l'extrême ouest de l'île. Cette dernière escale avant de regagner *Melbourne* m'avait été conseillée par Pedro afin de découvrir des vestiges volcaniques, les *Nut*.
Après une petite heure de randonnée sur une piste de marche au bord de l'eau, ce site emblématique m'offrit une vue privilégiée sur les côtes de l'ouest tasmanien.
Le volcan s'élevait seulement à cent-quarante mètres et son sommet originalement plat, résumait fort bien cette île tasmanienne singulière et si magnifique.
En regardant une carte postale qui dessinait les contours de la *Tasmanie*, je me rendis compte que celle-ci ressemblait étrangement à la forme d'un cœur. De manière allégorique, je pensais qu'il était évident que toute personne qui sillonnait ce pays, tomberait inéluctablement, intensément amoureuse de cette variété de paysages. Sa réputation "d'île inspirante" était justifiée et elle restera l'une des régions que j'ai préférée dans cet immense et fabuleux pays, l'Australie.

Après avoir été enchantée plusieurs jours par les alentours de *Stanley,* je regagnai en stop *Devonport* à une centaine de kilomètres de ce village historique afin de reprendre le ferry et de retourner sur le continent. Avant de quitter ce précieux état, la vie m'offrit cependant une dernière rencontre inattendue en la personne de David, un chauffeur de *road-train*.
Âgé d'une quarantaine d'années, il transportait dans ces trois wagons, une cinquantaine de vaches à déposer chez un fermier qui vivait à *Yolla.* Même si ce village m'éloignait pourtant de quarante kilomètres dans les terres, je souhaitai absolument contempler la descente de ce troupeau dans son nouvel habitat si sublime.

En tant que Bretonne amoureuse des vaches, cette halte à la ferme m'offrit un bain de jouvence au milieu de la campagne tasmanienne. Le fermier d'une profonde gentillesse, nous offrit un goûter sans égal à base de lait de vache et de produits issus d'un cadre sain et vivifiant.
Après deux belles heures d'escale dans ce paradis agricole, David décida de me déposer à *Devonport* alors qu'il devait rentrer à *Hobart*. M'y opposant obstinément, je lui assurai que j'avais l'habitude d'user de ce moyen fabuleux qui permettait des rencontres surprenantes. David ne voulut pourtant rien savoir. Il fit ainsi deux cents kilomètres de détour afin d'être certain que je puisse arriver à *Devonport.*
Une fois le ticket du ferry acheté, il insista même pour m'offrir une bière que nous savourâmes en face du *détroit de Bass,* bras de mer séparant la *Tasmanie* de *Melbourne.*
Cette dernière belle rencontre mettait un terme à ce fabuleux séjour en terre tasmanienne dont les paysages éclectiques et la faune si riche, m'avaient émerveillée pendant chacune de ces journées de découvertes.

Je savourais à la proue du ferry mon dernier coucher de soleil plongeant sur cette île captivante quand je distinguai la silhouette d'un chapeau familier non loin de moi. Dotée d'une beauté qui ne fanera jamais, l'élégance de cette femme toujours si solaire, chargea mon corps d'une nouvelle bouffée de chaleur.
"Marta !
- Armonie ! Quel beau rendez-vous fixé par notre cher univers. Alors, as-tu trouvé ce que tu cherchais ?
- Je ne crois pas vous avoir dit que j'étais en quête de quelque chose ?
- Pourtant, tu l'es assurément.
- Et vous, l'avez-vous découvert ?
- Absolument ! J'ai mis plus de 60 ans à comprendre qu'à l'image de mes lunettes, mon bonheur était juste au bout de mon nez."
Si je comptais originellement passer une nouvelle nuit allongée sur la moquette du ferry, Marta me proposa de partager sa cabine qui possédait deux lits.

Elle passa une bonne partie de la nuit à m'expliquer ce en quoi elle croyait sans se soucier de mon accord avec ses pensées pour le moins extraordinaires.
"Transmettre ce qu'on a appris et compris est très important Armonie. Sache que même si ton auditoire ne perçoit pas tous tes propos positivement et se permet de les juger, affirme-les toutefois! C'est en brillant que tu éclaireras les autres."
Seuls les ronflements de Marta purent lui tenir tête, nous projetant ainsi toutes deux dans ce monde où l'impossible semblait rendu possible.
Débarquée aux aurores, mon *Dalaï-lama* au féminin proposa de me déposer chez Anita afin de m'éviter une bonne heure de marche. Ce personnage si mystique m'embrassa une dernière fois en proférant, tel un maître à son jeune protégé, ses derniers conseils :
"L'amour, comme les voyages, ne devrait pas avoir de frontières. Suis ton chemin avec ta propre lumière".
Elle prononça ces paroles en me dévisageant longuement et en écoutant le chant inspirant de ses "messagers ailés".

N'ayant plus de crédit sur mon téléphone depuis l'appel en France que j'avais passé à ma mère, je n'avais absolument point prévenu Anita de mon arrivée. De toute façon, nous détestions toutes les deux le virtuel occasionné par ces nouveaux jouets modernes si aliénants. Débarquée en plein milieu de semaine, je souhaitais lui faire la surprise avant son départ au bureau.
Ainsi, ne voulant réveiller personne, j'entrai silencieusement dans cette demeure à l'ambiance si unique.
Ma première vision fut en totale adéquation avec l'atmosphère étonnante de cette maison. Thierry, toujours aussi parfaitement musclé, se baladait complètement nu dans l'entrée.
"Quelle belle musculature Thierry ! Aucunement gêné, celui-ci vint me faire une accolade à l'australienne sans chercher à cacher une quelconque partie de son anatomie…
- Ça ne te dérange pas que je te vois nu ?
- Pas le moins du monde, en plus à quoi bon, même avec mes deux mains réunies tu le verrais encore !"

Il était vrai que la légende des jeunes Apollon noirs semblait fondée. J'en conclus que chaque mythe prenait inéluctablement son origine d'une vérité.
"Tu sais si Anita dors toujours ?
- Ma chérie, elle est partie de la colocation depuis plus d'une semaine maintenant.
- Vraiment ? Vous vous êtes fâchés ?
- Pas du tout, notre protégée a obtenu une promotion rêvée à *Sidney*. Une belle aubaine pour sa carrière professionnelle.
- C'est fabuleux pour elle. Une belle opportunité j'imagine.
- Elle a essayé de te joindre plusieurs fois mais à priori, tu étais toujours sur répondeur !
- C'est vrai, je dois absolument m'acheter du crédit pour recharger mon téléphone.
- Tu comptes faire quoi maintenant ?
- Sans Anita ici, plus aucune raison de rester à *Melbourne*, je vais donc reprendre le stop en direction de *Canberra* je pense, avant de terminer mon voyage par *Sidney*."
Thierry, désormais vêtu d'une belle chemise blanche, s'affairait à parfaire son nœud de cravate d'un rouge étincelant tout en étant resté démuni d'un quelconque caleçon.
"Si tu le souhaites, récupère ta valise restée dans la chambre et je te dépose à un endroit propice pour faire du stop.
- Ce serait très gentil, merci !
- Dernière chose Armonie, Anita t'a laissé une lettre cachée sous l'un des trois singes… me dit-il avec un sourire faisant ressortir la blancheur de ses dents si parfaitement alignées."
Une excitation soudaine m'envahit, couplée à un profond sentiment de culpabilité pour ne pas avoir cherché à l'appeler pendant mon séjour en *Tasmanie*.
La lettre était judicieusement insérée dans une pochette plastique sous la statue du singe cachant sa bouche :

*"Je ne **Dirai** que du bien de cette rencontre impromptue et divine.*
*Je ne **Verrai** que les moments envoûtants et magiques passés ensemble.*
***Touchée** par la lueur de ton âme et,*

*Par le **Goût** suave et vibrant de ta peau,*
*J'ai pu **Écouter** enfin, battre mon cœur.*
Ce dernier ne portant pas de montre, hors du temps, il est très vite tombé, amoureux de toi..."

Cette déclaration d'amour électrisante fit immédiatement frémir mon cœur. Ce dernier pourtant si dur et infaillible, m'avait toujours interdit de tomber amoureuse. Souhaitant avant tout être libre et indépendante, j'aspirais à une seule chose, la découverte de ce monde si énigmatique. Ainsi, ne m'attachant jamais véritablement à quelqu'un, j'avais pu continuer mon chemin en aimant follement juste la vie.

Certains auraient pu y voir une forme d'égoïsme quand j'y voyais une introspection constructive. Pour la première fois, je réalisai que mon cœur, devant cette rencontre pourtant si éphémère, semblait se transformer. Un changement radical de mon être face à la révélation de l'amour s'opéra. Cet amour sincère ne semblait plus se mesurer à sa durée mais au changement qu'il réalisait en moi. Ce sentiment formulé avec des mots qui faisaient échos aux étincelles de mon âme, suscitait une étrange vibration et une émotion jusqu'alors jamais éprouvées.

Je réalisais que le meilleur moyen de comprendre l'importance d'une personne dans votre vie, était de contempler dès lors, tous les changements positifs qu'elle avait pu susciter en vous.

Toute mon enfance fut abreuvée de personnages romantiques fictifs et Anita me permettait de désapprendre ce mythe du prince charmant. Cette école d'entraînement qu'était le monde, ce professeur, le meilleur qui puisse exister, me faisait réaliser que ce n'était qu'en descendant toute seule de sa tour, que la princesse rencontrerait l'âme parfaite pour son cœur. Ces deux âmes enfin réunies pourraient écrire leur propre conte de fées. Un conte dont la durée n'aurait finalement plus d'importance car seule la connaissance apportée et la transformation engendrée définiraient cette expérience enivrante que représente l'amour.

Chapitre 7
LA NOUVELLE GALLES DU SUD

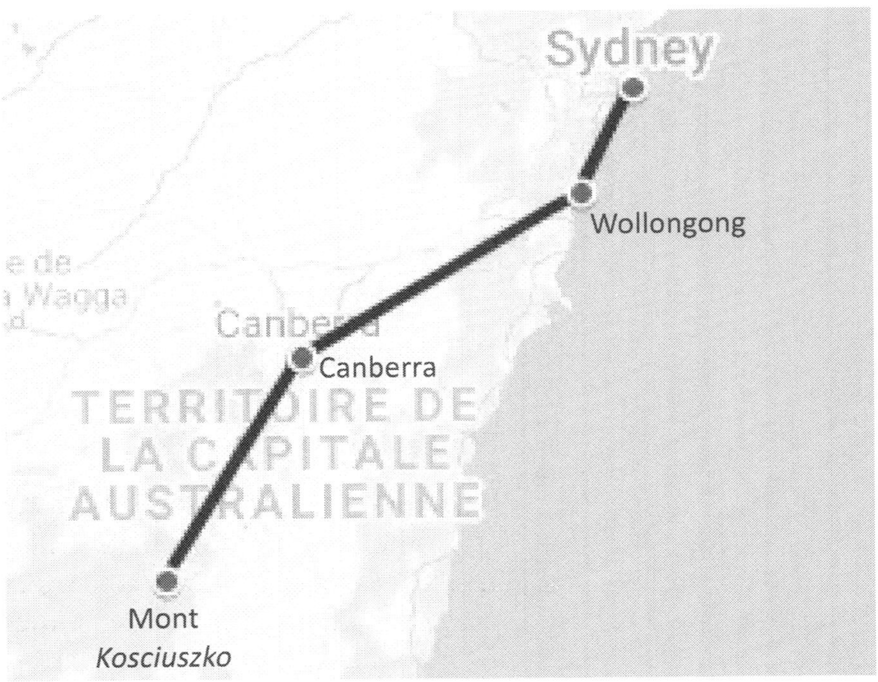

CANBERRA

Assise dans la voiture de Thierry, je regardai le soleil se lever annonçant la naissance du jour, symbole d'un nouveau départ.
"Prends mon téléphone Armonie, appelle-là, son numéro est enregistré au nom de *Ma Protégée.*
- Tu sembles vraiment tenir à elle.
- C'est évident"
Le numéro composé, mon cœur palpita à l'idée d'entendre sa voix.
"Salut chouchou ! Tu es bien matinal Thierry ! Que me vaut cet honneur ?"
Le souffle coupé comme si j'étais essoufflée par un quatre cents mètres fraîchement couru, je ne pus que balbutier difficilement un :
"C'est moi…
- Armonie…tu es saine et sauve merci. Je m'inquiétais tu sais… aucune nouvelle depuis tout ce temps, j'étais angoissée même si je pressentais que tu allais bien.
- Désolée, je l'avoue, j'étais dans mon aventure tasmanienne et… enfin je n'ai aucune excuse. Ta lettre Anita… est vraiment…
- Oui ?
- …bouleversante. Moi aussi je….
- Tu ?
- J'arrive! Je pars de *Melbourne* pour te rejoindre à *Sidney* !
- A tout de suite alors….
- Laisse-moi le temps de traverser en stop les mille kilomètres qui nous séparent avant de plonger dans tes bras.
- Prends ton temps. J'ai hâte de te retrouver mais achève comme tu le dois, ce magnifique tour d'Australie. Arrête-toi absolument à *Canberra*, la capitale ! Par ailleurs, mes journées sont très chargées avec ce fantastique travail débuté il y a tout juste une semaine. Tous les soirs, je rentre tard pour chercher une nouvelle colocation et quitter au plus vite mon auberge de jeunesse bien trop chère.
- Félicitations pour ce job. Je suis tellement fière de toi.
- C'est un miracle oui. Je t'expliquerai. En tout cas, sache que mes sentiments ne vont pas changer en quelques jours. Termine cette belle aventure en stop.
- A très vite…"

Thierry me déposa à une station-service en dehors de la ville. Lors de nos adieux, il me tendit sa joue pour que je lui face une bise à la française comme il disait, mais, au dernier moment, il tourna sa tête pour que mes lèvres touchent les siennes.
"T'es sérieux Thierry !
- Ainsi quand tu embrasseras Anita, j'aurai la sensation de l'embrasser aussi ! me dit-il en rigolant.
- Merci encore pour tout. Tu es un mec super !
- N'oublie pas, l'amour ne se crie pas, il se prouve. Tu as la chance d'aimer et d'être aimée, c'est selon moi, le vrai bonheur..."
Je n'avais dès lors envie que d'une chose, la rejoindre. La découverte des quelques villes me séparant de *Sidney* ne m'intéressait même plus. Je demandai explicitement à la vie de me rapprocher d'elle au plus vite.

Si mon envie était bien réelle, je mis toutefois plus de trois heures à pouvoir sortir de *Melbourne*. Faire du stop dans les grandes villes était difficile. Les gens ne s'arrêtaient que très rarement et ne faisaient essentiellement que des petites distances pour rejoindre leur travail ou leur domicile.
Heureusement, à force de patience et de persévérance, un *pick-up* transportant un somptueux bateau s'arrêta à ma hauteur. Me dépassant une première fois, je l'avais vu faire demi-tour pour revenir me chercher. Se trouvaient à son bord quatre étudiants âgés de vingt à vingt-quatre ans. Malgré leur jeune âge, ils remorquaient une embarcation de plusieurs milliers de dollars, valeur identique à celle de la voiture qu'ils conduisaient.
"Tu vas où ?
- Et vous ?
- On va pêcher à *Mallacoota* à cinq cents kilomètres d'ici.
- En route !"
Mallacoota était un village portuaire aux portes de l'état de la Nouvelle Galles du Sud. Cela semblait l'étape idéale avant de rejoindre *Canberra.*
A l'intérieure du *pick-up*, une bonne centaine de bières était stockée dans deux glacières qui ne cessaient d'être ouvertes par leurs propriétaires afin d'assouvir leur soif spectaculaire!

"Tu vois le bonheur pour nous, Australiens, c'est ça ! Partir à la pêche avec ses potes, boire des bières et manger au barbecue les poissons fraîchement pêchés."
Si ce n'était pas forcément ma définition du bonheur, en tout cas, eux, semblaient heureux. Ils avaient trouvé ce qui les faisait vibrer positivement et chacun rayonnait d'un enthousiasme profond.
Musique à fond dans la voiture, fenêtres ouvertes, je passai ainsi plus de sept heures dans leur véhicule avant d'être déposée au petit camping de *Mallacoota*, situé au bord de l'eau dans un cadre délicieux.

Ma tente à peine installée et alors que je contemplais son petit trou devenu désormais immense, mon voisin, poêle à la main, me proposa de venir partager l'impressionnant poisson qu'il venait de pêcher.
Venu passer ses quinze jours de vacances annuelles dans cet endroit apaisant, il était passionné de pêche comme, à priori, toutes personnes installées ici.
"Vois-tu, la rivière *Wallagaraugh* réputée pour sa richesse en poissons, est un réel paradis pour tous les pêcheurs. T'es-tu déjà adonnée à cet art?
- J'ai eu l'occasion quelque fois mais sans jamais prendre de poisson.
- Ce soir je t'emmène pêcher de nuit avec les copains !
- De nuit ?
- Exact ! C'est le moment idéal pour attraper les crevettes et c'est une belle expérience à vivre."
Effectivement, malgré la fatigue de la journée, je partis avec mon nouvel ami, accompagné de trois de ses copains sur une petite barque. A l'aide d'épuisettes, nous délogeâmes des dizaines de crevettes dissimulées dans les algues et les rochers et nous conservâmes ce précieux trésor dans un seau.
Après deux heures de travail minutieux, le butin fut directement cuit sur les barbecues du camping. Ainsi, après avoir savouré une dizaine de crevettes si délicieuses, je remerciai la vie du fond de mon duvet, pour cette journée si riche en émotions.

Réveillée aux aurores malgré un coucher tardif, mon index était de nouveau en place dès sept heures du matin à la sortie du

camping. Selon moi, c'était l'heure idéale pour espérer tomber sur des vacanciers à l'assaut de nombreux kilomètres.
Mon intuition fut juste puisque qu'après cinq minutes d'attente, un jeune couple originaire de *Sidney* se dirigeait vers le *Mont Kosciuszko* situé à trois cents kilomètres en direction de *Canberra*.
"Cette montagne présente une caractéristique particulière ?
- C'est le plus haut sommet d'Australie culminant à deux-mille-deux-cent-vingt-huit mètres. Cela reste un petit sommet comparé aux montagnes françaises mais c'est une belle randonnée à réaliser.
- Vous me mettez l'eau à la bouche !
- On te conseille sincèrement de faire son ascension, c'est assez facile et rapide de surcroît."
Je me retrouvai ainsi en milieu de matinée, à me lancer dans la montée du plus haut sommet d'Australie. Ma valise, ma tente et mon sac à dos entreposés à l'office de tourisme, j'étais libre de me lancer à son assaut. Mes hôtes du matin avaient raison, le sentier, facile à sillonner, me permit de savourer mon sandwich du midi, en contemplant les vastes plateaux érodés des glaciers aujourd'hui disparus.
En dégustant mon maigre repas, je réalisai que chaque matin, je me réveillais avec la pensée que quelque chose de merveilleux se produirait dans la journée. Et c'était toujours le cas. Comme un extraordinaire cercle vertueux, la vie m'offrait des rencontres fabuleuses et enrichissantes pour mon cheminement.
En pliant ma tente à l'aube, je n'avais aucunement imaginé me retrouver sur le toit de l'Australie à midi. Mon instinct semblait comprendre tout ce que mon mental ne saisissait pas pour me guider sur le chemin du bonheur. Ce dernier qui, désormais, puisait son oxygène, et donc sa vie, dans l'amour.

Son visage ne quittait pas mes pensées. Seule au sommet de cette montagne, j'aurai aimé pouvoir partager cet instant avec elle. Je saisissais dès lors, que même si se présentaient à moi des paysages uniques, ils ne prendraient sens que dans le partage avec l'être aimé, démultipliant ainsi ce bonheur tant convoité.

Armée d'une motivation sans faille, je regagnai les routes après cette petite escale de quelques heures afin de rejoindre à moins de deux cents kilomètres, la célèbre capitale de l'Australie.

J'eus besoin de trois voitures différentes avant de faire connaissance avec Peter. Accompagné de trois amis, il se dirigeait vers *Canberra* pour participer à un grand tournoi de poker. Ils étaient tous très excités à l'idée de gagner les dix mille dollars offerts au vainqueur du challenge. Tous quadragénaires et pères de famille, ils avaient déboursé cinq cents dollars de frais d'inscription afin d'y participer. Somme considérable, il était important pour eux de doubler au minimum cette mise afin de rembourser les frais occasionnés.

"Serait-il possible de vous accompagner pour observer le déroulement du jeu ?

- Bien sûr, le casino de *Canberra* est ouvert au public même pendant le tournoi. Les tables des joueurs situées dans une salle te laisseront la possibilité d'apprécier de loin l'événement. D'ailleurs, si tu le souhaites, nous avons loué pour l'occasion un mobile home pourvu de six couchages et on peut t'accueillir pour la nuit. On va juste y déposer nos affaires, revêtir nos costumes et rejoindre directement le casino."

Vêtue de la délicieuse robe noire offerte par Cécile à *Mount Isa*, j'entrai dans le somptueux casino de *Canberra* accompagnée de mes quatre joueurs de poker, tous extrêmement nerveux par l'enjeu de ce tournoi.

Il y régnait une atmosphère assez étrange et perturbante. Cette impression se confirmait par une douleur ressentie au niveau de mon cœur, couplée à un certain mal être qui s'étendait à tout mon corps. Les regards environnants semblaient condescendants et d'une noirceur extrême.

Par ailleurs, mes camarades de voyage ressentaient une telle anxiété que leurs émotions négatives m'atteignaient. Ils étaient chacun à une table différente et il émanait d'eux une gentillesse qui dénotait face à tous ces requins alléchés par la soif du gain.

Je pris toutefois un plaisir certain à analyser chacun des joueurs tant il était évident que tous s'affairaient à jouer un rôle. L'air impassible de leur personnage souvent glacial avait pour but d'impressionner les concurrents. Mais, si certains s'adonnaient à ce rôle à la perfection, d'autres comme Peter et ses amis, semblaient être de très mauvais acteurs.

C'est donc en moins d'une heure que mes quatre hôtes furent tour à tour expulsés de leur table et délestés de plus de cinq cents dollars.

Au bord des larmes, ils noyèrent la tristesse de leur rêve perdu dans quelques litres d'alcool afin d'oublier cet échec cuisant pourtant si constructif.

Cette nouvelle rencontre offerte par la vie me permit de réaliser que les jeux de hasard ne pouvaient vous mener qu'à votre perte. Seuls les fins stratèges qui en comprenaient les subtilités mathématiques, arrivaient, grâce à leur instinct et leur savoir affûté, à gagner ce que beaucoup perdaient.

Que ce soit l'argent, l'amour ou la santé, rien ne semble s'acquérir facilement. Tout est le fruit d'un long travail personnel que vous risquez de réduire à néant si vous n'y prenez garde.

Le lendemain matin, les garçons me déposèrent dans une auberge de *Canberra* avant de regagner tristement leur famille à *Melbourne*. Une fois ces messieurs partis, je réalisai que j'avais oublié ma tente dans leur mobile home. Un présage annonçant certainement que ma vie de nomade devait s'arrêter pour quelque temps.

En sillonnant la capitale, dont le nom signifiait en aborigène "lieu de rassemblement", je pus enfin, recharger en crédit mon téléphone et prévenir Anita de mon arrivée à *Sidney* dès le lendemain.

"Déjà ! Magnifique ! J'ai trouvé une colocation non loin de l'opéra, tu vas voir, c'est top ! Demain en revanche, je ne pense pas pouvoir quitter le bureau avant dix-huit heures.

- Pas de problème, je t'attendrai devant l'opéra si tu veux.
- Parfait ! Magnifique lieu pour des retrouvailles ..."

Canberra, construite sur plan par un architecte américain, livrait aux touristes un labyrinthe de ruelles suivant une structure géométrique en forme de rayon. Chacun des quartiers se caractérisait par la rigueur et la droiture de ses monuments à vocation administrative pour la plupart. La visite de tous ces édifices était certes intéressante mais la chaleureuse nonchalance et le charisme des villes vétustes me manquaient. A l'image d'un être humain dont l'apparence semble revêtir les formes idéales, si l'âme n'est pas attirante, vous souhaitez dès lors le quitter au plus vite. C'est donc après une journée d'immersion dans cette capitale et une agréable soirée avec quelques bureaucrates venus siroter une bière à la sortie de leur travail que je me livrai dès l'aube aux dernières joies du stop, direction *Sidney*.

Comme à l'accoutumée, ce n'est pas sans mal que je réussis à quitter cette grande cité. Il me fallut près de treize voitures différentes pour réaliser à peine trois cents kilomètres et arriver à *Wollongong*, ville étudiante au bord de l'océan pacifique. Parmi tous ces automobilistes, seul le visage d'un vieil homme au regard étrangement semblable à celui de mon grand-père, reste intact dans le flot de mes souvenirs.
Âgé de plus de soixante ans, il m'avoua que c'était la première fois de sa vie qu'il s'arrêtait pour prendre une personne en stop.
"J'en suis flattée. Pour quelle raison cette fois-ci, avez-vous accepté de vous arrêter, cher monsieur ?
- Je ne sais pas vraiment pourquoi mais ton visage me semblait familier. Une sensation de déjà vu et surtout l'impression étonnante de te connaître."
Cet homme ne m'avança que d'une petite dizaine de kilomètres et malgré le peu de temps partagé ensemble, il insista fortement pour m'offrir son sandwich au bacon, une bouteille d'eau ainsi qu'une confiture de figues soigneusement préparée par ses soins.
Cette rencontre, si éphémère fut-elle, marqua mon esprit par ces petites manifestations de gentillesse qui lui donnèrent ainsi toute son importance. Encore une fois, certaines personnes croisent votre chemin pour seulement un instant mais pourtant, elles marquent votre vie inexplicablement et à jamais.

La chaleur étouffante de *Wollongong* et les quelques heures me séparant de mon rendez-vous avec Anita, m'incitèrent à goûter aux savoureux plaisirs des vagues de cette côte australienne.
Chargée inexorablement de tous mes bagages, je me jurai de voyager à l'avenir, munie d'un seul petit sac à dos. Plus de superflu et uniquement surchargée de légèreté afin de voyager vers l'éveil.
Cet éveil vers la foi en la vie se ressentit une nouvelle fois lors de ma visite du célèbre temple bouddhiste de *Nan Tien,* le plus grand monastère de l'hémisphère austral. Situé en plein cœur de *Wollongong*, ses murs m'intriguaient par l'énergie palpable qui s'en dégageait. Je n'étais pas tant attirée par les nombreux bouddhas disposés les uns à côté des autres mais mes mains se mirent étran-

gement à devenir moites puis à brûler au contact d'un symbole gravé sur une des parois : *Om*.
Cette syllabe sanskrite était répétée des minutes durant par les moines du temple. Utilisée comme mantra, j'appris que cette syllabe symbolisait le son à partir duquel l'univers aurait été construit. Si cette signification semblait incongrue, mes sensations étaient quant à elles, bien réelles. Après une longue méditation dans ce lieu à l'énergie indescriptible, je ressentis la poignante envie d'en apprendre davantage sur cet univers. Il était alors évident que les destinations asiatiques seraient certainement au programme d'expéditions futures.

Bien que me trouvant à moins d'une centaine de kilomètres de *Sidney*, je dus admettre qu'il serait très difficile de faire du stop jusqu'à cette ville de la taille d'une capitale. Je dus me résoudre ainsi à prendre le train afin de rejoindre le cœur de ce célèbre port. En raison de mon entêtement à ne vouloir absolument payer aucun transport, je décidai de frauder. Désavouée certainement par l'univers, il ne me fallut qu'une petite dizaine de minutes avant d'être arrêtée dans le train par les contrôleurs. Alors qu'ils me demandaient le précieux ticket de transport, j'usais de mon plus bel accent français et d'un anglais vraiment très approximatif afin de leur expliquer mes difficultés financières. Prise de compassion, une mamie m'offrit un ticket qu'elle poinçonna et que je remis à mon tour aux contrôleurs.
"Vous êtes bien chanceuse, mademoiselle. Ne faites plus la même erreur.
- Absolument."
J'avais effectivement encore une chance divine et j'éprouvai une grande reconnaissance envers cette femme. Dès lors, je me promis de ne plus jamais commettre cette fraude, certes petite, mais bien réelle.

L'opéra de *Sidney* s'offrait là, devant moi, telle la pierre philosophale tant recherchée. Ce majestueux bâtiment dont l'architecture symbolisait un voilier à la conquête de l'horizon, marquait la fin de l'exploration de ce pays si magique à mes yeux.
Hypnotisée par ce monument au pied de son port somptueux, elle se tenait là.

Dans une attitude faussement nonchalante, il émanait d'elle une lumière ardente, fascinante. Après les milliers de kilomètres parcourus et les heures incalculables à attendre sur le bord des routes, cet épisode initiatique de ma vie me conduisait à une épreuve redoutable mais au combien palpitante, l'amour.
Ce sentiment qui peut s'avérer à la fois si dévastateur et si enivrant, faisait chanter à toutes les cellules de mon corps une harmonieuse mélodie.

Cette fois-ci, plus aucunement paralysée, j'avançai impérieusement jusqu'à ses bras pour lui délivrer un vorace baiser dont l'alchimie laissa une empreinte indélébile dans mon cœur enfin ouvert. Désormais connectée à ce dernier, je comprenais que cette expérience unique de l'amour ne pouvait s'arrêter à un sexe, un physique ou à une couleur. Il était le fruit de vibrations et d'énergies et seule la lumière de son âme intéressait la mienne. Éloignée de toutes les croyances, de mon éducation et des idéaux que nous imposait la société, j'acceptai enfin la femme que j'étais.
Plongée dans un corps superficiel, j'étais avant tout une âme venue dans cette vie terrestre pour apprendre. Éclairée par mon intuition et mes guides, je trouvai mon bonheur en acceptant la vérité de mon être et en comprenant un peu mieux celle des autres.
C'est ainsi que pour la première fois de ma vie, je prononçai enfin sept lettres dont la combinaison semble toujours occasionner un trouble quelque peu magique car incontrôlable, dans chacun de nos corps.
"Je t'aime..."
Son sourire si envoûtant et cette boule de feu qui jaillissait du centre de mon corps, indiquaient que nous étions sur la même longueur d'ondes.

Elle avait réservé une croisière afin de contempler le coucher du soleil sous le célèbre *Harbour Bridge* du port de *Sidney*. Le cadre était d'un romantisme qui ne nous ressemblait guère mais dont le symbole était fort et sincère.
Un homme vendait des fleurs aux différents couples présents à bord. Il passa une dizaine de fois à notre hauteur sans jamais s'arrêter. Je décidai de l'interpeller afin d'acheter une rose rouge que

j'offris à Anita en l'embrassant sous le regard embarrassé du vendeur.
"Il semblerait que tu n'aies plus peur du regard des autres.
- Ni de leurs regards, ni de leurs pensées. J'ai eu un bon professeur qui m'a enseigné quelques belles leçons que j'ai pu expérimenter et enfin comprendre."

Nous passâmes des minutes, des heures, des jours inoubliables au cœur de cette ville mythique. Anita, très accaparée par son challenge professionnel, partait travailler pendant la journée quand je sillonnais la ville et ses nombreux sites incontournables, attendant de la retrouver impatiemment le soir. Ainsi, même si je vivais une véritable idylle, le sentiment de l'attendre chaque jour commençait malgré moi à me peser. Tel un poisson dans son petit aquarium ayant goûté au doux parfum de l'océan, au fil des semaines, étrangement semblables de surcroît, le désir de reprendre ma passion nourrissante des rencontres m'envahit.

Lors d'une de nos balades si ritualisées, effectuées en fin de journée dans l'inspirant *Parc National Royal* au sud de *Sidney,* j'entendis une voix familière crier mon prénom.
Je n'en croyais pas mes yeux.
Marie, Hans ainsi que leurs enfants se tenaient devant moi. Si tout d'abord, un silence suspendit ces retrouvailles inespérées, c'est ensuite des cris et des sauts de joies qui vinrent nous réunir.
Quel immense bonheur de se retrouver de nouveau. Nous avions échangé de si beaux et doux moments ensembles sur la côte ouest qu'une émotion intense nous gagna tous.
"C'est drôle Armonie, tu es habillée avec le même tee-shirt et le même short que lorsque nous nous sommes rencontrés !
- C'est fort probable. Ton mari aussi d'ailleurs !
- Les joies du voyage. On se moque bien de nos tenues vestimentaires, détails si insignifiants."
Après nous avoir relaté leur traversée du sud jusqu'à *Sidney*, ils nous expliquèrent qu'ils partaient le lendemain découvrir la Nouvelle-Zélande. Je les assaillis alors de questions et ils me répondirent avec une telle ferveur que l'on ressentait toute leur excitation pour ce nouveau voyage.

Après une heure passée à échanger ensemble qui me sembla n'avoir duré que quelques minutes, nous nous quittâmes une nouvelle fois en espérant que la vie accepte de faire se croiser nos chemins de nouveau.

"Quelle coïncidence ! Tu imagines Anita, ce pays pourtant si gigantesque, arriver à les retrouver dans ce petit parc, relève vraiment de l'ordre du miracle !

- Heureux hasard en effet.

A mes yeux, cette rencontre si fortuite semblait être un signe révélateur de la décision inéluctable qui se dessinait en moi. Si j'avais fuit mon chemin pendant ces quelques semaines si agréables certes, mon destin semblait me poursuivre.

- Anita, voici un petit présent que je garde depuis quelques jours dans mon sac, attendant l'instant où je pourrais te l'offrir.

- Il est adorable ce petit oiseau en peluche merci ma chérie !

- Pendant ma belle aventure en stop j'ai rencontré une femme ornithologue très énigmatique mais qui m'a appris au moins une chose. Un oiseau est magnifique à regarder mais il n'est majestueux que lorsqu'il vole…

- Je crois comprendre la symbolique malheureusement…

- Pendant ce mois passé à tes côtés, le doux parfum enivrant de l'amour m'a offert un bel aperçu du bonheur véritable à deux. Néanmoins, à vingt ans, je ne suis pas encore prête à construire mon nid. J'ai terriblement besoin et envie de voler. Je suis encore dans une tranche de vie où je dois explorer notre chère planète et tous ce qu'elle peut m'offrir. Tu m'as énormément appris Anita en ouvrant mon cœur et je t'en remercie mais je réalise qu'il est nécessaire que mon voyage reprenne.

-Je comprends tout à fait et je m'en doutais. Je suis moi-même devenue quelqu'un que je ne reconnais plus à travailler sans cesse, néanmoins, je dois pour le moment rester enraciner dans cette vie. Pour autant, je prendrai certainement des vacances pour aller quelque peu sillonner la Nouvelle-Zélande d'ici quelques mois. Peut-être nous y retrouverons-nous avant ton retour en France ?

-J'ai toute confiance en la vie pour cela…"

Ainsi, malgré la sensation de ne faire qu'une avec elle, je décidai de quitter la terre australienne et l'être que j'aimais. Après

un mois d'amour intense passé à ses côtés, j'effectuai des aux-revoir aux reflets d'adieux, les plus difficiles de ma vie.
Pourquoi reprendre cette pirogue alors que j'étais si bien enracinée dans ses bras ? Cette petite voix intérieure sensible aux signes de la vie, me poussait à me diriger vers des routes nouvelles afin de suivre ce chemin fait d'aventures et de rencontres.
C'est donc les larmes aux yeux que je regagnai l'aéroport de *Sidney* en direction du *Vanuatu*, cette fois-ci chargée uniquement d'un simple sac à dos. Ma valise et mes habits superflus avaient été données à la colocataire d'Anita dont la silhouette se rapprochait de la mienne.

En attendant le décollage dans le hall d'embarquement, j'essayai de compter le nombre de kilomètres parcourus en stop pendant ces six derniers mois. Mon voisin d'accoudoir dont le regard insistant me fit perdre mes calculs, m'électrifia par sa ressemblance qui me frappa cette fois encore, avec mon grand-père.
"Que faites-vous mademoiselle ?
- Je compte les distances que j'ai réalisées pendant mon voyage autour de ce fabuleux pays.
- Si j'ai bien appris une chose durant ma vie, jeune fille, ce n'est pas tant la distance parcourue pendant un voyage qui semble important mais la valeur des apprentissages que ce chemin t'aura apportée."
Je restais sans mot devant ces paroles si vibrantes. Le vieil homme, me regardant avec un léger sourire, partit regagner la foule de l'aéroport. Alors que je réfléchissais à ses mots, j'aperçus un carnet vierge à la couverture en cuir oublié sur le siège de cet homme si étrange. Le cherchant éperdument dans la masse des voyageurs, je dus me résoudre à ne pas le retrouver et embarquai dans l'avion munie de ce nouveau présent.

Assise près du hublot, je contemplais ce carnet de voyage dont la syllabe *Om* écrite en italique sur la couverture, dégageait un doux parfum inspirant.
Ma vie, pendant ces mois de stop, avait étrangement ressemblé à un conte de fées aux personnages attachants et très souvent énigmatiques. Toutes ces rencontres si magiques avaient toutes un point

commun, elles semblaient avoir été choisies afin de me faire grandir.
Ainsi, en repensant à toutes ces coïncidences si miraculeuses, j'avais l'impression que le regard que je portais sur le monde, colorait celui de mon monde intérieur.
"Aligne toi à la fréquence de la réalité que tu souhaites et cette réalité se manifestera" soulignait si justement Albert Einstein.

"Bonjour Mademoiselle ! Enchanté"
Alors plonger dans mes songes, un homme sensiblement de mon âge, parfait stéréotype du séduisant surfeur australien, s'assit à côté moi. Un petit sentiment de déjà vu se glissa dans mon esprit. La vie semblait en adéquation avec mon nouveau plan de vol en continuant à m'offrir cette pirogue à destination unique : le bonheur.
Mon stylo, s'agita instinctivement sur mon nouveau carnet de voyage afin d'écrire cette phrase :

"La plus grande leçon apprise à travers ce voyage, c'est qu'il me reste encore tant à apprendre…"

Le message contenu dans ces quelques pages est offert à chacun pour la réponse intérieure qu'il pourra envoyer, pour l'inspiration qu'il pourra donner et pour la lumière qu'il pourra apporter.

Puisse l'Amour et la lumière briller sur votre chemin.

Alice Bailey, Le Tibétain.

REMERCIEMENTS

A Lucile Daligault pour la réalisation de la couverture et la mise en page du livre : www.styliweb-marketing.com

A Lydie Mazal pour son aide considérable et sa bienveillance exigeante.

A mes amies Magalie Metge-Fauqueur, Marion Mô, Laurence Llorca, Florence Ducos pour leurs précieux conseils.

Et enfin, à Elvire Golla, pour la réalisation cartographique et notre profonde amitié.

ILLUSTRATION DE YANN DUPIN

Dépot Légal : Novembre 2020

Printed in Poland
by Amazon Fulfillment
Poland Sp. z o.o., Wrocław

68637309R00197